IRLAND

Zeit für das Beste

HIGHLIGHTS | GEHEIMTIPPS | WOHLFÜHLADRESSEN

»Der Regen ist hier absolut, großartig und erschreckend.
Diesen Regen schlechtes Wetter zu nennen ist so
unangemessen, wie es unangemessen ist, den
brennenden Sonnenschein schönes Wetter zu nennen.«

Heinrich Böll

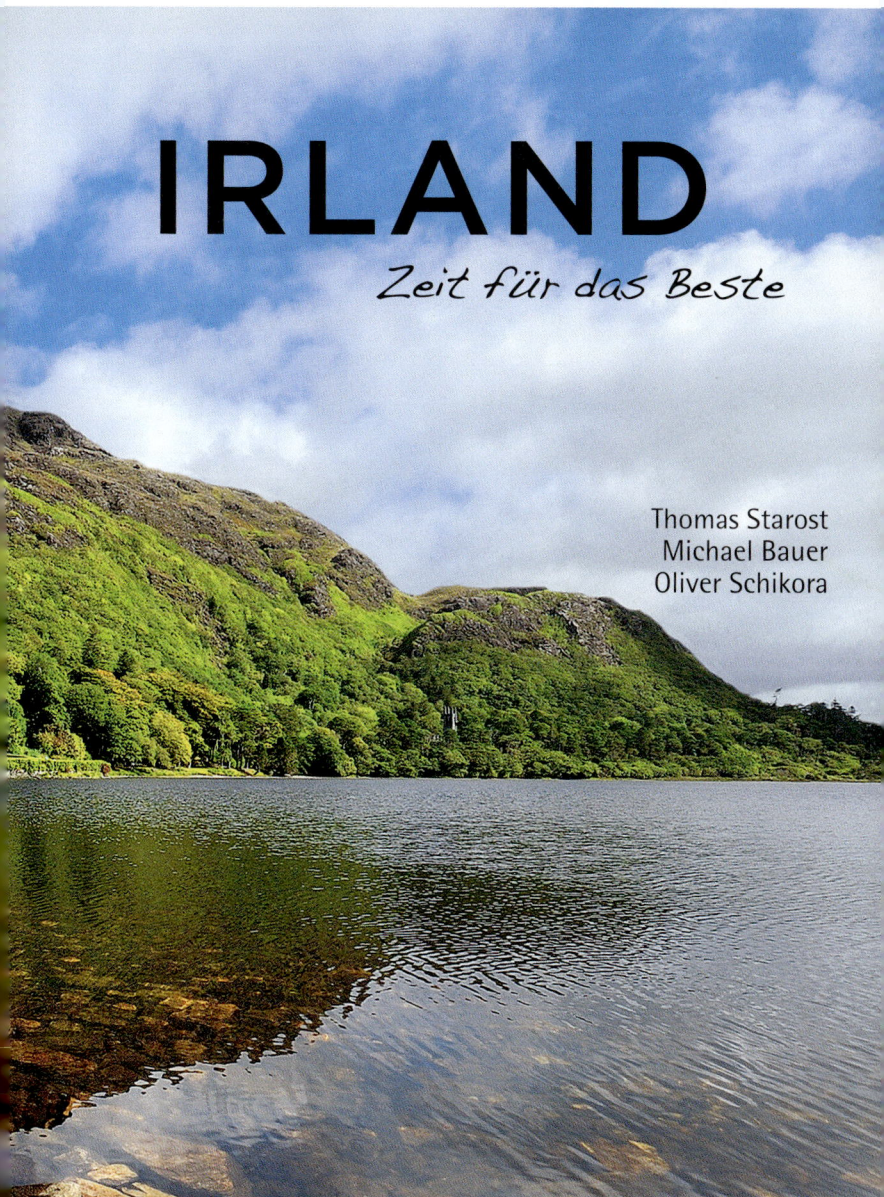

IRLAND

Zeit für das Beste

Thomas Starost
Michael Bauer
Oliver Schikora

BRUCKMANN

INHALT

Bunt bemalte Häuser in Irlands Hauptstadt Dublin

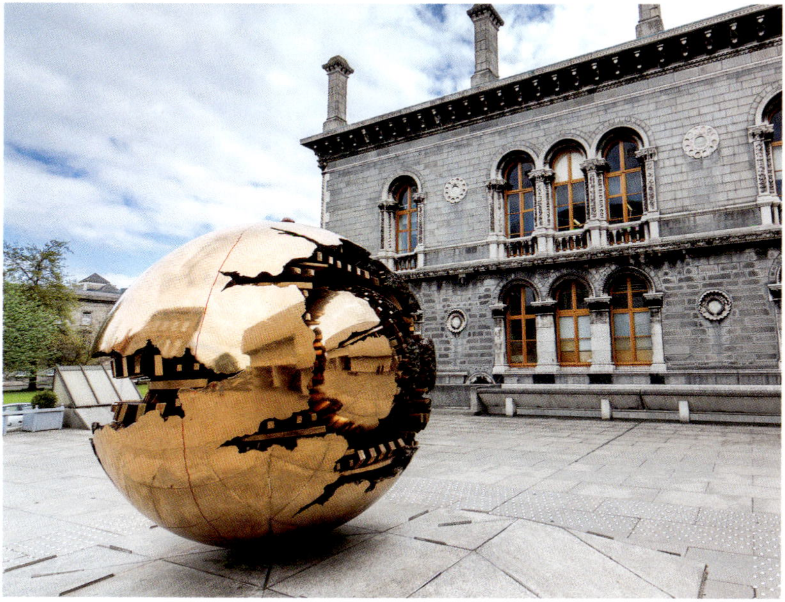

Sphäre in der Sphäre, Amaldo Pomodoros Kunstwerk im Trinity College in Dublin

MEHR WISSEN

MEHR ERLEBEN

→ **Eine Woche Tagträumen in Irland** 58

→ **Irland für Kinder und Familien** 280

Oben: Wo bist du? Der Navigator im Hafen von Cobh
Links: Das Rathaus von Belfast am Donegall-Square ist eines der schönsten Bauwerke der Stadt.
Rechts oben: Nachts glänzt die Stadt: die Skyline von Belfast über dem Fluss Lagan.
Rechts unten: Hier wird jeder zum Whiskey-Kenner: die Jameson-Destillerie in Dublin.

DER NORDEN

NORDIRLAND

REISEINFOS

DAS SOLLTEN SIE SICH NICHT ENTGEHEN LASSEN

❶ Ring of Kerry (S. 28)

Das landschaftliche Wohnzimmer Irlands zählt nicht nur zu den berühmtesten Panoramastraßen der Welt. Frühjahr, Sommer und Herbst ist die Naturkulisse populärer Anziehungspunkt für zehntausende Touristen aus aller Welt. Subtropische Vegetation, malerische Steinbrücken, Wasserfälle, Steilküsten und immer wieder der überwältigende Blick auf die Irische See.

❷ Ring of Beara (S. 52)

Verwunschene Wälder, Dörfer, die immer kleiner zu werden scheinen, zerklüftete, einsame Küsten, weiße Sandstrände. Nur Busse sind auf den kleinen, engen Straßen Fehlanzeige, dafür grüßt jeder Bauer die sporadischen Rad- und Autofahrer mit der Hand.

❸ Kinsale (S. 84)

Ein Muss, nicht nur, weil in dem pittoresken Hafenstädtchen Jachten aus aller Welt ankern und mit elf preisgekrönten Gourmet-Tempeln die größte Dichte an exzellenten Restaurants vorherrscht. Von Mai bis Oktober startet vom ältesten Pub der Stadt aus eine witzige Geistertour zu den historischen Stätten des Fleckens.

❹ Newgrange (S. 132)

Willkommen im vielleicht magischsten Ort Irlands. Vor über 5000 Jahren wurde dieses Ganggrab mit gut 90 Metern

Die beeindruckenden Cliffs of Moher sind die bekanntesten Klippen der Insel

Durchmesser erbaut. Unheimlich ist die Präzision der frühsteinzeitlichen Baumeister: Zur Wintersonnenwende erhellt die Sonne für eine Viertelstunde die 22 Meter tief im Inneren liegende Grabkammer. Einen Besucherplatz in dieser Zeit zwischen 14. und 28. Dezember zu ergattern, bedarf es aber etwas Glück; unter den unzähligen Anmeldungen werden die Eintrittskarten verlost. Nicht weniger beeindruckend: Im gesamten Boyne-Tal um Newgrange findet sich mit gut 600 Bildsteinen rund ein Viertel des gesamten europäischen Megalithkunst.

5 Guinness Storehouse (S. 144, 148)
Guinness ist gut für dich, das sagen die irischen Ärzte schon lange. Das alte Brauereigebäude am St. James' Gate in Dublin ist ein modernes Museum, das seinesgleichen sucht: sieben Stockwerke in Guinness-Pint-Form, unterhaltsame Infos zum flüssigen schwarzen Gold der Insel.

Wie zapft man ein Guinness richtig? Im Storehouse kann man's lernen.

6 Bunratty Castle und Folk Park (S. 175)
Die trutzige Burg aus dem 15. Jahrhundert wurde in den 1950er-Jahren renoviert und ist seither eine der größten irischen Attraktionen. Liebevolle Details im Burginneren wie die Schildkrötenpanzer als Suppenschüsseln an der Wand, originalgetreue Rittermahle für Touristen und ein sehenswertes Museumsdorf runden das Erlebnis ab.

7 Cliffs of Moher (S. 198)
Sie sind nicht die höchsten Klippen der Insel, aber die spektakulärsten. Senkrecht und am höchsten Punkt 230 Meter tief fallen die Cliffs of Moher in den tosenden Atlantik. Atemberaubend nahe an der Abbruchkante schlängelt sich ein schmaler Wanderweg entlang der zerklüfteten Sandstein- und Schieferformation. Einen großartigen Blick auf die Klippen, die rund 30 000 Vögeln als Nistplatz dienen, hat man vom Wasser aus; ab Doolin und Liscannor fahren mehrmals täglich Boote hinaus. Die beste Aussicht hinunter auf den Atlantik und hinüber zu den Aran Islands eröffnet sich vom O'Brien's Tower.

8 Kylemore Abbey (S. 208)
In der Landschaft Connemaras ist die Weite schwedischer Seelandschaften vereint mit dem rauen Charme kanadischer Wälder. Und mittendrin das Neuschwanstein Irlands: Kylemore Abbey. In dem Mitte des 19. Jahrhunderts erbauten Märchenschloss leben bis heute Benediktinernonnen. Es ist nicht die idyllische Lage am Pollacappul Lake

Der Giant's Causeway: 40 000 Basaltsäulen türmen sich in der Brandung.

allein, die den Besuch dieses Prachtbaus zu einem Erlebnis macht: Nebenan im viktorianischen Mauergarten, einem der schönsten und größten Irlands, wachsen ausnahmslos Pflanzen, die vor 1900 auf der Insel existierten oder eingeführt wurden. Ebenfalls bezaubernd, nicht zuletzt wegen der üppigen Marmorsäulen im Inneren: die neben Kylemore Abbey liegende neogotische Kirche. Schlossherr Mitchell Henry hat sie seiner verstorbenen Frau zu Ehren errichten lassen.

🔴9 Giant's Causeway (S. 248)

Keine Frage, es muss dieser Riese Finn Mac Cumhaill gewesen sein, der an der nordirischen Nordküste einen steinernen Steg erbaut hat, um ins Meer zu seiner großen Liebe zu stapfen. Weniger romantisch veranlagte Zeitgenossen wissen, dass die 40 000 Basaltsäulen vulkanischen Ursprungs sind. Bis zu 24 Meter ragen die 60 Millionen Jahre alten Gesteinsformationen am Ufer empor und trotzen der Brandung, die sich an stürmischen Tagen wild spritzend daran bricht. Dann sollte man etwas vorsichtiger sein beim Herumklettern auf den geometrisch angeordneten, überwiegend sechseckigen Stelen – von denen der abendliche Blick in den Sonnenuntergang fraglos der schönste ist.

🔴10 Belfast Titanic Experience (S. 256)

Das weltweit größte Museum zu dem Schiff, dessen Schicksal wahrlich jeder kennt. 100 Jahre nach der Unglücksfahrt wurde das Gebäude 2012 auf historischem Grund in Belfasts Werftviertel eingeweiht und steht für das neue, moderne Belfast, ohne die Wurzeln der Stadt als Leinen- und Schiffsbaumetropole zu vergessen.

WILLKOMMEN
in Irland

Die Grüne Insel im äußersten Nordwesten Europas ist ein magischer Ort, ein mystisches Land der Riesen und der Heiligen. Der goldenen Harfe, der grünen Wiesen und der Pubs. Der braunen, torfgetränkten Flüsse und der goldenen Strände, über denen sich Wolkentürme und Regenbogen erheben oder ein azurblauer Himmel prangt. Ein magischer Ort, zerrieben zwischen zwei Meeren, der seit Urzeiten mit wild zerklüfteten Steilküsten dem Ansturm der Gezeiten widersteht.

Die Einheimischen nennen sie »Emerald Island«, die »Smaragdinsel«, wenn sie von Irland sprechen. Und in der Tat: Was einem schon beim Landeanflug nach Irland auffällt, sind die unzähligen Grüntöne, die imposante Landschaften von herber Schönheit prägen. Saftige Weiden, ausgedehnte Moorlandschaften und schroffe Steilklippen bilden eine Naturkulisse, die einzigartig ist. Die Schönheit dieser Landschaft ist die Hauptattraktion, die jährlich Tausende von Besuchern auf das Eiland lockt. Viele Freunde der Insel bringen diese Naturparadiese mit Freiheit, Ruhe, Gelassenheit und Entspannung in Verbindung. Die Vielfalt der irischen Landschaft kann abhängig machen. Kilometerlange, menschenleere Sandstrände

Still mäandert das Wasser nahe Muckross House in Richtung der Killarney Lakes.

im Südosten um Wexford. Einsame Moorlandschaften, die bei jedem Schritt quatschend nachgeben, in Connemara. Der Burren, ein überdimensionierter Steingarten im Westen als eine der schönsten Felslandschaften Europas. Von Gischt umtoste Steilküsten und stille, klare Seen bei Killarney. Um Regen schert sich hier niemand. Er gehört zum Tagesablauf wie die Gezeiten. Der Golfstrom und die mit regelmäßiger Beständigkeit aus Südwest wehenden Winde bescheren dem Land ein kontinuierlich wechselndes Wetter, bei dem sich strahlender Sonnenschein und Regenschauer in allen Variationen die Klinke in die Hand geben. In der Realität bedeutet das nichts anderes, als dass sich über dem Atlantik die Tiefs zusammenbrauen und, bevor sie auf Europa treffen, Bekanntschaft mit Irland machen. Praktischerweise wird dort dann erst einmal kräftig Regen abgelassen.

Botanischer Garten Eden

Die Natur dankt es: Die ganze Insel ist ein botanischer Garten Eden, in dem so gut wie alles wächst. Bis auf Getreide, dafür ist das Land einfach zu nass. Aber in Irlands »Wohnzimmer« im Südwesten mit seinen imposanten Panoramastraßen entlang der Küsten von Kerry herrscht subtropische Vegetation in solchem Übermaß, dass hier sogar Palmen prächtig gedeihen. Fehlanzeige dagegen, was

subtropische Temperaturen betrifft: »Gemäßigtes Seeklima« lautet die Bezeichnung für den flotten Wechsel von Sonnenschein, fliehenden Wolkenfetzen, Regenschauern, immer wieder beeindruckend in Szene gesetzt mit farbenprächtigen Regenbogen. Nirgendwo auf der Welt ist dieses Naturphänomen so häufig zu bestaunen wie auf der Grünen Insel. Und die Iren wären nicht die Iren, wenn sie nicht auch dafür eine übernatürliche Erklärung hätten: Am Ende des Regenbogens lebt immer ein Leprechaun, ein kleiner Kobold mit einem Topf aus Gold. Wer den Gnom fängt, dem wird als Belohnung für die Freilassung ein Goldstück überlassen, das immer wieder in die Geldbörse seines Besitzers zurückkehren soll. Zurück aber zum bodenständigen Wetter. Verbunden mit der Nähe zur Irischen See sorgt dieses Klima dafür, dass es auch über das Jahr verteilt nur geringe Temperaturschwankungen gibt.

Auftakt zu einem Smalltalk

Richtig kalt wird es auf der Insel im Winter nie, dafür im Sommer auch nie richtig heiß. Als im strengen Winter des Januar 2011 auch in Irland nach 60 Jahren wieder einmal Schnee fiel, war das nicht nur für die Kinder ein besonderes Ereignis. Das ganze Land war »shut down«, wie die Zeitungen titelten. Auf Straßen,

Schienen und Flughäfen ging gar nichts mehr. Winterreifen, Streu- oder Räumdienste, allesamt Fehlanzeige. In der Regel dient in Irland das Wetter auch immer als beliebter Auftakt zu einem Smalltalk. Es kann gerade durchaus in Strömen regnen, trotzdem wird der Gast im Pub mit einem strahlenden »Isn't that a lovely day for a Guinness?« begrüßt, was sich dann ungefähr so anhört: »Isn tadh a luuuvly daai four aguuiness?« Und damit zu einem der prägenden Punkte des Landes, der jedem, der zum ersten Mal die Regenbogeninsel betritt, schon nach kurzer Zeit nachhaltig auffällt. Die Menschen des irischen Schlages zeichnet eine schier überbordende Freundlichkeit und Herzlichkeit gegenüber Besuchern aus. Das wird Wanderern sehr schnell bewusst, die bei schlechtem Wetter entlang der Hauptstraße unterwegs sind. Jeder zweite Wagen hält dann an, mit der besorgten Frage, ob man denn irgendwie helfen oder zum nächsten Dörfchen weitertransportieren könne. Diese Höflichkeit ist grundlegend und situationsübergreifend. Egal ob im Supermarkt, im Hotel, im Pub, im Restaurant – überall wird bereitwillig Auskunft gegeben, meist wird das Objekt, nach dem gesucht wird, dem Fragenden persönlich gezeigt. Im Pub am Tresen bleibt der Gast nur selten alleine, wenn nebenan ein Ire steht und der bemerkt, dass man aus Deutschland angereist ist. Das ist wie von selbst die Aufforderung zu einem ausgiebigen Schwätzchen über die wunderbare Kultur der Deutschen, das exzellente Bier und Essen und immer wieder gerne über den deutschen Fuß-

ball, wie großartig der doch sei. Da ist es dann auch ziemlich egal, ob Bayern München, Borussia Dortmund oder der SV Krötenteich im Zentrum des Gesprächs stehen. Es geht um das Gespräch an sich. Gibt bei solch einer Konversation der Gegenüber im Pub ein Pint aus, dann ist es in Irland ungeschriebenes Gesetz, dass das nächste Pint selbstverständlich übernommen wird. Geschieht das Ganze in einer Gesellschaft, dann wird immer rundenmäßig abgerechnet.

Die Europäer haben die Uhren, die Iren die Zeit

In Irland ticken die Uhren einfach anders. Das sollte jedem Besucher klar sein, der zum ersten oder wiederholten Mal Richtung Grüne Insel reist. Wenn es heißt, die Europäer haben die Uhren, dann haben die Iren die Zeit. Besser gesagt »bags of time«, wie es auf der Regenbogeninsel heißt. Und die Zeit scheint hier wirklich langsamer zu laufen, ruhiger, behäbiger und sich in den magischen Steinkreisen in sich selbst zu drehen. Die Geschichte folgt einem hier auf Schritt und Tritt. Von den geheimnisvollen Steinen aus Urzeiten in ihrer einzigartigen Vielfältigkeit mit Tausenden von Megalithen und einer enormen Vielfalt an prähistorischen Bauten und Dolmen. Diese Dolmen, prähistorische Grabstätten um 4000 bis 3500 v. Chr., sind auf der Insel am weitesten verbreitet. Die populärsten findet man in ausgedehnten Nekropolen wie im Boyne-Tal mit der berühmten Newgrange-Grabanlage. Egal welche Massen an Besuchern auch in der Hoch-

Künstlerisch: Farbenfrohe Gebäude gibt es in Irland zuhauf.

saison hierher drängen, der Besuch ist es immer wert. Es ist ein magischer, mythischer Ort aus längst verblichenen Zeiten. In einem fernen Jahrhundert, als die erste ägyptische Pyramide noch nicht einmal im Bau war, als bei Stonehenge in England noch kein Stein aufeinanderlag, schufen Menschen auf dieser abgelegenen Insel hoch im Norden mit Newgrange ein Bauwerk, dessen technische Brillanz bis heute verblüfft. Die Geschichte des Landes selbst ist eine lange und unruhige. Kelten, Wikinger, Normannen und Engländer besetzten immer wieder die Insel, immer mit machtvoller Unterdrückung der irischen Bevölkerung. Das begann mit den Wikingern, die im 9. Jahrhundert den Shannon als direkte Fluss-Straße in das Innere der Grünen Insel entdeckten. Auf dem bequemen Invasionsweg drangen die nordischen Rabauken regelmäßig bis

in die geistige und wirtschaftliche Hochburg Clonmacnoise vor und plünderten alles, was nicht niet- und nagelfest war. Clonmacnoise, das geistliche, intellektuelle und wirtschaftliche Zentrum der Gelehrsamkeit, beherbergte mehrere Tausend Mönche und Schüler. Von hier aus waren es die irischen Mönche, die im 6. und 7. Jahrhundert die Christianisierung Europas vorantrieben. Irland ist nicht zuletzt deshalb auch die Insel der Heiligen. Die Christianisierung der Insel wurde im 5. Jahrhundert vom Heiligen Patrick, dem irischen Nationalheiligen, vollendet. Die ursprünglich römische Kirche wandelte sich dann im 6. Jahrhundert zur keltischen Mönchskirche. Die Heiligen Kevin, Ciarán, Brendan, Comgal und Finian gründeten wohlhabende Klosterregionen, deren Ruf Gelehrte und Adlige aus ganz Europa anzog. Von diesen Regionen aus

Wie vor 100 Jahren: Ein Flötenspieler sammelt Geld für sich und seinen Begleiter.

trugen Missionare das biblische Wort in alle Bereiche Europas. So entstand beispielsweise St. Kilian in Würzburg. Das hatte erst dann ein Ende, als mit den Normannen die nächsten Besatzer in das Land einfielen und erneut Clonmacnoise dem Erdboden gleichmachten (die Engländer sollten den Job dann unter Cromwell endgültig erledigen). Anders als die Wikinger waren die Normannen erheblich konsequenter daran interessiert, das Land, das sie erobert hatten, auch mit steinernen Befestigungsanlagen zu sichern. Die wuchtigen Anlagen von Limerick und Trim Castle entsprechen in ihren Grundzügen der Form, die die Normannen Ende des 12. Jahrhunderts bevorzugten – ein rechteckiger Hof, umgeben von Mauern und durch zylindrische Ecktürme gesichert. Als tiefster Einschnitt aber in der irischen Geschichte gilt bis heute die englische Invasion und Unterdrückung, die ihren Beginn im 12. Jahr-

hundert nahm. Mehr als 700 Jahre dauerte der fortwährende, verbissene Kampf gegen die Besatzer, gegen britische Unrechtsgesetze wie die »Penal and Plantation Laws«, bis hin zur Unabhängigkeit. Die Erinnerung daran ist bis heute tief in der irischen Seele eingegraben. Ebenso wie die Erinnerung an die entsetzliche Hungersnot zwischen 1845 und 1852, »The Great Famine«. Bis dahin hatten acht Millionen Iren auf der Insel gelebt. Während der Hungersnot starben mehr als eine Million Menschen, mehr als zwei Millionen sahen sich zur Auswanderung in den berüchtigten »Coffin Ships« (Sargschiffen) nach Übersee gezwungen. Tausende überlebten die Überfahrt nicht und verhungerten oder erstickten erbärmlich in den maßlos überfüllten Schiffen. Noch heute wird die Erinnerung an diese grausame Zeit in eindrucksvollen Ausstellungen wie im Heritage Centre in Cobh wachgehalten.

Auch in der Literatur hatten die Iren ihre kreativen Köpfe, die dem geschriebenen Wort des Landes Weltgeltung verschafften. Jeder, der zumindest einen Blick in ein Literaturlexikon wirft, wird dort auf die ganz großen Namen der Weltliteratur stoßen, die allesamt ihre Wurzeln in Irland haben und auch von dort aus ihre Meisterwerke geschrieben haben: George Bernard Shaw, Autor von *Pygmalion* als literarischer Basis für den Musical-Welthit *My Fair Lady*; Jonathan Swift, der Schriftsteller, der *Gullivers Reisen* in die Welt brachte; James Joyce, Meister wortgewaltiger Prosa wie in *Ulysses*; William Butler Yeats, der erste irische Literaturnobelpreisträger; Oscar Wilde, dessen *Bildnis des Dorian Gray* zu mehrfachem Filmruhm kam und nicht zuletzt Bram Stoker, dessen Gruselepos *Dracula* Generationen von Lesern und Kinogängern das Vampirgrauen lehrte. Um Bram Stoker und seinen untoten

Fürst der Finsternis rankt sich zudem die Geschichte einer der gruseligsten Kirchen Irlands – der St. Michan's Church in Dublin. In der dortigen Krypta soll Stoker auf die Idee der lebenden Untoten gestoßen sein. Dort liegt eine Anzahl gut erhaltener Leichname in ihren geöffneten Särgen. Bis heute weiß niemand, was zu dieser perfekten Mumifizierung der Leichen geführt hat. Eine Theorie besagt, dass der Kalkstein der Wände sie ausgetrocknet habe, eine andere, dass das Methan des feuchten Bodens dafür verantwortlich sei. Gelöst ist die Geschichte bis heute nicht, die Krypta kann aber täglich besichtigt werden.

Ein weiteres, spannendes Erbe der Iren, das bis heute seine Gültigkeit behalten hat, ist ihr tägliches Selbstverständnis und die Vertrautheit mit dem Übernatürlichen. Kobolde, Leprechauns, Feen, Waldgeister und Weiße Frauen sind in

Die Mellows Bridge ist die älteste Brücke Dublins über den Fluss Liffey. Sie wurde 1776 erbaut.

Am Ende eines irischen Regenbogens wartet der Leprechaun mit Gold.

seit im Jahr 1867 seine Totenruhe gestört wurde. Arbeiter und Kirchgänger hören ihn regelmäßig auf einer abgeschlossenen Empore herumschlurfen. Die andere, seltsame Geschichte, von der hier noch zu berichten wäre, ist die Sache mit der Orgel in der Kathedrale. Das Original wurde im Krieg zerstört und durch eine moderne, elektrische ersetzt. Nur gab die schon Töne und Melodien von sich, als noch gar kein Strom angeschlossen war.

Sprachloser Sportkommentator

Sport jeglicher Art bringt die Iren regelmäßig aus dem Häuschen. Bei internationalen Turnieren vertreten zu sein ist eine nationale Ehre. Da macht es auch überhaupt nichts aus, wenn das irische Team verliert. Egal, der Nationalstolz bleibt ungebrochen. Unvergessen ist bis heute das Spiel bei der Fußball-Europameisterschaft 2012 zwischen Spanien und Irland. Das irische Team verlor deutlich mit 0:4. Die Fans sangen die letzten zwölf Minuten des Spiels, als gäbe es keinen Morgen mehr. Die weltweit im Fernsehen übertragenen Fangesänge wurden so inbrünstig, laut und mit überbordender Freude zelebriert, dass der deutsche Fernsehkommentator schlicht und ergreifend das Kommentieren einstellte. Zwölf Minuten lang. Noch heute findet sich die beeindruckende Dokumentation im Internet. Vier Jahre später, wieder bei der Fußball Europameisterschaft, wurden die irischen Fans regelmäßig als die besten Europas be-

Irland nicht nur zu Hause, viele Iren bestätigen auch ohne mit der Wimper zu zucken deren Existenz. Und wer genauer fragt, erfährt sogar deren Wohnsitz. So soll unter der Blackwaterbridge zwischen Kenmare und Sneem bis heute wahrhaftig ein Leprechaun leben, der des Morgens oder des Abends mit rotem Hut immer wieder auf dem Steinmäuerchen gesichtet wird. Wer die landschaftlich spektakuläre Tour im Ring of Kerry fährt, sollte da mal vorbeischauen. Wer sich mehr für Geister interessiert, der könnte im Charles Fort bei Kinsale auf eine Weiße Frau treffen, die dort als Rosengeist spukt. Oder auf einen geisternden Bischof in der St. Columb's Cathedral in Londonderry. Dort soll der Bischof William Higgins sein Unwesen treiben,

schrieben. Da wurde Müll von »Boys and Green« weggeräumt, den Schweden als Schlachtruf »Go Home to your sexy Wife« entgegengeschleudert oder ein Baby in der Bahn in den Schlaf gesungen. Unvergessene Szenen. Dazu ging der absolute Ohrwurm der EM nach Nordirland – »Will Griggs on Fire«. Noch heute wohl in jedermanns Gehörgängen.

Aber auch im eigenen Land dominiert der Sport das gesellschaftliche Leben. Man wird kaum ein Völkchen treffen, das sportbegeisterter ist als die Iren. Allerdings sind es Sportarten, von denen einige außerhalb von Irland so gut wie unbekannt sind. Das gilt weniger für Rugby, wo das Team von der Grünen Insel seit Jahrzehnten zur Weltspitze gehört und sich mit den Weltklasse-teams aus Australien, Neuseeland und England regelmäßig packende Duelle liefert. An der absoluten Spitze der Beliebtheitsskala irischer Sportseligkeit steht Gaelic Football. Ein Spiel, das so gut wie nichts mehr mit dem herkömmlichen Fußball zu tun hat, sondern einer Kombination aus Rugby, Fußball und Handball gleicht. Keine andere Sportart zieht mehr Zuschauermassen an. So gut wie alles ist erlaubt. Tritte, Bodychecks, Handgreiflichkeiten, den Ball in die Hand nehmen, vier Schritte damit laufen und allein der gesunde, faire Sportsgeist der Iren erklärt, dass es hier nicht regelmäßig zu heftigen Verletzungen kommt. Im September steht dann in jedem Jahr das Finale im Croke Park in Dublin an und mehr als 80 000 Fans zelebrieren

Musik, Musik, Musik: An jeder Ecke gibt es Noten.

Sport in Irland: Da darf's auch mal etwas rustikaler zugehen.

das Spiel im ausverkauften Stadion. Von dem Spiel muss man gar nicht so viel verstehen, die Leidenschaft aller Beteiligten überträgt sich von alleine und man muss kein Ire sein, damit eine solche Veranstaltung ein unvergessliches Erlebnis wird. Der zweite Nationalsport ist das Hurling und kann auf eine lange Tradition bis in die geschichtliche Frühzeit zurückblicken. Zum ersten Mal wurde das Spiel in der Beschreibung der Schlacht um Moytura im 14. Jahrhundert erwähnt. Damals kämpften die gegnerischen Parteien zuerst auf dem Spielfeld, danach auf dem Schlachtfeld gegeneinander. Bis heute hat dieser Sport seine Popularität in Irland über die Jahrhunderte immer weiter ausgebaut. Nach dem Einfall der Engländer im 12. Jahrhundert gab es immer wieder Versuche, das Spiel zu verbieten und Verletzungen oder das »Töten von Personen durch Hurlingbälle« unter Strafe zu stellen. Der Popularität dieses Nationalsports hat das wenig geschadet. Im Gegenteil, die rebellischen Iren scherten sich wenig um die von den englischen Besatzern gesteuerten Erlasse. Besonders in ländlichen Regionen wie Leinster, Munster und Tipperary blieb die Spielfreude ungebrochen. Der Name des Spiels stammt von dem dabei verwendeten, hockeyähnlichen Schläger »hurley«, der am unteren Ende in einer breiten Fläche ausläuft. Mit dieser Fläche gilt es, einen lederüberzogenen Korkball über ein Spielfeld zu schlagen, das erheblich größer und breiter als ein Fußballplatz ist, und an der Grundlinie den

Ball ins gegnerische Tor zu bugsieren. Dabei kann der Ball Geschwindigkeiten bis zu 150 Stundenkilometer erreichen und knapp 100 Meter weit fliegen, was das Spiel zu einer der schnellsten Mannschaftssportarten der Welt macht. Die Regeln erlauben vieles, auch den Ball aus der Luft zu greifen und mit dem Schläger weiter zu schlagen. Ähnlich wie beim Rugby besteht das Tor aus zwei Pfosten mit einer Querstange. Wird der Ball unterhalb der Stange ins Tor geschlagen, gibt es drei Punkte. Trifft der Spieler oberhalb der Stange, gibt es einen Punkt. Gaelic Football und Hurling stehen im Zentrum der Gaelic Athletic Association (GAA), die heute mehr als 900 000 Verbandsmitglieder in Irland hat, fast ein Fünftel der Inselbewohner.

Vom Nationalheiligen, Bier und Whiskey

Dem Hl. Patrick wird nicht nur in Irland viel Gutes nachgesagt. So soll er alle Schlangen von der Regenbogeninsel vertrieben und die göttliche Dreifaltigkeit anhand des Kleeblattes erklärt haben. Sein Tod am 17. März 461 wurde stark betrauert. Der Heilige soll aber auf seinem Sterbebett gebeten haben, diesen Tag als seinen Eintritt ins ewige Leben zu feiern. Sein letzter Wunsch war dabei, dass jeder seiner Anhänger sich einige Tropfen irgendeines Getränks genehmigen soll, welches den Schmerz und die Trauer lindern kann. Nicht wenige leiten aus diesem Wunsch die irische Vorliebe für Bier und Whiskey ab. Heute wird deshalb alljährlich am 17. März der St. Patrick's Day

mit vielen Gottesdiensten, Umzügen, Gesang, Tanz und eben auch reichlich Getränken begangen. Das gilt nicht nur in Irland, sondern überall, wo Menschen irischer Abstammung leben. Die alles dominierende Farbe an diesem Tag ist Grün, in einigen Städten werden sogar die Flüsse grün eingefärbt, an amerikanischen Universitäten das Bier. Auf der Grünen Insel wäre das allerdings undenkbar, die Tradition eines guten Bieres ist den Iren ebenfalls heilig. Allein das Einschenken eines Pint Guinness im Pub ist ein wahrer Ritus: Das Glas wird in drei Schüben gefüllt, damit durch die hohe Stickstoffkonzentration ein fester, cremiger Schaum als Krone entsteht. Die meisten anderen Biere werden nur mit Kohlensäure gezapft. Wer meint, in einem deutschen Pub schon einmal ein original Guinness getrunken zu haben, irrt gründlich. Das Bier, das dort ausgeschenkt wird, ist für den Export gebraut und dementsprechend pasteurisiert, also erhitzt und haltbar gemacht. Seine dunkle Farbe erhält das im 18. Jahrhundert von Arthur Guinness entwickelte Bier durch stark geröstetes Malz. Ein anderes berühmtes »stout« (Dunkelbier) ist das Murphy's, aus Cork, wo der Lokalpatriotismus dann auch verlangt, ein Murphy's dem Guinness aus der Hauptstadt vorzuziehen. Zum populären Gerstensaft hat sich mittlerweile auch das leicht rötliche, süffige »Smithwick's« entwickelt, in Deutschland besser bekannt unter dem Namen »Kilkenny«. Sucht man im Land der Regenbogen ein weiteres berühmtes, gottgefälliges Getränk, wird man schnell fündig: Es ist der

Whiskey, dessen Geheimnis irische Mönche im 6. Jahrhundert nach ihrer Rückkehr aus dem Heiligen Land mitbrachten. Im Gegensatz zum amerikanischen und schottischen Whisky wird der irische aufwendiger, nämlich dreimal, destilliert. Viele begründen damit seinen weichen, runden Geschmack, ohne Brennen im Hals. Wer den Süden bei Cork erkundet, sollte unbedingt der dortigen Jameson's Destillery bei Midleton einen Besuch abstatten. Das Gleiche gilt für Tullamore in der Grafschaft Offaly in den Midlands und für Bushmills, in der nordirischen Grafschaft Antrim. Am Ende der spannenden Führungen mit historischem Hintergrund wartet eine Verkostung.

Mit 100 Stundenkilometern auf diesen Straßen – unmöglich!

Augen auf auf irischen Straßen

Einmal abgesehen davon, dass in Irland Linksverkehr herrscht, der Ungeübten im Leihwagen die ersten Kilometer die Schweißtropfen auf die Stirn treibt, ticken auch auf Irlands Straßen die Uhren anders. Wo Schafe hinter einem Zaun sind, kann man sicher sein, dass hinter der nächsten Kurve auch das eine oder andere auf der Straße lauert. Überhaupt, die Verkehrsschilder, irgendwie scheinen sie hier von besonders lustigen Gesellen aufgestellt worden zu sein. Wo ein Schild besagt, dass man nur 100 Stundenkilometer schnell fahren darf, bedeutet das nichts anderes, als dass man dort nur unter höchster Gefahr für Leib und Leben 100 Stundenkilometer schnell fahren kann. Wer denkt, dass die Straße nicht mehr schmaler werden kann, kann sicher

sein, dass sie schmaler wird. Und wer glaubt, »hier passen keine zwei Autos aneinander vorbei«, kann sicher sein, dass Iren da anderer Meinung sind. Vergessen sollte man jegliches Vertrauen in die Kilometeranzahl bei Verkehrshinweisschildern. Wird ein Ort gerade noch mit einer Fahrdistanz von zehn Kilometern bis zum Ziel beschrieben, findet sich mit Sicherheit fünf Kilometer weiter ein neues Schild, das einen informiert, dass es jetzt nur noch zwölf Kilometer sind. Dafür nehmen es die Iren mit bemerkenswerter Entspanntheit hin, wenn wieder mal ein Europäer vom Festland auf der falschen Straßenseite unterwegs ist. Man grüßt, grinst und fährt gelassen weiter seines Weges. Denn wenn man hier eines hat, dann »bags of time« – Zeit, in einem magischen, mystischen Land des Regens und der Regenbogen am westlichsten Rand Europas.

Steckbrief Irland

Lage: Das Land des Regenbogens erstreckt sich in Nordwesteuropa vor der Westküste Großbritanniens, getrennt durch die 200 Meter tiefe, sehr raue Irische See. Die kürzeste Entfernung zur britischen Insel beträgt nur 18 Kilometer, die größte 223 Kilometer.

Größe: Das Staatsgebiet der Republik Irland ist ähnlich groß wie Bayern und hat eine Fläche von 70 182 Quadratkilometern, Nordirland hat eine Fläche von 14 120 Quadratkilometern.

Hauptstädte: Die Hauptstadt der Irischen Republik ist Dublin in der Provinz Leinster mit derzeit gut 527 600 Einwohnern. Die Hauptstadt von Nordirland ist Belfast und mit 280 500 Einwohnern zweitgrößte Stadt nach Dublin auf der Insel.

Flagge und Wappen:

Das Grün der irischen Flagge steht für den katholischen Glauben der Bevölkerung der Irischen Republik, das Orange für die mehrheitlich protestantische Bevölkerung Nordirlands. Und Weiß für den Frieden, der zwischen beiden Volksgruppen herrscht. Die keltische Harfe auf blauem Grund im Wappen steht seit dem 13. Jahrhundert für die friedliche Gesangskunst der Barden. Daneben steht das dreiblättrige Kleeblatt für das Gedenken an den Hl. Patrick und das Symbol der Dreifaltigkeit.

Bevölkerung: Derzeit leben in der Republik Irland zirka 4,5 Millionen Einwohner, davon jeder Dritte im Großraum Dublin.

Das hat zur Konsequenz, dass weite Landstriche fast menschenleer erscheinen. In Nordirland leben zirka 1,8 Millionen Menschen.

Sprache: Die Landessprache ist Englisch mit einem starken irischen Akzent. In weiten Gebieten in Donegal, Sligo oder Connemara wird noch Gälisch gesprochen und geschrieben.

Währung: Euro in der Republik Irland, das Pfund Sterling in Nordirland.

Geografie: Von Norden nach Süden misst die Insel 470 Kilometer, von Osten nach Westen 290 Kilometer. Längster Fluss ist mit 361 Kilometern der Shannon, der bei Limerick in den Atlantik mündet. Der höchste Berg ist der Carrauntoohil mit 1041 Metern im Südwesten der Insel, größter See der Lough Corrib mit 168 Quadratkilometern.

Nebel und benebelt – typisch irische Ironie

Geschichte im Überblick

7000—2000 v. Chr. Die ersten Siedler, vermutlich aus Schottland kommend, erreichen die Insel.

3000—2000 v. Chr. Die ersten Dolmen und Megalithengräber entstehen.

500 v. Chr.—400 n. Chr. Eisenzeit: Die Kelten erreichen Irland und bringen die Technik der Eisenherstellung mit. Sie übernehmen die Herrschaft des Landes.

Um 431 Irische Piraten verschleppen den Hl. Patrick aus Britannien nach Irland. Dem Heiligen gelingt die Flucht, doch einige Jahre später kommt er zurück, um die Iren zu christianisieren.

500 bis 900 Zahlreiche Klöster entstehen nach dem Tod des Hl. Patrick, von denen aus Mönche beginnen, England und den Kontinent zu missionieren.

900 Die Wikinger erreichen über den Shannon Clonmacnoise und gründen an der Ostküste zahlreiche Siedlungen, darunter Dublin.

1014 In der Schlacht von Clontarf (bei Dublin) werden die Wikinger geschlagen und die Überfälle auf die wirtschaftlichen Zentren grundsätzlich beendet.

1155 Der englische König Henry II. erhält durch den Papst das Recht, die irische Kirche zu reformieren und in die Verwaltung einzugreifen. Henry setzt dazu normannische Adelige als Lehnsherren ein. Die Normannen errichten zahlreiche neue Festungen und Klöster.

1558—1603 Unter der Herrschaft von Henrys VIII Tochter Elizabeth I. werden die Iren politisch und religiös weiter stark unterdrückt. Das soziale und politische Gefüge wird durch die Engländer komplett zerschlagen und das englische Recht auf der Insel eingeführt.

1609 Englische Siedler erhalten aufgrund der sogenannten Plantation-Gesetze fast die gesamte Provinz Ulster im Norden. Die englische Krone hofft auf ein loyales Bollwerk in Irland. Der historische Einschnitt veränderte die Bevölkerungspolitik so einschneidend, dass eine Einigung mit dem restlichen Irland nie mehr möglich war.

1649—1654 Der englische Lord Protector Oliver Cromwell verwüstet mit seinen Truppen das gesamte Land, die wirtschaftlichen Hochburgen und Klöster. Die irische Bevölkerung wird in unfruchtbare Gebiete vertrieben.

1688—1691 Englische Strafgesetze, die »Penal Laws«, schließen die irische Bevölkerung vom Landbesitz aus. Die Macht über die Insel wird von englischen Protestanten übernommen.

1782—1800 Großbritannien erkennt ein irisches Parlament an, in dem nur Protestanten sitzen. Trotzdem erreicht dieses Parlament handelspolitische und verfassungsrechtliche Verbesserungen.

1845—1852 In der »Großen Hungersnot« sterben mehr als eine Million Iren, fast zwei Millionen wandern aus.

1905 Gründung der Gruppe »Sinn Féin« (»wir selbst«), die politische und wirtschaftliche Autonomie fordert und den Widerstand gegen die Briten organisiert.

1914—1918 Erster Weltkrieg: Irische Soldaten kämpfen für England.

1916 Die »Irischen Freiwilligen« rufen am 24. April in Dublin die Republik Irland aus. Die Engländer schlagen den Osteraufstand brutal nieder, die Anführer werden hingerichtet.

1919—1921 Guerillakrieg gegen die englische Armee, angeführt von der »Irish Republican Army« (IRA).

1921 Am 6. Dezember tritt der anglo-irische Vertrag in Kraft, wonach Irland ein Freistaat innerhalb des britischen Reiches wird. Nordirland wird in das Vereinigte Königreich eingegliedert.

1922—1923 Inneririscher Bürgerkrieg zwischen Freistaatgegnern und der Regierung. Ein breiter Riss zieht sich durch die irische Gesellschaft.

1937 Irland gibt sich eine neue Verfassung und erklärt sich zu einem souveränen, unabhängigen, demokratischen Staat mit Namen »Eire«.

1949 Irland tritt aus dem Commonwealth aus und erklärt sich zur Republik.

1968—1972 Demonstrationen der nordirischen Bürgerrechtsbewegung. Britische Truppen werden in Nordirland stationiert und die Selbstverwaltung aufgehoben. Beginn des nordirischen Bürgerkrieges.

30. Januar 1972 Beim sogenannten »Blutsonntag« eröffnen britische Fallschirmjäger in Derry das Feuer auf unbewaffnete Demonstranten. 14 Menschen sterben.

1998 Durch Vermittlung des amerikanischen Präsidenten Bill Clinton und des englischen Premierministers Tony Blair wird das »Karfreitagsabkommen« zur Beendigung des nordirischen Bürgerkrieges beschlossen. Die beiden nordirischen Politiker David Trimble und John Hume erhalten den Friedensnobelpreis.

2005 Die IRA erklärt das Ende des bewaffneten Kampfes.

2008 Die internationale Finanzkrise beendet die goldenen Zeiten des irischen Wirtschaftswunders.

2011 Das hoch verschuldete Land steht vor dem Ruin und muss unter den Rettungsschirm der Europäischen Union schlüpfen.

2013 Irland hat als erster Mitgliedsstaat der Eurozone sein Finanzhilfeprogramm erfolgreich abgeschlossen und verlässt den Rettungsschirm der EU wieder.

2014 Irland zahlt dem Internationalen Währungsfond vorzeitig einen Kredit von neun Milliarden Euro zurück.

DER SÜDWESTEN

1 Ring of Kerry
Zu Gast in Irlands Wohnzimmer

Die Panoramastraße des Ring of Kerry gehört zu den Traumrouten der Welt. Es gibt nur wenige Plätze auf dem Globus, in der die Natur solch kontrastreiche Panoramen geschaffen hat. Hier präsentiert sich das Spektakulärste, was Irland an imposanter Naturkulisse komprimiert zu bieten hat: steil abfallende Klippen, sanfte Strände, glasklare Seen, Wasserfälle, malerische alte Brücken und einzigartige Ausblicke auf die fjordartigen Küstenabschnitte des Atlantiks.

Zum Anfang erst mal die Kardinalsfrage, in welche Richtung der Ring befahren werden sollte. Ganz klar – im Uhrzeigersinn. Das hat den entscheidenden Vorteil, dass einem als Fahrer die zahlreichen Busse entgegenkommen und man dementsprechend agieren kann. Wer sich den Busrouten ent-

GUT ZU WISSEN

TEURER TOURISTENAUSBLICK

Also gut, der Ausblick ist wirklich spektakulär. Zwischen Waterville und Caherdaniel liegt das »Scarriff Inn«-Pub mit richtig tollem Panorama. Das Pub liegt exakt in der Mitte des Rings of Kerry und allein diese zwei Gründe reichen aus, dass täglich Unmengen von Besuchern hier stoppen. Die Preise für die Speisen sind jedoch kräftig überteuert. Ein Chicken Curry oder ein fades Irish Stew für 16,95 Euro ist definitiv den Preis nicht wert. Dazu vermittelt das Personal den Eindruck: bestellen, zahlen, essen und dann so schnell wie möglich Platz für die nächste Busladung machen. Uriger und preiswerter speisen Sie in kleineren Pubs in der Umgebung.

S. 26/27: Spektakuläre Ausblicke auf den Atlantik bietet der Ring of Kerry.
Oben: Ladies View: Den Blick Richtung Killarney genoss schon Queen Victoria.

Ring of Kerry

Nicht verpassen

gegen der Uhr anschließt, der hat schnell Pech und hängt in den kurvigen Straßen gefühlte Ewigkeiten hinter den Massengefährten fest. Auch wenn viele etwas anderes behaupten, wer individuell unterwegs ist – im Uhrzeigersinn heißt die Parole. Wer nicht gerade mit einem Busunternehmen diese Tour in einem Tag durchfährt, sollte sich Zeit nehmen. In zwei bis drei Tagen lässt sich der Ring wesentlich intensiver und beschaulicher erfahren und genießen. Die Rundreise startet von dem Städtchen Killarney, der touristischen Hochburg Irlands, in Richtung Kenmare und führt zuerst durch die in allen möglichen Grünfarben schillernden Eichenwälder des Nationalparks. Vorbei geht die Fahrt an tiefschwarzen Seen, die so kalt sind, dass selbst im Sommer Schwimmen so gut wie ausgeschlossen ist. Oder wie der Ire sagen würde: »Sou-bluddie-cold-tuu-have-apoooint-with-the-devil« (»Zu verdammt kalt, um mit dem Teufel ein Pint zu trinken«). Die Straße N71 windet sich in kleinen Serpentinen langsam immer höher bis zum Aussichtspunkt Ladies View. Von dort gibt es als Belohnung für die Kurverei einen imponierenden Rundblick auf die Seen von Killarney, der schon Königin Viktoria und ihre Kammerzofen in Verzückung geraten ließ (daher der Name). Wer Zeit hat, genießt einen exzellenten Irish Coffee im Besucherzentrum, wer nicht, fährt die N71 weiter hoch zu Moll's Gap. Bunt bemalte Schafe links und rechts der Straße oder auf derselben weiden in einer wild zerklüfteten Gebirgslandschaft, die als Drehkulisse für die ersten beiden *Highlander*-Filme weltweit zu Ruhm kam.

Abfahrt zum Schlosshotel

Hier teilt sich die Straße in zwei Richtungen. Einmal nach Kenmare, einmal nach Sneem. Zu empfehlen ist die Abfahrt nach Kenmare, um dann

DER RING IM RING

Der Ring of Kerry ist spektakulär und voll. Der Ring of Skelligs ist noch spektakulärer und leer: Ersteres liegt an seiner atemberaubenden Küstenstraße, Zweiteres daran, dass diese eher eine Gasse und daher für Busse unpassierbar ist. Im Uhrzeigersinn kurvend zweigt kurz hinter Waterville die R567 links ab und vereint sich mit der R566 in Richtung Ballinskelligs, wo die Ruine der St.-Michael-Priorei steht. Das Sträßchen schraubt sich an Bolus Head vorbei in die Höhe, sensationell ist der Blick hinab auf die St. Finan's Bay – und rüber auf die zum Greifen nahen Skelligs. Das Finale des kleinen Extra-Rings scheint ein fades zu sein. Doch weit gefehlt: Natürlich muss es hinter den so kurz vor dem Meer noch linker Hand ansteigenden Wiesen tierisch steil wieder runtergehen. Tut es. Und wie. Zwei Kilometer vor Portmagee liegt der Parkplatz eines Cafés. Die drei Euro für die Parkerlaubnis sind ebenso gut investiert wie die zehn Minuten den Hang hinauf. Der stets windumtoste Aussichtspunkt ist etwas für Schwindelfreie. Diese Klippen sind die wohl spektakulärsten in Irland.

Ring of Skelligs. 33 Kilometer lange Küstenstraße über die R567 und R566. Im Uhrzeigersinn fahrend spektakulärer Aussichtspunkt kurz vor Portmagee.

Oben: Achtung, wenn ein Kobold den Weg kreuzt, dann besser bremsen.
Unten: Sanft schaukeln am Abend die Fischerboote in der Kenmare Bay.

dort an der Tankstelle rechts auf die Küstenstraße N70 Richtung Sneem abzubiegen. Belohnt wird diese Entscheidung hinter dem Flecken Templenoe mit spektakulären Aussichten auf die Kenmare Bay. Mitten auf der Strecke lohnt sich der Halt bei der Blackwater Bridge. Unter der uralten Steinbrücke rauscht helle ein Bächlein, nur wenige Sonnenstrahlen durchbrechen das blattgrüne Dickicht, Vögel machen sich aus den Baumwipfeln bemerkbar. In der verwunschenen Atmosphäre soll bis heute noch ein Leprechaun sein Zuhause haben, also einer der Kobolde, die sonst nur am Ende des Regenbogens zu finden sind und dort einen Topf aus Gold hüten. Man mag es glauben oder nicht. Die Iren schwören Stein und Bein darauf. Zirka drei Kilometer vor Sneem biegt links eine Abfahrt zum Schlosshotel »Parknasilla« ab. Die Parks und Rundwege des Hotels sind für die Gäste und interessierte Besucher geöffnet, allerdings nicht für Busse. Den geruhsamen Blick von der Terrasse auf den Atlantik sollte man sich aber auf keinen Fall entgehen lassen. Und sich die frische Brise von der See bei einem Pint oder einer guten Tasse Tee um die Nase wehen lassen. Durchatmen, relaxen, abschalten, die Zeit scheint sich hier in sich selbst zu drehen. Im nahe liegenden Örtchen Sneem ist die Beschaulichkeit schnell vergessen. Das Dörfchen zählt zum beliebtesten Stopp der Ausflugsbusse, die hier vor dem (sehr gut ausgestatteten) Souvenirshop »Quills« halten. Das rosa Gebäude rechts

Rundfahrt Ring of Kerry

Startpunkt für Irlands berühmteste Panoramastraße ist **Killarney Ⓐ**. Das Städtchen mit seinen gerade einmal 10 000 Einwohnern hat sich in den letzten Jahren zu einem der wichtigsten Zentren des irischen Fremdenverkehrs entwickelt. Nennenswerte Sehenswürdigkeiten hat die Stadt selbst nicht zu bieten, dafür sind die umliegenden Seen- und Berglandschaften zu einem Nationalpark zusammengefasst worden, durch den sich auch ein Teil des Ring of Kerry zieht.

Über die Aussichtspunkte **Ladies View Ⓑ** und **Moll's Gap Ⓒ** geht es in Richtung des pittoresken Fleckens **Kenmare Ⓓ**, der regelmäßig als eines der attraktivsten Dörfer Irlands ausgezeichnet wird und zugleich auch das Tor des zweiten Rings, des Ring of Beara (Kap. 6), ist.

Entlang der Küstenstraße nach **Sneem Ⓕ** liegt drei Kilometer vor dem Ort das Schlosshotel **Parknasilla Ⓔ** (Autorentipp S. 32).

Die Straße schlängelt sich nun entlang der Kenmare Bay bis nach **Caherdaniel Ⓖ**, wo es genügend Möglichkeiten zum Surfen, Strandwandern oder Forellenangeln gibt.

Die Route steigt weiter zügig an und fällt erst nach der Passhöhe Richtung **Waterville Ⓗ** stetig ab.

Wählt man die Fahrt weiter auf der Hauptroute im Ring, ist **Cahersiveen Ⓘ** die nächste Station zum Stopp für einen Snack oder um den Tank zu füllen.

Weiter windet sich die Straße mit grandiosen Ausblicken entlang der Dingle Bay über **Glenbeigh Ⓙ**, bevor man nach knapp 50 Kilometern mit **Killorglin Ⓚ** die vorletzte Station im Ring erreicht.

Nach einer gut 20 Kilometer langen Fahrt entlang des River Laune landet man wieder am Ausgangspunkt in **Killarney Ⓐ** mit seinen zahlreichen, bunten Shops und Pubs.

Einfach gut!

PARKNASILLA – AUF GEHEIMEN WEGEN

Es gibt sicher keinen Iren, der bei Erwähnung des Schlosshotels vor Kerry keine glänzenden Augen bekommt. Schon George Bernard Shaw fühlte sich hier als Gast wohl, ebenso wie Fürst Rainier und Gracia Patricia von Monaco. Der Park um das Hotel herum wirkt wie ein verwunschener Platz, in dem die Zeit stillzustehen scheint. Sieben Wanderwege, deren Bewältigung zwischen 30 Minuten und zwei Stunden dauert, führen in einen botanischen Wundergarten, in dem Riesenfarne, Palmen, Pinien und Bambus einen Rückblick in längst vergessene Welten à la *Jurassic Park* gewähren. Ab und zu schaut bei den Wanderungen entlang des Wassers ein Seehund vorbei. Die Wege bilden Pflanzentunnel, die teilweise so dicht sind, dass kein Regen mehr hindurchkommt. Hinter der Besucherterrasse öffnet ein kleines Metalltor den Einstieg in die geheimen Wunderwelten, an der Rezeption sind zudem kleine Karten erhältlich. Keine Gruppen oder Busse, interessierte Individualreisende willkommen. Wer Zeit hat, sollte mindestens eine Nacht bleiben, um die grandiose Atmosphäre zu genießen.

Parknasilla Resort. Drei Kilometer auf der N70 vor Sneem, Sneem, Kerry, ganzjährig, Tel. 064/667 56 00, www.parknasillaresort.com

gegenüber ist »Dan Murphy's Bar« und Irlands meistfotografierter Pub. Ist ja auch urig anzuschauen. Weiter geht's dann in Richtung des ehemaligen Seebads Waterville. Zuvor trifft man nach einer abwechslungsreichen Fahrt durch herbe Heidelandschaften bei Caherdaniel auf eine buchtenreiche Felsenküste, die von kleinen und größeren Sandstränden durchsetzt ist. Bei schönem Wetter ein irrealer Platz für ein Sonnenbad oder Picknick. Zirka zwei Kilometer von Caherdaniel entfernt in Richtung Waterville befindet sich, zwischen der Hauptstraße und der Küste gelegen, der Derrynane-Nationalpark mit dem Derrynane House, ehemals Wohnsitz des berühmten Freiheitskämpfers und ersten katholischen Bürgermeisters Dublins Daniel O'Connell. Das Haus ist heute ein Museum und kann besichtigt werden. Wieder zurück auf der N70 steigt die Straße zügig an und erklimmt den Coomakesta Pass mit grandiosem Panoramablick auf die Ballinskelligs und Kenmare Bay, die sich mit all ihren kleinen Buchten, Fjorden und Sandstränden unter der Passhöhe ausbreiten.

Charles Chaplin in Bronze

Das sind die Eindrücke, die den Ring zur weltweiten Berühmtheit machen und zu Irlands Wohnzimmer. Es ist vielleicht der schönste, der spektakulärste Teil, der hier zu sehen ist. Den Berg hinab beginnt das Landschaftsbild sich nun sanft zu verändern und flacher zu werden. Goldgelb blühende Ginsterhecken und von Steinmauern eingefasste Wiesen dominieren das Erscheinungsbild, die Luft bekommt einen leicht salzigen Geschmack, je näher man dem ehemaligen Seebad Waterville kommt, heute ein kleines Nest mit einer Häuserzeile links, einer Häuserzeile rechts der Straße auf einer schmalen Landzunge zwischen der irischen See und dem Lough Currane. Windstill ist es hier

so gut wie nie. Die Brise pfeift regelmäßig kräftig von der See oder aus dem Landesinneren heraus. Der bronzenen Charles-Chaplin-Statue an der Mole kann das wenig anhaben, sie ist begehrtes Fotoobjekt. Der Schauspieler verbrachte hier mehr als zehn Jahre regelmäßig seine Sommerferien mit der gesamten Familie. Zahlreiche, den Hauch der Nostalgie verbreitende Schwarz-Weiß-Fotografien im Wintergarten des »Butler Arms Hotel« am Ortseingang erzählen diese Geschichten noch heute.

Die Reise im Ring der Panoramen führt weiter in Richtung Cahersiveen, mit einigen Naturattraktionen fernab der Hauptstraße. Ein paar Kilometer außerhalb von Waterville zweigt ein kleines Sträßchen Richtung Ballinskelligs ab, einem kleinen, urigen Hafen, von dem aus bei gutem Wetter Ausflugsboote in Richtung der beiden Skellig-

Oben: Eine der großartigsten Hotellegenden Irlands – das Schlosshotel Parknasilla an der Kenmare Bay bei Sneem
Unten: In Waterville war er gerne Gast, heute steht Charlie Chaplin in Bronze dort.

KLEIN, URIG UND DAS ESSEN – WOOOW!

Normalerweise würde man an dem kleinen Restaurant »An Corán« am Ende der Hauptstraße in Waterville achtlos vorbeilaufen, vor allem, da es sich vollkommen unscheinbar in das Erscheinungsbild einfügt. Neugierig machen die ockergelben Fenstersimse mit den Blumenkästen. Also wirft man einen oder zwei Blicke auf die Karte und wird noch neugieriger. Also rein in die gute Stube. Kleine Tische mit Wachsdecken und alles pieksauber. In der Küche kocht die Besitzerin Fiona Fitzpatrick seit 20 Jahren selbst und was da auf den Teller kommt, ist mit Abstand die beste irische Hausmannskost der Region. Das hausgemachte Chicken Curry für elf Euro ist ebenso eine Sensation wie Fish & Chips, zubereitet nach traditioneller Art im Bierteig und mit einer hausgemachten Sauce Tartar.

An Corán. Main Road 1, Waterville, 1. Apr.–Ende Okt., tgl. 11–18 Uhr, Tel. 066/947 47 11, www.ancorcan.com

Geheimtipp

Inseln starten. Gleichzeitig kann der Reisende, Wanderer oder Radfahrer den kleinen, wildromantischen Ring of Skelligs erkunden, in dem – ähnlich wie im Ring of Beara – eine beschauliche Schokoladenfabrik bei Finan's Bay auf die Ausflügler wartet. Probieren lohnt sich, Michael McGabbham versendet von hier seine Delikatessen in die ganze Welt. Zurück wieder auf der N70 bietet sich kurz vor Cahersiveen noch die Abfahrt Richtung Portmagee (R565) an, wo eine Brücke Valentia Island mit dem kleinen Hafen verbindet. Cahersiveen ist einer der zentralen Touristenorte des Rings, nicht mehr, auch nicht weniger. Im Sommer ist das Städtchen ziemlich gut besucht. Von hier führt die vorletzte Etappe im Ring entlang einer gut ausgebauten Küstenstraße über Glenbeigh nach Kilorglin. Glenbeigh sollte man deshalb schon anfahren, weil mit dem fünf Kilometer langen Rossbay Beach dort einer der schönsten Strände der Region zu finden ist. Eine umwerfende Erfahrung, nicht nur bei schönem Wetter. Der Marktort Kilorglin ist jedes Jahr Anfang August für zehntausende Iren aus dem ganzen Land Anziehungspunkt während des Volksfests »Puck's Fair«, bei dem ein Ziegenbock ein Wochenende zum irischen König gekrönt wird. Einige behaupten, der Brauch würde auf ein keltisches Fruchtbarkeitsritual zurückgehen, andere sehen darin nichts anderes als eine geschickt getarnte Verhöhnung der englischen Monarchie. Wie auch immer, wer nicht gerade zu dieser Zeit durch die vollen Straßen stolpern muss, der findet am Ortsausgang links nach der Brücke eine gut versteckte Lachsfabrik, in der man sich mit exzellenten Wildlachs eindecken kann. Von Killorglin erstreckt sich die letzte Etappe des Rings über eine gut ausgebaute, ziemlich gerade und zügig zu befahrende Straße zurück nach Killarney und beschließt den Besuch in Irlands Wohnzimmer.

Quietschbunt reihen sich Häuschen an Häuschen in Waterville.

Infos und Adressen

SEHENSWÜRDIGKEITEN

Derrynane National Park. Auf gut ausgeschilderten Wegen kann man durch die Dünen- und Parklandschaft wandern und die Seele am drei Kilometer langen Sandstrand baumeln lassen. ganzjährig geöffnet, Eintritt frei. Besichtigt werden kann auch das Museum im angrenzenden Landsitz Derrynane House. Nov.–März, Sa, So 13–17, Apr. und Okt. Di–So 13–17, Mai–Sept. Mo–Sa 9–18, Mai–Sept. So 11–19 Uhr, Erwachsene 2,75, Kinder und Studenten 1,25, Familien 7, Rentner 2 Euro, Caherdaniel, Kerry, Tel. 066/947 51 36, www.derrynane.com

Staigue Fort. Zirka 16 Kilometer hinter Sneem zweigt bei Castlecove eine Stichstraße ab zu einem der am besten erhaltenen Ringforts Irlands aus prähistorischen Zeiten. Ein Infozentrum gibt Auskunft. Ostern–30. Sept. tgl. 10–21, Aug. nur Fr–So 10–18 Uhr, Caherdaniel, Kerry, Tel. 066/751 27, www.sneem.net/staiguefort

ESSEN UND TRINKEN

Breens Riverside Cafe & Bistro. Das kleine Steinhaus neben der Brücke in Sneem ist urgemütlich in der Ausstattung und hat einen tollen Blick auf den Fluss. Kleine Tageskarte und hausgemachte Kuchen. Bridge Street, Sneem, Tel. 064/664 54 98, www.sneem.com/riverside

Bricin Restaurant. Lassen Sie sich von dem Buch- und Modeshop im Erdgeschoss nicht täuschen. Einfach die Treppe hoch und man findet eines der gemütlichsten Restaurants mit der besten Küche der Stadt. 26 High Street, Killarney, Tel. 064/663 49 02, www.bricin.com

The Caragh Restaurant & Bar. Schlichtes Ambiente, aber sauber und Preise, die noch nicht vom Tourismus verdorben sind. Inklusive Getränke können hier zwei Personen für weniger als 20 Euro essen. 106, New Street, Killarney, Tel. 064/663 16 45

ÜBERNACHTEN

Hotel Europe Killarney. Das mondäne Fünf-Sterne-Hotel befindet sich seit Jahrzehnten im Besitz der deutschen Unternehmerfamilie Liebherr, die zig Millionen Euro in Ausbau und Renovierung investiert hat. Spektakuläre Lage am See und bestes Spa der Region. Fossa, Killarney, Tel. 064/667 13 00, www.theeurope.com

The Killarney Park Hotel. Stilvolles Fünf-Sterne-Traditionshaus im Zentrum von Killarney. Man kann zwischen Zimmern mit klassischer oder zeitgenössischer Ausstattung wählen. Town Centre, Killarney, Tel. 064/663 55 55, www.killarneyparkhotel.ie

Travellers Rest Hostel. In kurzer Laufdistanz zu den Stränden und zum Derrynane House liegt das kleine, schmucke Hostel. Geräumige, saubere Zimmer und offener Kamin im Aufenthaltsraum. 20. Feb.–1. Nov., Main Road, Caherdaniel, Tel. 066/947 51 75, www.hostelcaherdaniel.com

INFORMATION

Touristinformation Killarney. Ganzjährig. Mo–Sa 9–17 Uhr, Beech Road, Killarney, Tel. 064/663 16 33, www.killarney.ie

Strandleben: In der Nähe von Waterville haben Hund und Herrchen Spaß.

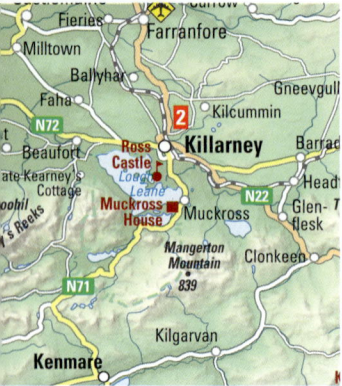

2 Killarney
Das emsige Städtchen am See

Es sind wirklich nur knapp 14 000 Einwohner. Doch gerade in den Sommermonaten platzt Killarney aus allen Nähten. Das Gewusel in den Einkaufsstraßen und Kneipengässchen kann's lässig mit Dublin aufnehmen. Dabei fehlen dem Besuchermagneten des Südwestens die außergewöhnlichen Sehenswürdigkeiten.

Zur Flanke idyllische Seen, mit Blick auf Irlands höchste Berge, ist Killarneys Visitenkarte mit landschaftlicher Eleganz bedruckt. Das hat schon dem Geldadel des 19. Jahrhunderts gefallen und so hat die in den letzten Jahren tüchtig gewachsene Kleinstadt eine touristische Tradition – und eine entsprechend vielfältige Hotellerie. Doch wäre ihr Unrecht getan, sie ausschließlich als Ausgangspunkt des Ring of Kerry zu sehen. Selbst wenn mit dem legendären und in zahlreichen Reiseführern noch immer beworbenen Oldtimer Museum of Irish Transport schon vor Jahren die skurrilste Attraktion mangels Rentabilität abhanden gekommen ist. Wer heute noch etwas Besonderes sucht, der muss sich anstrengen, genauer gesagt rudern. Am Ostufer des Lough Leane, des größten der Killarney Lakes, lassen sich nahe dem Ross Castle Boote ausleihen; mit Muskelkraft geht's auf die einsame Insel Innisfallen, wo neben einer kleinen Kirche aus dem 12. Jahrhundert auch noch Reste eines etwa ebenso alten Klosters stehen.

Sakrales dominiert auch das Stadtbild Killarneys: Unübersehbar am östlichen Stadtrand steht die mächtige, neugotische St. Mary's Cathedral, die Mitte des 19. Jahrhunderts im seinerzeit angesagten englischen Stil von Stararchitekt Augustus

Oben: Die neugotische St. Mary's Cathedral steht wuchtig am Stadtrand von Killarney.
Unten: In einer Seitengasse der High Street öffnet sich dieser idyllische Innenhof.

Welby Pugin erbaut wurde. Die Kirche ist dank des kostenlosen Parkplatzes nebenan idealer Ausgangspunkt für einen kleinen Stadtrundgang. Bei dem es rasch deutlich weltlicher zugeht. Denn über die New Street führt der Weg direkt ins geschäftige Zentrum. Von der High Street über die Main Street bis ums Eck zur College Street reihen sich neben zahlreichen Boutiquen vor allem Pubs und Restaurants aneinander.

Der humanitäre Held

Tagsüber entflieht es sich dem für einige Stunden durchaus charmanten Trubel am besten in Richtung See. Mehrere gut ausgebaute Pfade schlängeln sich durch die ausufernde Parkanlage zwischen Stadt und Lough Leane. Über das weitverzweigte Wegenetz geht es gut eine halbe Stunde Richtung Wasser, ehe sich zwischen den Bäumen der Blick öffnet auf Ross Castle. Die Festung aus dem 15. Jahrhundert mit dem restaurierten, wuchtigen Bergfried thront auf einer kleinen Landzunge und hielt im 17. Jahrhundert am längsten von allen Burgen Munsters dem vernichtenden Feldzug Oliver Cromwells stand. Mindestens genauso standhaft war Killarneys großer Held des vergangenen Jahrhunderts: Monsignore Hugh O'Flaherty. Der 1898 geborene Geistliche wirkte in den 1920er-Jahren zunächst in Rom, danach als humanitärer Helfer in Haiti und der Dominikanischen Republik. Im Zweiten Weltkrieg versteckte er Antifaschisten und Juden in seiner römischen Residenz und legte sich offen mit Hitlers Häschern an. Nach dem Krieg kümmerte er sich auch um das Wohlergehen der einstigen Feinde in der Gefangenschaft. Seine Tapferkeit wurde weltweit ausgezeichnet, in seiner Heimatstadt steht die O'Flaherty-Statue gegenüber dem großen Parkplatz vor der Touristen-Information in der Mission Road.

Infos und Adressen

SEHENSWÜRDIGKEITEN
Ross Castle. Festung aus dem 15. Jahrhundert unmittelbar am Ostufer des Lough Leane. März–Okt. tgl. 9.30–17.45 Uhr (letzter Einlass 17 Uhr), Erwachsene 5, Kinder 3, Familie 13 Euro, Killarney, Tel. 064/663 58 51, www.heritageireland.ie

ESSEN UND TRINKEN
Murphy's Bar. Hier spielt die Musik – und zwar täglich. Das »Murphy's« hält die Fahne des traditionellen Irish Folk hoch. College Street, Killarney, Tel. 064/663 12 94, www.murphysofkillarney.com

ÜBERNACHTEN
The Lake Hotel. Auch wenn dieses Vier-Sterne-Hotel schon in die Jahre gekommen ist, die Lage direkt am Ufer des Lough Leane ist – neben dem famosen Sonntagsbrunch – sein Trumpf. Muckross Road, Killarney, Tel. 064/663 10 35, www.lakehotel.com

WOHLFÜHLEN
Orchid Day Spa. Asiatisches Flair in Irland: Ein betörender Ort, um die Seele baumeln zu lassen. Mo–Sa 10–20 Uhr, So nach Absprache, Massagen ab 40 Euro, Old Market Lane, Killarney, Tel. 064/662 74 62, www.orchiddayspa.ie

INFORMATION
Tourist Information. Ganzjährig, Mo–Sa 9–17 Uhr, Beech Road, Killarney, Tel. 064/663 16 33, www.killarney.ie

3 Killarney-Nationalpark
Das Land der Berge und Seen

Linkskurve, Rechtskurve, bremsen. Unbedingt, sonst gibt's in Irland nur noch 999 999 Schafe. Die wolligen Gesellen machen den Autofahrern die Kurverei durch den Killarney-Nationalpark nicht leichter. Mehr noch als anderswo auf der Insel stapfen hier die Schafe kreuz und quer auf den Straßen herum. Und auch auf den ebenso unzähligen wie abwechslungsreichen Wanderrouten des bergigen Reservats sind sie steter Begleiter.

Das 8000 Hektar umfassende Gebiet erstreckt sich von den Killarney Lakes entlang der über 1000 Meter hohen Macgillycuddy-Berge südlich Richtung Kenmare. Seitdem 1932 das Kernstück, der um Muckross gelegene Bourne Vincent Memorial Park, von seinem Eigentümer der Regierung übergeben worden war, wurde der Nationalpark

Oben: Auch heute noch eine prachtvolle Aussicht auf die Killarney Lakes bietet Ladies View.
Unten: Mit der Natur im Einklang: Wanderer auf der Old Kenmare Road

GUT ZU WISSEN

LIEBER AUF SCHUSTERS RAPPEN
Ob auf den romantischen Spazierwegen um die Seen, im abenteuerlichen Gap of Dunloe, oder einfach nur im Stadtpark – überall begegnen Fußgänger diesen einspännigen Droschken, oder werden von ihnen überholt. Rund 40 Euro sind kein Pappenstil für eine Stunde Pferdevergnügen. Wer's dennoch lieber bequem und schnell mag, statt alleine durch die atemberaubende Natur des Killarney-Nationalparks zu streunen, kann sich an mühsamen Anstiegen, wo die »Jarveys« (Lenker) ihre schmucken Gefährte vor müden Wanderern durch die Gegend steuern, dazu entscheiden. Ruhiger ist es jedoch zu Fuß.

Killarney-Nationalpark

Zug um Zug ausgeweitet. Heute präsentiert er sich als Bilderbuch-Irland: Einsamkeit, Berge, Seen, üppige Vegetation und Wälder. Nirgendwo anders in Irland hat es einen derart dichten Baumbestand, vor allem Eiben und Eichen. Der Golfstrom erwärmt die Luft und lässt mediterrane Pflanzen sprießen. Die Rhododendren wuchern am Wegesrand so üppig, dass die Gärtner regelmäßig anrücken müssen. Und zwischendurch taucht immer mal ein Erdbeerbaum mit seinen knallroten Früchten auf, der für gewöhnlich nur im Mittelmeerraum und in den USA gedeiht. Kein Wunder, dass die Zugvögel des irischen Nordens nicht weit fliegen müssen und im Killarney-Nationalpark überwintern und sich dort unter die über 100 Gattungen reiche Vogelwelt mischen. Insbesondere Wasseramseln, Eisvögel und Graureiher bekommen die Naturliebhaber bei ihren Bootsfahrten hinauf zum Upper Lake verlässlich zu Gesicht.

Zumindest verlässlicher als andere Menschen. In Irland wird nicht ameisengleich von Hütte zu Hütte gewandert. Im Killarney-Nationalpark schon gar nicht. Voll ist's noch am Ladies View, wo einst die höfischen Damen beim Tee die Aussicht auf die Seen genossen und es ihnen die Touristen heute gleichtun. Deswegen das Auto einfach hier – oder am, die N71 weiter, ein Stück höher auf dem Pass gelegenen Moll's Gap – abstellen und loslaufen. Schnell führen die zahlreichen, nicht ausgeschilderten Pfade in die Stille, die man in den Alpen erst nach Dutzenden Kilometern findet. Ein bisschen Richtung Seen stromern – es ist ein Ausflug ins Paradies.

Flanieren, wo sich die Wasser treffen

Etwas betriebsamer geht es rund um den Muckross Lake zu. Idealer Ausgangspunkt ist der Park-

Geheimtipp

PICKNICK AM VERBORGENEN SEE

Killarneys Seen machen den Zauber der Stadt aus. Und ja, eine Bootsfahrt auf dem Lough Leane muss schon sein. Keine Boote hat's am Lough Guitane, dafür himmlische Ruhe, idyllische Picknickplätze und verträumte Wanderwege. Und warum ist's dort so still, wo doch das emsige Killarney nur ein paar Kilometer westlich liegt? Weil dieses landschaftliche Kleinod nicht so ganz einfach zu finden ist. Von Killarney kommend zweigt kurz vor Muckross ein winziges Sträßchen nach links ab, für die Ausschilderung braucht es ein wachsames Auge. Am See angekommen, heißt es dann nur noch: Seele baumeln lassen. Unbedingt vorher ein paar belegte Brote einpacken, wetten, dass die Stullen am Ufer des sanften Gewässers besser schmecken als ein Menü in irgendeinem Gourmet-Tempel.

Lough Guitane. Idyllischer See hinter der Streusiedlung Gortdromakiery, zwei Kilometer östlich von Muckross.

Einfach gut!

BLACK VALLEY

Keine Frage, der Gap of Dunloe gehört zu den schönsten Touren Irlands. Ursprünglicher noch ist aber das Black Valley. Schafe über Schafe, vielleicht mal ein Stück Rotwild und ansonsten nur die drei langgestreckten Seen im Einklang mit den steil aufragenden Hängen der Macgillycuddy's Reeks. Vom Upper Lake aus kommend, führt der abwechslungsreichere Weg rechterhand um die Gewässer, vorbei an den verfallenen Häusern einer ehemaligen Hirtensiedlung. Am Ende des Tals scheint die Welt zu Ende, doch schleicht sich tatsächlich rechts der 200 Kilometer lange Kerry Way steil nach oben. Die Tagestour führt freilich nach links zum südlichen Ufer, wo aus dem holprigen Pfad eine Schotterstraße wird. Rund zwei Stunden könnte die Runde dauern, zahlreiche schöne Plätzchen zum Innehalten dehnen den Ausflug jedoch lässig auf einen halben Tag aus.

Black Valley. Von der Passhöhe Moll's Gap an der M71 einen Kilometer über die R568, dann rechts an der Ausschilderung in das enge Sträßlein abbiegen. Ja, man darf dort wirklich mit dem Auto fahren.

platz am »Meeting of the Waters« direkt an der N71 südlich von Killarney, wo sich dieser kleine See mit dem großen Lough Leane trifft. Immer am Wasser entlang führt der rund zweieinhalbstündige Spaziergang durch den Wald, vorbei am kleinen Terrassencafé »Dinis Cottage« bis zur steinernen Brickeen Bridge, wo es den schönsten Blick über den See hat, und weiter über die Muckross-Halbinsel zum Muckross House. Efeu rankt sich auf dem elisabethanischen Herrensitz, den 1843 der Parlamentsabgeordnete Henry Arthur Herbert in bester Seeblick-Lage hat bauen lassen. Zu den prominentesten Besucherinnen gehörte in den folgenden Jahrzehnten die englische Königin Victoria. Heute gibt das nur mittels einer Führung zu besichtigende Haus einen detaillierten Einblick in die Lebensgewohnheiten der feinen Gesellschaft des 19. und frühen 20. Jahrhunderts. Besonders prächtig möbliert ist das Speisezimmer mit der italienischen Anrichte aus Walnussholz – die Einrichtung wurde seit Victorias Stippvisite 1861 kaum verändert. In der Bibliothek hängen Porträts der amerikanischen Familie Bourne, den letzten privaten Eigentümern des Muckross House, ehe sie es 1932 dem Staat vermachten. Rund um das Haus zieht sich die weitläufige Gartenanlage, durch deren englischen Rasen auch der Weg zurück zum Ausgangspunkt der Halbtagestour führt.

Wie ein Hobbit im Urwald

Einen kompletten Tag reservieren sollten sich Wanderer, die sich die Old Kenmare Road zutrauen. Zumindest jene, die sie sich in kompletter Länge, also tatsächlich über 35 Kilometer von Kenmare nach Killarney (die reizvollere Richtung) vornehmen. Hin beziehungsweise zurück, je nach Standort, geht's mit dem Bus. Weniger bequem ist der Start, denn die schnurgerade vom »Square« an der

Rundfahrt: Gap of Dunloe

Morgens um 10.30 Uhr geht's im Oldtimer-Bus los am »O'Connor's«-Pub in Killarney. In beide Richtungen führen die Touren durchs Gap of Dunloe, einer schroffen Schlucht im Westen – empfehlenswerter ist es im Uhrzeigersinn. Dann besteht die erste Etappe aus einer Bootsfahrt von Ross Castle über die drei Seen. Es folgt eine rund zweieinhalbstündige Wanderung, ehe der Trip mit der Rückfahrt ab Kate Kearney's Cottage gegen 16.30 Uhr wieder am Pub endet.

Ⓐ Ross Castle – Die Festung aus dem 15. Jahrhundert sollte einer Prophezeiung zufolge nur durch ein Feuer auf dem Wasser eingenommen werden können. Der findige Cromwell ließ seine Kanonen auf Boote verfrachten und nahm die als uneinnehmbar geltende Burg ein. Heute fahren vom Pier Ausflugsdampfer und die wackeligen Holzboote Richtung Upper Lake ab.

Ⓑ Meeting of the waters – Wo sich der Lough Leane und der Muckross Lake treffen, geht es unter einer steinernen Brücke hindurch. Eine zweite Durchfahrt am Ende des Muckross Lake ist abenteuerlicher: Nur ein paar Handbreit ist das Wasser tief, so dass die Passagiere aussteigen müssen, ehe es über die kleine Wasserstraße Long Range zum Upper Lake geht.

Sanft gleitet das Boot über den Upper Lake.

Ⓒ Brandon's Cottage – Gegen 11.30 Uhr landet das Boot unterhalb dieses Ausflugslokals mit beachtlicher Snacktheke.

Ⓓ Black Valley – Wer gar nicht genug vom Wandern bekommt, dem sei ein Abstecher in das einsame Tal ans Herz gelegt – als Appetithappen für eine spätere, ausführliche Tour.

Ⓔ Gap of Dunloe – Die eigentliche Schlucht presst sich sanft talwärts fallend zehn Kilometer durch die engen Felswände, immer im Schatten des Carrauntoohil, des mit 1041 Metern höchsten Bergs Irlands. Dass der größte der drei Seen hier oben Serpent Lake, also Schlangensee, heißt, unterstreicht die gespenstische Atmosphäre.

Ⓕ Kate Kearney's Cottage – Die schöne Kate wusste um 1840 herum, was Männer wollen: Sie war berühmt für ihren Kartoffelschnaps, ein fürchterliches Gebräu für harte Männer in harten Zeiten. Inzwischen hausen in der Pinte, die noch Kates Namen trägt, keine Rauf- und Saufbolde mehr; nun versüßt leckerer Kuchen die Wartezeit auf den Oldtimer zurück nach Killarney.

Kirche und am »Supervalu« vorbei aus Kenmare hinaus auf den Peakeen Mountain steigende Straße hat es in sich. Doch schon die erste Verschnaufpause hoch droben, wo der mit kleinen gelben Wanderschildchen gekennzeichnete »Kerry Way« scharf nach links biegt, entlohnt mit einem fantastischen Blick über die Kenmare Bay. Danach geht es zunächst über geteerte Strecken Richtung Norden, mal seicht hinunter, mal seicht hinauf, vorbei an Felsen und Wasserläufen. Bis irgendwann eine Gabelung kommt: halblinks ins Black Valley oder rechts Richtung Killarney. Hier stoßen jene dazu, die sich für die leichtere 11-Kilometer-Variante ab dem Parkplatz vor der kleinen Kirche unterhalb des Ladies View entschlossen haben. Plötzlich tauchen die Reste einer kleinen Siedlung auf, hier existierte mal ein Weiler, als diese Route die einzige zwischen den beiden Städtchen war. Dann der beeindruckendste Teil der Wanderung: Der Aufstieg durch die verwunschene Esknamucky Glen, eine von dichtem Urwald bewachsene Schlucht, die den Menschen zum Hobbit werden lässt. Über sumpfige Wiesen führen dann hölzerne Planken, ehe es, vorbei an den »Cores cascades«, durch ein Wildgehege geht und das Rauschen des Torc-Wasserfalls gewaltiger wird. Rund 50 Meter stürzen die Fluten in die Tiefe – ein würdiges Finale der eigentlichen »Old Kenmare Road«, ehe es durch den Park in die Stadt geht.

Oben: Zeitzeuge des 15. Jahrhunderts: Ross Castle am Ufer des Lough Leane
Unten: 50 Meter tief stürzen die Fluten aus den Bergen den Torc-Wasserfall ins Tal.

Infos und Adressen

SEHENSWÜRDIGKEITEN

Muckross House. Das um 1840 erbaute Herrenhaus am Ufer des gleichnamigen Sees beherbergt ein üppig möbliertes Museum der Zeitgeschichte. Juli/Aug. tgl. 9–19, Sept.–Juni tgl. 9–17.30 Uhr, Erwachsene 9, Kinder 6 Euro, Muckross, Killarney, Tel. 064/667 01 44, www.muckross-house.ie

Torc-Wasserfall. Acht Kilometer südlich von Killarney ergießt sich das Wasser mehrerer Gebirgsbäche gesammelt vom Torc Mountain herab. Der kostenlose Parkplatz liegt direkt an der N71 Richtung Kenmare.

ESSEN UND TRINKEN

Kate Kearney's Cottage. Gemütliche, über 150 Jahre alte ehemalige Schmuggler-Pinte am nördlichen Ende des Gap of Dunloe. Tel. 064/664 41 46, www.katekearneyscottage.com

Jarvey's Rest. Unter dem alten Namen »Molly Darcy's« x-mal Pub des Jahres in Irland: Entsprechend schmuck präsentiert sich der rustikale Restaurant-Pub des edlen Muckross Park Hotels. An der N71, Muckross, Killarney, Tel. 064/662 34 00, www.muckrosspark.com

ÜBERNACHTEN

Black Valley Hostel. Es ist nicht der Zimmerkomfort, der diese Jugendherberge auszeichnet. Es ist die für Wanderer und Biker exzellente Lage zwischen Gap of Dunloe und Black Valley. Übernachtung im Mehrbettzimmer ab 16,50, Einzelzimmer ab 30 Euro, Beaufort, Killarney, Tel. 066/663 47 12, www.blackvalleyhostel.com

Peacock Farm. Schlichte Zimmer, 20 einfache Betten, Gemeinschaftsküche – zweckmäßiges Haus am Lough Guitane. Übernachtung ab 15 Euro, Gortdromakiery, Muckross, Tel. 064/663 35 57

The Dunloe. Romantisches Fünf-Sterne-Haus nahe des Black Valley und Gap of Dunloe im beinahe toskanischen Stil. Sensationell ist das Frühstück mit Blick auf die majestätischen Macgillycuddy-Berge. Zimmer mit Frühstück ab 220 Euro, Beaufort, Killarney, Tel. 064/664 41 11, www.thedunloe.com

AKTIVITÄTEN

Gap-of-Dunloe-Tour. Organisierter Tagesausflug durch die Dunloe-Schlucht. 10.30–16.30 Uhr, 35 Euro, Start am »O'Connor's«-Pub, High Street 7, Killarney, Tel. 064/663 02 00, www.gapofdunloetours.com

WOHLFÜHLEN

Muckross Park Spa. In dem edlen Verwöhntempel im Muckross Park Hotel wird relaxt in einem Gewölbekeller voller klassizistischer Säulen. Day-Spa-Pakete mit Nachmittagstee ab 99 Euro, Muckross, Killarney, Tel. 064/662 34 00, www.mucrosspark.com

INFORMATION

Tourist Information. Ganzjährig, Mo–Sa 9–17 Uhr, Beech Road, Killarney, Tel. 064/663 16 33, www.killarney.ie

Prachtbau im Prachtgarten: Muckross House am gleichnamigen See

4 Skellig Islands
Zwei Pyramiden im Atlantik

Bloß nicht zu üppig frühstücken. Diesen Rat sollte beherzigen, wer sich die Überfahrt zu den beiden Felsklötzen vor Valentia Island, die pyramidengleich aus dem Atlantik ragen, zutraut. Die Wellen sind in der Regel höher als die kleinen Boote. Doch das Leiden lohnt: Auf Skellig Michael, der größeren Insel, steht das am besten versteckte Kloster des Landes. Es ist ein bizarrer Ausflug in die Frühgeschichte der Christianisierung Irlands.

Zugegeben, es scheiden sich die Geister an diesem insgesamt sechsstündigen Bootstrip 13 Kilometer hinaus in den wilden Atlantik: Little Skellig, die kleinere Insel, darf seit den 1980er-Jahren nicht mehr betreten werden, um die Vogelwelt zu schützen; allein die Basstölpelkolonien sind mit 30 000 Brutpaaren die weltweit größten. Und eigentlich sollte auch Skellig Michael von den ohnehin wenigen Touristen verschont bleiben, weswegen die Fahrten vom EU-geförderten Skellig Experience Center zwischen Frühjahr und September lediglich Umrundungen anbieten. Doch einige Kutterkapitäne in Portmagee oder Ballinskelligs wagen es, Mutige in rund eineinhalb Stunden zur Blind Man's Cove, der einzigen zum Landgang geeigneten Anlegestelle, zu schippern.

Das möglicherweise schlechte Gewissen ist jedoch schnell verdrängt mit den ersten Schritten auf Skellig Michael. Schon die knapp 700 Stufen hinauf in Richtung des 217 Meter aus dem Meer ragenden Gipfels haben es in sich: Mangels Geländer ist das eine abenteuerliche Kletterpartie entlang senkrechter Abgründe. Die bienenkorbar-

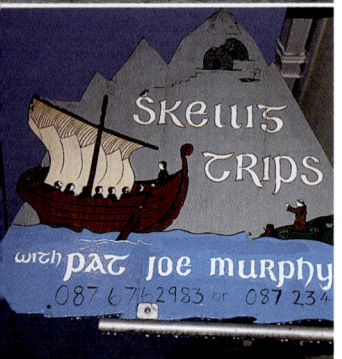

Oben: Gespenstische *Star-Wars*-Kulisse: Skellig Michael (rechts) und Little Skellig
Unten: Dieser Anbieter übertreibt: Ein bisschen kleiner sind die Boote dann doch.

Skellig Islands

tigen Steinbehausungen dienten ab dem 6. Jahrhundert Mönchen um den Hl. Finan. Erste Eremiten sollen sich sogar schon um 490 herum niedergelassen haben. Auch die Wikinger schafften es bei ihrer Erstürmung des Felsens im 9. Jahrhundert nicht, strenggläubige Mönche dauerhaft zu vertreiben. Im Gegenteil, gut 100 Jahre später entstanden kleine Kirchen, die Gartenanlage der Siedlung auf 180 Metern Höhe wurde immer üppiger. Aus dem Rückzugsort weniger und sparsamer Geistlicher wurde um 1500 herum ein reger Wallfahrtsort. Um 1820 wurde gar ein Leuchtturm gebaut, der in der Tat gut 160 Jahre bewohnt blieb. 1986 schließlich begannen die Restaurierungsarbeiten an der auch Grabmale und Reste einer großen Sonnenuhr umfassenden Klosteranlage, die 1996 zum UNESCO-Weltkulturerbe ernannt wurde. Nicht wenige Iren halten es derweil für einen Frevel, dass 2014 Hollywood zu Gast auf ihrer heiligen Insel war: Skellig Michael dient als Kulisse für das Science-Fiction-Epos *Star Wars – Episode 7.*

Das bunte Treiben der Frauen

Die Einheimischen in Portmagee nennen die Skelligs »den Ort, wo der Himmel ins Meer taucht«. Und sie erzählen in den bunten Pubs des gegenüber Valentia Island gelegenen Fischerörtchens noch buntere Geschichten. Irgendwann, vor ein paar Hundert Jahren, soll es Brauch gewesen sein, dass sich auf den zweithöchsten Gipfel von Skellig Michael, den Jesus' Saddle, angehende Bräute in den Tagen vor ihrer Hochzeit zu Exerzitien zurückzogen. Doch da es den jungen Damen offenbar stets gelang, ein paar Flaschen Hochprozentiges auf die Insel zu schmuggeln, geriet die Zeit der Besinnung rasch zu einer zünftigen Party. Irgendwann kamen die Geistlichen dann doch dahinter und setzten dem liederlichen Treiben ein Ende.

SEHENSWÜRDIGKEITEN

Skellig Michael. Auf der größeren der beiden schroffen Felspyramiden stehen ein Kloster aus dem 6. sowie Reste einer Kirche aus dem 12. Jahrhundert.

ESSEN UND TRINKEN

The Bridge Bar. Preisgekröntes Restaurant am Pier von Portmagee. Riesige Portionen, und: Kein Weg führt vorbei am »Catch of the day«. Tel. 066/947 71 08, www.moorings.ie

ÜBERNACHTEN

Carraig Liath House. Gemütliches B&B-Haus 200 Meter oberhalb des Skellig Experience Centers. Zimmer ab 35 Euro, Tel. 066/947 63 44, www.carraiglieathhouse.com

AKTIVITÄTEN

Bootsfahrten. Offizielle Tour ab Skellig Experience Center, dabei werden die Inseln nur umrundet. Abfahrt richtet sich nach dem tagesaktuellen Wetterbericht und Seegang. Erwachsene 35, Kinder 20 Euro (Eintritt Center inklusive)

INFORMATION

Skellig Experience Center. Tolle Multimediashow entschädigt an stürmischen Tagen für ausgefallene Boottrips. März/April/Okt./Nov. fünf Tage die Woche nach aktuellem Zeitplan auf der Homepage jeweils 10–16.30 Uhr, Mai/Juni/Sept. tgl. 10–18 Uhr, Juli/Aug. tgl. 10–19 Uhr, Erwachsene 5, Kinder 3 Euro, Valentia Island, Tel. 066/947 6306, www.skelligexperience.com

5 Dingle Peninsula
Heimat des einsamen Delfins

Die nördlichste Halbinsel der Grafschaft Kerry schiebt sich mit fast 50 Kilometern Länge in den Atlantik. Überall stößt man auf die steinernen Monumente einer vieltausendjährigen Geschichte. Auch wenn sich in den Sommermonaten die Touristen hier die Klinke in die Hand geben, umgibt die Halbinsel immer noch ein magischer Zauber, der von weißen Sandstränden und einem gar nicht so einsamen Delfin gekrönt wird.

Steine säumen diese Wege. Massive, historische Bau- und Sprachdenkmäler mit der prähistorischen Ogham-Schrift hinter moosüberzogenen Steinmäuerchen mit rot blühenden Fuchsienhecken im Hochsommer. Mehr als 1500 an der Zahl. Man kann sich diese uralten Monumente gut vorstellen, umringt von Pilgern in historischen Zeiten, auf der Wallfahrt zum Mount Brandon. Heute sind es die Touristen, die zu Tausenden auf die

Oben: Inch Strand - verträumter Drehort für den Hollywood-Klassiker »Ryan's Tochter«
Unten: Fungi in Bronze - im Hafen von Dingle

GUT ZU WISSEN

DINGLE ANTIZYKLISCH

Dingle ist im Hochsommer eine der Touristenhochburgen des Landes. Die Preise ziehen zu dieser Hauptreisezeit spürbar an. Im Juli und August ziehen wahre Kolonnen von Autos, Wohnmobilen und Bussen über die kleinen, kurvenreichen Straßen. An sonnigen Wochenenden läuft das dann regelmäßig auf einen Verkehrskollaps hinaus, weil die Infrastruktur dem Ansturm kaum noch gewachsen ist. Besser, entspannter und stressfreier wählt man als Reisezeit den Frühling, Frühsommer oder Herbst.

Dingle Peninsula

Einfach gut!

nördlichste Kerry-Halbinsel pilgern, zum einen der malerischen Strände, Landschaften und pittoresken Städtchen wegen, zum anderen wegen eines fast drei Meter langen Meeressäugers, der hier seit mehr als 30 Jahren klingende Münzen in die Haushalte der Einheimischen bringt: Fungi. Weltweit gibt es nirgends einen anderen »freundlichen Delfin«, der es so lange Zeit und ohne Unterbrechung bei den Menschen und mit den Menschen ausgehalten hat.

Lonely dolphins

Der zahme Meeresbewohner gehört zu einem Naturphänomen, wie es noch in anderen Buchten der irischen Insel zu bestaunen ist. Es sind die sogenannten lonely dolphins, Irlands einsame Delfine, die Meeresforscher und Biologen bis heute Rätsel aufgeben. Sie haben sich als Einzelgänger aus dem Verband ihrer Artgenossen gelöst, um sich den Menschen anzuschließen. Und keinem ist das besser gelungen als dem Meeressäuger in der Bucht von Dingle. Fungi ist zu einem tierischen Nationalheiligen der modernen Zeit geworden und allein im Sommer sind es täglich fast 45-Boot-Trips, die den zutraulichen Tümmler zum Ziel haben. Im Touristenbüro verkaufen sie Autoschilder mit dem Namen »Fungi«, es gibt Fungi-Postkarten, -Bücher, -Videos, -Tassen und Delfine in Schneekugeln, um den Delfin-Hype zu fördern.

Ausflüge zum Delfin

76 Prozent der irischen Touristen reisen wegen des Delfins nach Dingle. »Big Fish« nennen ihn die Einheimischen, wohl wissend, dass der Tümmler ein Säugetier ist. Allerdings muss man in der Tat bestätigen, dass es den Bootstrip zu Irlands populärstem tierischem Bewohner wert ist. Die Fischer geben gern die Garantie, dass es zur Begegnung

SPEZIALITÄTEN AUS DER REGION

Direkt am Hafen findet sich eines der besten Restaurants der Halbinsel. »The Charthouse« wird von Carmel Flynn und ihrem Ehemann betrieben und verbindet preiswerte Küche mit exzellenter Qualität. Fleisch und Fisch werden von Dingle aus direkt angeliefert, die Muscheln aus Glenbeigh. Zwei Besonderheiten sind das Schweinefleisch und der Ziegenkäse. Das Schwein erfreut sich während seines glücklichen Lebens auf Jack McCarthys Farm (www.jackmccarthy.ie) unbegrenzten Freilaufs auf den Feldern und ist dementsprechend eine Rarität – selbst für Irland. Ebenfalls eine seltene Delikatesse ist der St.-Tola-Ziegenkäse, der von einer kleinen Farm südlich des Burren in der Grafschaft Clare stammt (www.st-tola.ie). Die drei Autoren dieses Buches verweisen auf einen Zusatztipp: Wer zum Dinner den Reiseführer mitbringt, erhält danach einen Irish Coffee gratis.

The Charthouse. Roundabout N68, Dingle, Tel. 066/915 22 55, www.thecharthousedingle.com

Rundfahrt Dingle Peninsula

Ein Ausflug auf die Halbinsel gehört zum Spektakulärsten, was eine Irlandreise zu bieten hat. Wer Zeit hat, mietet sich in eine der zahlreichen Pensionen ein und erkundet über ein paar Tage verteilt die Sehenswürdigkeiten oder schwimmt mit Delfin Fungi.

🅐 Tralee – Das Städtchen ist Hauptort der Grafschaft Kerry und ist Handels- und Verwaltungszentrum. Von hier starten nicht nur die Touren Richtung Dingle. In kurzer Fahrzeit erreicht man auch die kilometerlangen Sandstrände von Tralee Bay und Brandon Bay.

🅑 Anascaul – Das kleine, verschlafene Örtchen eignet sich als kurzer Zwischenstopp und bietet Abwechslung: Nach der Panoramastraße entlang der Küste folgt nun ein malerisches Tal mit saftigen Wiesen.

🅒 Inch – Rund fünf Kilometer ragt die Landzunge von dem kleinen Badeort ausgehend ins Meer und bietet traumhafte Strände und Dünenlandschaften. Bei »Sammy's Store« kann man auch bei schlechtem Wetter ein gutes Pint, Fish & Chips oder beides genießen.

🅓 Dingle – Hauptort der Route und Drehort des Hollywood-Schmachtfetzens *Ryans Tochter* mit Sarah Miles und Robert Mitchum. Das Melodrama um eine irische Lehrerin und einem englischen Offizier spielt vor dem Hintergrund des irischen Freiheitskampfes und beeindruckt mit monumentalen Panoramaaufnahmen.

🅔 Slea Head – Schwimmen empfiehlt sich hier besser nicht, da es bei Gezeitenwechsel zu einer gefährlichen Unterströmung kommen kann. Dafür entschädigt ein fantastischer Ausblick auf die Blanket Islands und Felsklippen im Meer.

🅕 Ballyferriter – Wer sucht, der findet hier einige nette B&Bs und bei Smerwick Harbour einen schönen Strand in der Nähe. Dazu informiert ein kleines Heimatmuseum über Flora und Fauna der Region.

🅖 Connor Pass – Hier bieten sich atemberaubende Ausblicke wie im Hochgebirge. Schafe am Straßenrand, Wanderer und Radler erkunden die Hochgebirgslandschaft und zudem lockt der Ausflug zu einem Wasserfall.

🅗 Cloghane – Vom Ort aus werden vom Fremdenverkehrsamt Wandertouren in die Mitte der Halbinsel organisiert. Man kann aber auch auf gut ausgeschilderten Pfaden selbst die Gegend erkunden.

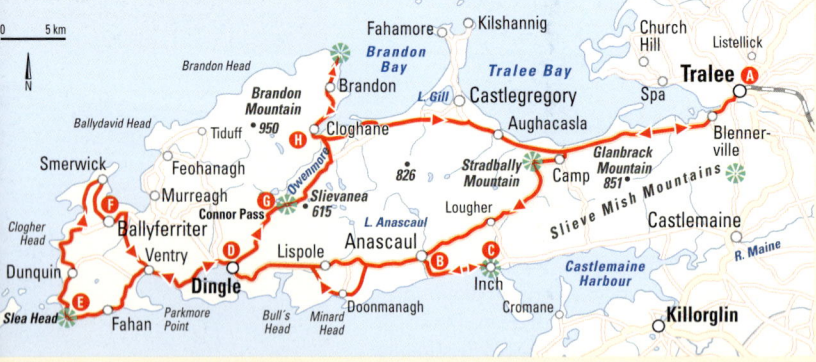

Dingle Peninsula

Nicht verpassen

der tierischen Art kommt und anscheinend hat der Meeressäuger wirklich auch selbst eine gehörige Portion Spaß an dem ganzen Trubel um ihn. Oder ist geschäftstüchtig. Auf jeden Fall weiß man nie, was kommt. Einmal nähert sich der Delfin ganz behutsam bist auf Handbreite den Booten, einmal begleitet er sie kilometerlang, einmal springt er himmelhoch über die Schiffchen hinweg. Sicher ist hier, dass die Menschen Glück mit Fungi hatten und haben. Eine ganze Region verdankt dem Tier wirtschaftliche Prosperität. Das wird sicher nicht immer so bleiben, Fungi ist jetzt mehr als 30 Jahre alt. Im Winter 1983 wurde er zum ersten Mal von Fischern in der Bucht gesichtet, die dann in den Pubs die Geschichten über den seltsamen Delfin beim abendlichen Pint zu erzählen begannen. Des Morgens begleitete sie Fungi zum Fischfang hinaus auf hoher See, des Abends bei der Rückkehr holte er sie wieder ab und schwamm mit ihnen bis zum heimatlichen Hafen. Man kann dem ganzen Trubel durchaus skeptisch gegenüberstehen. Den Ausflug hinaus auf den Atlantik zum Besuch des irischen Delfins aber ist es allemal wert.

Bunt und musikalisch

Im Ortskern erstrahlen die Häuschen in quietschbunten Farben, Pubs und Restaurants gibt es in Hülle und Fülle. Dingle ist zudem als Zentrum traditioneller irischer Folk Music immens populär. Allerdings können einem die aus vielen Geschäften und Lautsprechern hinaus auf die Straße übertragenen Klänge auch irgendwann einmal gehörig auf den Senkel gehen.

Die Fahrt nach Dingle führt zunächst von dem unscheinbaren Verwaltungsstädtchen Tralee auf der N86 entlang der Bucht von Tralee mit großartigem Blick auf den Atlantik weiter in Richtung

DELFINTRIPS

Der Ausflug zu Fungi ist durch zahlreiche Anbieter möglich. Am besten bei der Dingle Boatsman Association buchen, die dann jeweils sechs Gäste auf die einzelnen Anbieter verteilt. Die Boote verlassen den Hafen in unterschiedlichen Intervallen, ab Mittag während des ganzen Jahres. Gegen Voranmeldung wird am Morgen die Möglichkeit angeboten, mit Fungi zu schwimmen. Und falls sich der zutrauliche Delfin einmal nicht sehen lässt, gibt es eine Geld-zurück-Garantie. Wer nicht auf oder in das Wasser will, der kann den Delfin aber auch von Land aus beobachten, am besten vom Aussichtspunkt Beenbane Head direkt an der Hafenmündung. Dazu zweigt eine Nebenstraße von der Tralee Road knapp zwei Kilometer nach der Shell-Tankstelle Richtung Küste ab.

Tourist Office. Erwachsene 16, Kinder 12 Euro, The Pier, Dingle, Tel. 086/915 26 26, www.dingledolphin.com

Der Südwesten

Anauscaul, wo ein Abstecher in den Pub »South-Pole-Inn« lohnt, der einst dem Antarktis-Abenteurer Tom Crean gehörte, einem Mitglied der Mannschaft von Robert Falcon Scott beim Wettlauf zum Südpol. Kurz dahinter zweigt eine abschüssige Straße nach links zur Halbinsel Inch ab, die mit kilometerlangen weißen Sandstränden zum Baden, Surfen oder Strandwandern einlädt. Hier wurde der Hollywood-Klassiker »Ryans Tochter« gedreht und in »Sammy's Store« am Strand sind noch Plakate und Bilder von längst verblichenen Zeiten zu bestaunen. Diesen Abstecher zu Stränden und Pub sollte man auf keinen Fall verpassen. Auf dem Weg zurück zieht die Karawane wieder Richtung Anascaul und landet nach einer beschaulichen Fahrt entlang der Küstenstraße im Zentrum von Dingle, wo Fungi mittlerweile schon sein Denkmal für die Ewigkeit in Form einer bronzenen Statue vor dem Besucherzentrum gefunden hat.

Slea Head

Nach dem Besuch der touristischen Hochburg gibt es zwei Alternativen: Die eine ist die Abkürzung über den Connor Pass Richtung Cloghane mit spektakulärem Ausblick auf die Brandon-Bucht im Norden. Beim Kilcummin-Strand findet sich ein weiterer lohnenswerter Zwischenstopp. Wer Zeit hat, fährt aber von Dingle aus weiter Richtung Slea Head. Hier scheint das Ende der westlichen Welt erreicht zu sein. Schmaler und schmaler wird die Straße und windet sich in abenteuerlichen Serpentinen durch die wildherbe Landschaft. Bächlein spülen über bröckeligen Asphalt, vom Atlantik wabern gespenstisch Nebel, bis an der Spitze von Slea Head der Blick in die Weite wieder aufreißt. Zwischen der zackigen Felsnase und Amerika liegen nichts als ein paar Inselchen und die unendlich scheinende Wasserwüste des Atlantiks.

Oben: Auf dem Weg zum O'Connor Pass
Mitte: Strandidyll – Kilcummin im Norden der Halbinsel
Unten: Connor Pass mit Panorama-Aussicht

Infos und Adressen

SEHENSWÜRDIGKEITEN

Dingle Oceanworld Mara Beo. Wem die Begegnung mit Fungi noch nicht reicht, der findet hier ein respektables Aquarium mit imposanten Haien und einen Polarbereich mit Pinguinen. Neu sind die Reptilienabteilung und ein schön angelegtes Ottergehege. Täglich 10–17, Juli–Aug. 10–19 Uhr, Erwachsene 14 Studenten/Rentner 10, Kinder 9,50 Euro, The Wood, Dingle, Tel. 066/915 21 11, www.dingle-oceanworld.ie

ESSEN UND TRINKEN

Out of the Blue. Wer Steaks oder Burger essen will, kann sich den Weg in das kleine Restaurant sparen. Hier werden ausschließlich Fisch und Meeresfrüchte vom morgendlichen Fang serviert. Täglich 17.30–21.30, sonntags zusätzlich 12.30–15 Uhr, Waterside, Dingle, Tel. 066/ 915 08 11, www.outoftheblue.ie

An Café Liteartha. Leckere Suppen, Sandwiches, Salate und Scones zwischen Hunderten Büchern in urgemütlicher Bibliotheksatmosphäre. Dykegate Street, Dingle, Tel. 066/915 22 04.

ÜBERNACHTEN

Dingle Skellig Hotel. Direkt oberhalb des Hafens von Dingle gelegen. Von der Terrasse aus lassen sich schön die Boote auf der Suche nach Fungi beobachten. Unbedingt ein Zimmer im ersten oder zweiten Stock mit Meerblick buchen. Emlagh, Dingle, Tel. 066/915 02 00, www.dingleskellig.com

INFORMATION

Dingle Tourist Information Office. April–Okt, Mo–Sa 10–13, 14.15–18, Mai–Okt. Mo–So 10–13, 14.15–18 Uhr, Strand Street, Dingle, Tel. 066/915 11 88, www.dingle-peninsula.ie

Sammy's Store – Fisch und Burger mit Strandaussicht

6 Ring of Beara
Irlands bekanntestes Geheimnis

Die Beara-Halbinsel gilt als die idyllische Alternative zum berühmten Ring of Kerry und als Irlands bekanntestes Geheimnis. Die Landschaften sind hier mindestens genauso spektakulär, nur ist die Atmosphäre wesentlich beschaulicher, unberührter und wilder, weil hier keine großen Reisegruppen unterwegs sind – die Straßen sind zu eng für Reisebusse.

So recht mag man das im Hochsommer gar nicht glauben, aber wer sucht, findet auch in Irlands touristisch hoch frequentiertem Südwesten noch beschauliche Ecken wie die Beara-Halbinsel. Busse und Wohnmobile haben es dort schwer. Zum einen sind die Straßen viel zu eng. Zum anderen lauert hinter jeder Kurve ein Schaf oder eine Kuh. Der beste Startpunkt für die knapp 200 Kilometer lange Tour ist Kenmare, was übersetzt so viel wie »kleines Nest« bedeutet. In dem lebhaften ehemaligen Fi-

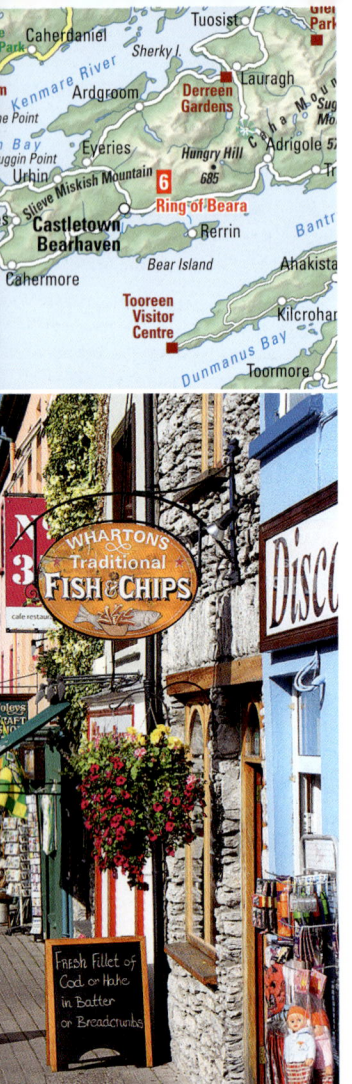

Hunger? In Kenmare bekommt man für jeden Geschmack etwas.

GUT ZU WISSEN

SO SPEKTAKULÄR IST DIE GESCHICHTE NICHT

Ob sich der ganze Aufwand für die Dursey-Halbinsel wirklich für den kleinen Nervenkitzel mit den Gondeln lohnt, sei dahingestellt. Auf Dursey Island selbst gibt es nämlich ziemlich wenig zu sehen, außer einer Unmenge von Vögeln und einem kleinen Rundweg. Dazu kann man nie sicher sein, ob die Gondeln auch wirklich gondeln. Das machen sie nämlich nur bei wirklich gutem Wetter und wenn der Seilbahnführer Lust hat. Sturm, Unpässlichkeit, Krankheit, Unwillen oder Viehtransporte (die haben Vorrang vor Besuchern) machen den Ausflug zu einem nicht leicht kalkulierbaren Abstecher.

scherdorf, das 1670 am Reißbrett entstand, beherrscht noch der Fremdenverkehr die Szenerie. Im Frühjahr und Sommer Jubel, Trubel, Guinness-Heiterkeit in den Pubs, im Herbst und Winter weltabgeschiedene Gelassenheit unter Einheimischen. Dazu gibt es unzählige kleine Geschäfte, die Tweedjacken, handgewebte Wolldecken und Stricksachen verkaufen. Populär und im ganzen Land bekannt sind die handgeklöppelten Spitzen, mit denen die Nonnen vom Konvent der Armen Klarissen hier ihren Wohltätigkeitsetat zur Zeit der großen Hungersnot aufbesserten. Mittlerweile sind die Nonnen Vergangenheit, die Spitzen können aber immer noch gekauft werden.

Wahrzeichen des 900-Seelen-Ortes ist die Brücke über die Kenmare Bay, die man überqueren muss, um den »Ring« in Richtung Glengarriff oder gegen den Urzeigersinn (Richtung Ardgroom) zu fahren. Wer sich die imposantesten Eindrücke bis zum Ende der Tour aufsparen will, sollte zuerst den Weg nach Glengarriff einschlagen. Nur ein paar Kilometer außerhalb Kenmares auf der Hauptstraße N71 ist die ganze geschäftige Betriebsamkeit bestenfalls Erinnerung. An den Straßenrändern wächst der Rhododendron haushoch. Die Piste, die sich in kleinen Kurven den Berg nach oben windet, verengt sich zu dichten Heckentunnels, in denen nur vereinzelte Sonnenstrahlen durch das schattige Grün dringen, das Flüsschen Sheen plätschert über Stromschnellen. Eine Waldidylle, die nicht lange so bleibt. Die Steigung erreicht bald die Baumgrenze und die Steilkurven winden sich auf den ersten 15 Kilometern hoch zum 284 Meter hohen Turner's Rock, wo ein Felstunnel die Passhöhe durchsticht und gleichzeitig die Grafschaften Kerry und Cork trennt. Als Lohn gibt es einen grandiosen Blick hinunter auf die Meeresbucht von Bantry und den nicht minder kurvigen Weg 14 Kilometer hinab zum 250-Seelen-Dorf

Oben: Bei der Fahrt durch die Kenmare Bay umrundet das Boot zahlreiche Inselchen.
Unten: Prächtige Gärten verstecken sich auf Garnish Island gegenüber von Glengarrif.

Oben: Die Beara-Halbinsel ist in unzählige kleine Buchten zerklüftet.
Mitte: Ein blühender Garten in üppiger Vegetation
Unten: Eyeries Village ist für seine vielen bunt bemalten Häuser bekannt.

Glengarriff. Verteilt auf zwei Häuserreihen mit nostalgischem Charme entlang der Straße kann das Örtchen das mildeste Klima von ganz Irland vorweisen. Vom Atlantik her sorgt der warme Golfstrom das ganze Jahr über für angenehme Temperaturen, sodass hier sogar Affenbrotbäume, Palmen und Bambusstauden unbeschadet über den frostfreien Winter kommen. In der Bucht vor »Eccles Hotel«, einem alten Herrensitz aus dem Jahr 1822, liegt inmitten einer Inselgruppe Garnish Island. Seehunde tauchen von den Stränden heran, prusten ungeniert neben Booten, die im glasklaren Wasser vor sich hin dümpeln. Und die Insel, auf der einst Irlands Dichtergröße George Bernard Shaw lebte, ist ein subtropisches Paradies mit exotischen Bäumen und Pflanzen.

Die Tour entlang der Küste geht weiter durch raue Landschaften, in denen Heidekraut, Flechten und niedrige Sträucher dominieren, nach Castletownbere. Zur rechten Seite hin erheben sich zumeist wolkenverhangen die 600 Meter hohen Caha Mountains. Zur linken Seite dominieren die ständig umtosten Buchten des Atlantiks die Aussicht. Castletownbere oder auch Castletown Berehaven ist auf dem Papier Irlands drittwichtigster Fischereihafen. Die Wirklichkeit ist etwas bescheidener. Da rostet ein einsames Wrack im Wechsel der Gezeiten vor sich hin, ein paar bunte Kutter liegen vor Anker und Schwärme laut zeternder Möwen

Ring of Beara

Nicht verpassen

streiten sich um Berge silbriger Fischleiber. Kurz hinter der 200-Seelen-Gemeinde liegt Dunboy Castle, eine ausgebrannte Schlossruine, die sich über den Resten einer zerfallenen Burg aus dem 17. Jahrhundert erhebt. Wer sich mit den zahlreichen frei herumlaufenden Rindern arrangieren kann, findet versteckt vor dem Massentourismus einen der tragischen Schauplätze irischer Geschichte: Im Jahre 1602 richteten die Engländer nach einer zehntägigen Belagerung hier ein blutiges Massaker unter Mönchen und der Landbevölkerung an. Die Glaubensmänner hatten Hunderte von verängstigten Dorfbewohnern mit ihren Haustieren vor den Belagerern in den Burggewölben versteckt. Am elften Tag war die Burg nur noch eine Ruine und gefallen. Die Männer wurden öffentlich gehängt oder bei lebendigem Leib verbrannt, Frauen und Kinder von den Klippen gestoßen.

Wer nun die ganze Halbinsel erkunden will, für den bietet sich die Weiterfahrt nach Dursey Island an, einer kleinen Felseninsel an der äußersten Spitze der Halbinsel. Dort findet sich Irlands einzige und abenteuerlichste Seilbahn, die vorwiegend zu Viehtransporten benutzt wird. In kleinen, rostigen, im Inneren holzverschalten Gondeln geht es hinüber auf das Eiland, während 100 Meter unter einem die Gischt donnert und das Meer tobt. Mit der Kirchenruine auf der verlassenen Insel verbindet sich ein ähnlich tragisches Schicksal wie in Dunboy Castle. Auch hier richteten die Engländer 1602 ein Massaker unter den Einheimischen an, die hierher geflohen waren, um sich vor den Briten zu verstecken. 300 Menschen wurden gezwungen, von den Steilklippen zu springen, in den sicheren Tod.

Zurück im Hafen Castletownbere geht die Tour im Ring weiter in Richtung Eyeries, einer putzigen Ansammlung von quietschbunten Häuschen, von

EIN FEST FÜR MUSCHELFANS

Die Abzweigung auf die R573 bei Lauragh sollte man nicht nur wegen der spektakulären Küstenroute wählen. Nach nur drei Kilometern findet man einen kleinen Hafen und einen noch kleineren Pub mit dem Namen »Teddy O'Sullivan«. Das Pub sieht völlig unspektakulär aus und liegt malerisch direkt am Pier. Nur, hier findet man mit Abstand die besten und frischesten Muscheln der Region. Sind einmal keine vorrätig, holen sie sich die Besitzerinnen Helen und Pauline Daragh persönlich von einem der Kutter an der Mole. Bei schönem Wetter kann das Essen an urigen Holztischen genossen werden, während die Sonne über der Irischen See versinkt. Die Spezialität des Hauses sind frisch zubereitete Lachs-Sandwiches und ganz nebenbei gilt die Pub auch bei den Einheimischen in Kenmare und um Kenmare herum als der Geheimtipp der Region. An Samstagen in den Sommermonaten oft Livemusik und daher großer Andrang.

Teddy O'Sullivan Pub. Kilmackillogue, Tuoist, Tel. 064/668 31 04

Robben auf einer Sandbank in der Kenmare Bay

AUF DEN SPUREN VON ADLERN UND ROBBEN

Kapitän Raymond Ross wirbt dafür, dass seine »Seafari« für jeden etwas zu bieten hat, egal ob er drei oder 93 Jahre alt ist. Der Ausflug startet nur fünf Gehminuten von Kenmares Stadtzentrum am Pier im kleinen Hafen. Und wirklich: Die Schifffahrten entlang der Küste bieten Eindrücke im Übermaß. Fischotter, Seeadler, Fischreiher, Irlands größte Kolonie von Kegelrobben und mit etwas Glück auch Delfine. Die Besatzung garantiert zudem, dass niemand seekrank wird. Der ganze Trip dauert je nach Wetter und Gezeiten rund zwei bis drei Stunden und bietet spannende Zusammentreffen der tierischen Art, gepaart mit irischer Musik und einer gesunden Portion irischem Humor. Unbedingt wetterfeste Jacken mitnehmen, es wird auf dem Meer mitunter doch ziemlich kühl und windig.

Seafari Tours. 3 The Pier, Kenmare, 1. Apr.–31. Okt. tgl. 11–18 Uhr, die Touren sind den Gezeiten angepasst, www.seafariireland.com

Nicht verpassen

denen wirklich jedes in einer anderen Farbe gestrichen ist. Folgt man der Hauptstraße R571, sollte man nach zirka zwei Kilometern auf ein braunes Richtungsschild mit der Bezeichnung »Coast Road« oder auf ein weißes » 〜 « auf hellblauem Grund achten, das für die Bezeichnung »Wild Atlantic Way« steht. Grundsätzlich gilt, dass man überall, wo man auf diese Abzweigungen trifft, auch abfahren sollte. Dahinter verbergen sich die spektakulärsten Ausblicke und Panoramen auf die wildzerfurchte Steilküste. Die Straßen werden teilweise so eng, dass nur noch ein Auto im Schritttempo wirklich bequem hindurchpasst. Das ist nicht weiter problematisch, da hier nur noch sporadisch irgendein Fahrzeug auftaucht. Dafür grüßt jeder Bauer, Fischer, Land- oder Straßenarbeiter mit der Hand. In Ardgroom hat die landschaftliche Herrlichkeit erst einmal ein Ende und man stößt an der Tankstelle wieder auf die Hauptstraße nach Kenmare. Der gilt es jetzt 17 Kilometer bis zur Abzweigung bei Lauragh auf die R573 zu folgen. Dort finden sich die gleichen Richtungszeichen, »Coast Road«, auch hier gilt: Unbedingt von der Hauptstraße abfahren, der Landschaftstrip zwischen Steinmauern und Fuchsienhecken ist ein mehr als lohnenswerter Abstecher in Irlands vergessene Welten.

Infos und Adressen

SEHENSWÜRDIGKEITEN

Gleninchaquin Park. Etwa auf halber Strecke zwischen Lauragh und Kenmare erscheint am rechten Straßenrand ein Wegweiser mit dem Hinweis auf einen Wasserfall in acht Kilometern. Die Seitenstraße führt vorbei an mehreren Seen in ein kleines Tal, in dem der Gleninchaquin Park liegt. Gut ausgeschilderte Wanderwege führen zu einem 140 Meter hohen Wasserfall. April–Okt. tgl. 10–19 Uhr, Erwachsene 6, Rentner 4, Studenten 4 Euro, Kinder frei. Familien (2 Erwachsene und 2 Kinder) 15 Euro, Abfahrt Kreuzung nach Lauragh, West Cork, Tel. 064/668 42 35, www.gleninchaquin.com

Molly Gallivan's Traditional Farm. Wie haben das denn die Bauern in den kargen Zeiten des 18. und 19. Jahrhunderts gemacht? Molly Gallivan zeigt's. Und zwar auf ihrem traditionellen, direkt auf der Passhöhe zwischen Kenmare und Glengarriff liegenden Bauernhof. Der ist natürlich nicht bewirtschaftet, sondern ein Freilandmuseum – das wegen der Tiere auch ein Spaß für Kinder ist. März–Nov. tgl. 9–18 Uhr, Releigh, Bonane, Tel. 064/664 07 14, www.mollygallivans.com

ESSEN UND TRINKEN

Foley's Kenmare. Beste irische Hausmannskost zu vernünftigen Preisen. Und sicher das beste Singing-Pub der Stadt mit den besten Gruppen. Henry Street, Kenmare, Tel. 064/664 21 62, www.foleyskenmare.com

Lime Tree Restaurant. Der Küchenchef Michael Casey kocht ausschließlich mit dem besten Fisch und Fleisch, das die Region zu bieten hat und mit ausgesuchten Kräuterkombinationen. Shelbourne Street, Kenmare, Tel. 064/664 12 25, www.limetreerestaurant.com

Brook Lane Hotel & Restaurant. Wer von Kenmare auf der Hauptstraße nach Sneem abbiegt, findet das urgemütliche Restaurant direkt nach der Kurve und mit zahlreichen Gourmet-Auszeichnungen an der Außenwand. Das Essen hält nicht nur was es auf der Karte verspricht, sondern der Preis ist zudem auch absolut passend. Täglich 17.30 – 21.30, Lunch zusätzlich 12.30 – 15 Uhr, Kenmare, Tel. 064/ 664 20 77, www.brooklanehotel.com

ÜBERNACHTEN

Eccles Hotel Glengarriff. Nur wenige Meter von der Irischen See entfernt bietet das Vier-Sterne-Haus einen überwältigenden Blick auf die Bantry Bay und Garnish Island. Glengarriff Harbour, Glengarriff, Tel. 027/630 03, www.eccleshotel.com

Kenmare View Holiday Homes. Die komplett eingerichteten Ferienhäuser liegen zehn Gehminuten außerhalb Kenmares, sind preisgünstig, verfügen über drei Schlafzimmer und einen urgemütlichen offenen Gaskamin. Parc Roughty, Glanerought Homes, Kenmare, Tel. +49/177/678 79 77

Park Hotel Kenmare. Der viktorianische Landsitz aus dem 19. Jahrhundert ist heute ein mehrfach preisgekröntes Fünf-Sterne-Hotel mit malerischem Blick auf die Bucht von Kenmare. Shelbourne St., Kenmare, Tel. 064/664 12 00, www.parkkenmare.com

Sheen Falls Lodge. Idyllisch gelegenes Fünf-Sterne-Hotel an den Wasserfällen des Flüsschens Sheen. Sheen Falls, Kenmare, Tel. 064/664 16 00, www.sheenfallslodge.ie

INFORMATION

Tourist Information Kenmare. 15. Apr.–15. Okt. Mo–Fr 10–13, 14–17 Uhr, Juni–Sept. auch Sa, Heritage Centre, Tel. 064/664 12 33, www.kenmare.com

EINE WOCHE
Tagträumen in Irland

Auf den atemberaubenden Küstenstraßen lädt immer mal wieder eine
kleine Parkbucht zum Zwischenstopp um weit aufs Meer hinauszublicken.

**Urlaub in Irland ist auch Urlaub von der Hektik des Alltags zu Hause.
Warum von einer Sehenswürdigkeit zur nächsten hetzen? Einfach mal
den Weg das Ziel sein lassen. Der »Wild Atlantic Way«geizt nicht mit
spektakulären Ausblicken.**

1. Tag: Nach dem Flug entspannen an der Kenmare Bay

Nachmittag. Kenmare ist klein, aber der
ideale Ausgangspunkt für eine Woche
der Ruhe und des Genusses. Quietsch-
bunte Häuser, belebte Sträßchen, Livemusik und der Duft des Atlantiks –
als wolle das 900-Einwohner-Nest den
vom Kerry Airport zunächst gen Süden
gefahrenen Neuankömmlingen gleich
mal sämtliche Facetten der Grünen Insel
zeigen. Nur Steilküsten hat's keine, dafür
aber den weitläufigen Reenagross Park.
An der Abzweigung zum Hafen geht es
gegenüber durch ein kleines Tor in diese
Ruheoase. Luft schnappen, sich auf eine
der Bänke setzen – und ankommen.

2. Tag: Die Geheimnisse des magischen Rings

9 Uhr. Wer zeitig – und von Kenmare aus
im Uhrzeigersinn – auf den Ring of Kerry
biegt, lässt Buskolonnen hinter sich und
hat Zeit für ein paar (fast) geheime Nischen. Wie die sieben »Walks« im öffentli-
chen Garten des Schlosshotels »Parknasilla«: Der Islands Walk dauert 45 Minuten
und führt durch Rhododendrenhaine
vorbei an der Kenmare Bay – auf dem
Felsen gegenüber scheinen die Robben
zum Greifen nahe.

12 Uhr. Hinter Caherdaniel droht die
N70 ins langweiligere Binnenland abzu-
driften – und macht die Rechnung ohne

den aufmerksamen Fahrer, der den kleinen Wegweiser zum »Derrynane House« sieht und nach links abbiegt. Die vier Kilometer Gerumpel über das bucklige Sträßlein und vorbei an besagtem Haus entschädigen mit einem (im Gegensatz zum Derrynane Beach vor Caherdaniel) menschenleeren Dünenabschnitt und bizarren Felsformationen im hier schon etwas aufgewühlten Kenmare River.

15 Uhr. Hoch den Berg und abenteuerlich wieder runter – die Kehren nach Waterville verzaubern mit grandiosen Blicken auf den Atlantik. Ein Drittel dieser magischen Rundfahrt ist absolviert und wer den Ring of Skelligs nicht auch noch mitnehmen mag, kann hier kehrtmachen. Freilich nicht, ohne in diesem kunterbunten Küstenstädtchen einen Irish Coffee geschlürft zu haben: im Pub des »Butler Arms Hotel« stichlecht in der kleinen Gaststube, wo bereits mittags das Kaminfeuer prasselt. Charlie Chaplin hat auch schon auf den dunklen, knarzigen Bänken gesessen.

3. Tag: Über Berg und Fluss – der Weg ist das Ziel

8 Uhr. Rauf zu Moll's Gap geht's gemütlich, runter nach Killarney wird es dann spannend, so eng winden sich die Kurven durch Rhododendrendickicht und Schafherden. Zwischendurch stehen da plötz-

lich fotografierende Menschen – womit schon zu weit ist, wer den ungestörtesten Blick haben möchte auf die Seen des Nationalparks. Denn am Ladies View mag Königin Victoria einst gern ins Tal geschaut haben, an dem kaum auszumachenden kleinen Parkplatz ein Stückchen weiter oben liegen dafür ein paar Felsblöcke und im Sitzen schaut es sich gleich viel entspannter.

11.30 Uhr. Wer fährt im Urlaub schon gern zwei Stunden im engen Mietwagen? Das Grummeln verstummt schnell am Ufer des River Shannon. Der ist bei Tarbert nahe der Mündung schon mächtig breit. Eine knappe halbe Stunde braucht die Fähre rüber nach Killimer – auf dem Weg nach Ennis eine reizvolle Alternative zum Stadtverkehr von Limerick.

15 Uhr. Angekommen in Ennis und gut gespeist: Was spricht gegen einen Verdauungsspaziergang entlang des River Fergus? Gemütlich schleicht er durch sein Bett, ohnehin scheint die Zeit tagsüber still zu stehen in der 20000-Einwohner-Stadt mit der pittoresken Altstadt.

18 Uhr. Wetten, dass der Weg in einen der unzähligen Live-Musik-Pubs führt? Der beste unter vielen guten: das »Brogans« in der O'Connell Street. Da fällt die Wahl schwer zwischen klassischem Burger und »Slow grilled Spare Ribbs«.

4. Tag: Vom tosenden Atlantik zum steinernen Meer

9 Uhr. Raus aus Ennis, ab ans Meer: Die Cliffs of Moher fallen über 200 Meter in den Atlantik. Zum O'Briens Tower rechts hoch stapfen alle, die spannendere Alternative ist der schmale Klippenpfad, der nach einem Kilometer steil bergauf geht.

13 Uhr. Nach einer atemberaubenden Küstenfahrt gen Norden über Black Head Mittagstisch im »L'Arco«, dem netten Ristorante im genauso netten Hafendorf Ballyvaughan: unbedingt Lachs essen!

14.30 Uhr. Weiter zum nächsten Meer – einem steinernen: in den Burren. Unbedingt eine Pause am Paulnabrone Dolmen einlegen, dem mit gut fünfeinhalbtausend Jahren ältesten dokumentierten Megalithgrab Irlands.

19 Uhr. Halbzeit – eine kleine Feier gefällig? Wo geht das besser als im umtriebigen Galway. Über die Quay Street hoch zum Eyre Square zieht sich das dichte Netz der Pubs.

Schroffe Anmut: die Klippen auf den Aran Islands

5. Tag: Abenteuer in der Luft und auf dem Wasser

10 Uhr. Der Weg in die Abgeschiedenheit kann sehr spannend sein, wenn das Transportmittel ein altes Flugzeug ist und der Flughafen winzig: Willkommen am Connemara Airport! Aer Arann fliegt ab Inverin Inishmore an, die größte der Aran Islands.

11 Uhr. Von Kilronan aus mit dem Fahrrad um die Insel kurven, dabei Schafen ausweichen und zwei Traumorte finden: Am über 3000 Jahre alten Steinfort Dun Aenghus sind die Klippen ähnlich schroff wie die von Moher – nur ist es hier leerer. Und eine halbe Inselrunde später baumeln die Füße im Wasser, das den sandigen Nordstrand Inishmores bei Ballynacragga streichelt. Garantiert lümmeln in Sichtweite ein paar Robben.

Zurück geht es mit dem Boot, das sich Fähre nennt, obwohl keine Autos mit auf die Arans dürfen. Die Nussschalen schaukeln munter durch die Wellen.

19 Uhr. »Mitchell's« oder »Moorings«? Das ist die Wahl zwischen edel und urig – in jedem Fall haben beide Restaurants im Küstenstädtchen Clifden hervorragenden Fisch auf der Karte.

6. Tag: Von der singenden Mary nach Neuschwanstein

8 Uhr. Mary singt gern – auch zum Frühstück. Der Gast der »Connemara Country Lodge« in Clifden isst Lachs, die Gastgeberin schmettert irische Weisen und flötet. Skurril!

10 Uhr. Natur pur. Nahe Letterfrack liegt der Eingang zum Connemara-National-park und mittendrin ragt der Diamond Hill empor. Die längste der Wandervarianten, der Upper Diamond Hill Walk, dauert zweieinhalb Stunden.

14.30 Uhr. König Ludwig war auch in Irland? Nein, auch wenn Kylemore Abbey ein wenig aussieht wie Neuschwanstein. So wunderbar das Mitte des 19. Jahrhunderts im viktorianischen Stil erbaute Schloss auch ist, zu sehen gibt es drinnen kaum etwas. Viel interessanter ist ein Spaziergang vom westlich gelegenen Garten vorbei an der Abbey zur neogotischen Kirche mit ihren prächtigen Marmorsäulen im Inneren.

18.30 Uhr. Im Zimmer mit John Wayne? Nicht ganz. In Cong wurden Teile des Klassikers »Quiet Man« gedreht. Und im B&B »Michaeleen's Manor« dreht sich alles um den Film und den US-amerikanischen Schauspieler.

7. Tag: Wo das Schwarze Gold zu Hause ist

7.30 Uhr. Bringen wir am letzten Urlaubstag das Unangenehme schnell hinter uns: Die dreistündige Fahrt nach Dublin ist schmucklos, doch leider nötig.

12 Uhr. Dublin verstehen, Dublin sehen – wo könnte das besser gehen als im Guinness-Storehouse? Was für ein Haus!

Elegante Anmut: das Märchenschloss Kylemore

Es hat die Form eines Guinness-Glases und erstreckt sich über sieben Stockwerke – im obersten hat man einen tollen Blick auf die Stadt.

16 Uhr. Die romanisch-gotische Christ-Church-Kathedrale aus dem 12. Jahrhundert glänzt oben mit herrlichen Bodenfließen, im Keller mit einer schaurig-schönen Krypta – und einem stylischen Café.

18 Uhr. Die Seele baumeln lassen im Park hinter Dublin Castle.

20 Uhr. »Templebar«! Nach all der inneren Einkehr, nun Einkehr in Irlands berühmtesten Pub im gleichnamigen Ausgehviertel.

8. Tag: Zum Abschied: Noch etwas entspannen

9 Uhr. Nach dem letzten Full Irisch Breakfast vor dem Heimflug noch etwas entspannen. Das gelingt bestimmt im weitläufigen Park des Trinity College.

7 Mizen Peninsula
Künstler und Klippen

Sanfte Hügel, kuschelige Buchten, verträumte Lagunen und dann plötzlich atemberaubende Klippen, die der Urgewalt des Atlantiks trotzen: Die Mizen-Halbinsel ganz unten im Südwesten liegt in einem Spannungsfeld unendlicher Gegensätze. Hier stehen keine Herrenhäuser, hier wohnen (Über-)lebenskünstler. Und die können sich in einem herrlich authentischen Pub beim definitiv südlichsten Pint der Insel ihre Geschichten erzählen.

Ein bisschen persönliche Planung vorab braucht's schon, um die Mizen Peninsula zu erkunden. Keine Ring-Touren à la Kerry oder Beara, stattdessen viel Raum für individuelle Entdeckungen: Das geht bei der Suche nach einer vernünftigen Touristen-Info los – Fehlanzeige. Weder in Bantry, noch in Schull, dem Hauptort mit dem 1988 von einem Deutschen gestifteten einzigen Planetarium Irlands,

GUT ZU WISSEN

LIEBER AUSSICHT STATT EINSICHT
Bei aller Wertschätzung für die irische Gelassenheit, der klassische Irlandbesucher reist rund – und hat begrenzt Zeit. Am Mizen Head Visitor Center zahlt er kombinierten Eintritt für drei Attraktionen. Unbezahlbar: die atemberaubenden Klippen und die nicht minder atemberaubende Brücke dazwischen. Witzig: der Schiff-Simulator in der Eingangshalle. Weniger ein Highlight: der Besuch der Signalstation. Die Aufmachung der Räume ist eher kindlich gehalten und liefert Einblicke in das Leben eines Leuchtturmwärters: Dies kann mit der spektakulären Aussicht nicht mithalten.

Für starke Nerven: Abenteuerlich spannt sich die Brücke zur Signalstation Mizen Head.

Mizen Peninsula

existieren zentrale Auskunftspunkte.
Sich davon abschrecken zu lassen, wäre
freilich ein gewaltiger Irrtum. Deswegen:
Landkarte und Reiseführer zur Hand, rein ins
Auto (oder aufs Fahrrad) und rauf auf den schmalen Landstrich zwischen Bantry und Skibbereen.
R591 und R592, zwei Straßen, ein Ziel: Mizen
Head. Wo sich beide Routen vereinen, beginnt der
spektakulärste Teil der Fahrt. Von Toormore über
Ballyrissel bis Goleen touchiert die Straße immer
wieder das Wasser: mal das offene Meer, mal kleine Lagunen, die das Hinterland zu überschwem-
men scheinen; dazwischen immer wieder Felsbrocken drapiert, da gleicht die Natur einem fast
schon zu kitschigen Gemälde. Ob deswegen so
viele Maler den Weg in die Region gefunden haben? Die größte Künstlerkolonie, in den Sechzigern und Siebzigern entstanden, findet sich in
Ballydehob, wo zahlreiche Ateliers besichtigt werden können. Ebenfalls eine Augenweide ist die
altehrwürdige, stählerne Eisenbahnbrücke über
die Flussmündung dort. Eisenbahnliebhaber dürften auch ihre Freude haben in Skibbereen, wo am
Ortseingang direkt hinter dem »West Cork Hotel«
eine mächtige Konstruktion den Fluss Ilen überspannt – ohne erkennbaren Zweck, denn die Brücke führt lediglich zu einem Grundstück. Bis 1961
freilich dampften hier noch die Lokomotiven nach
Baltimore, um die Sommerfrischler aus der Stadt
an die See zu bringen.

Ein wilder Kampf mit der Brandung

Doch zurück auf die Halbinsel Mizen Head. Wo
hinter Goleen der Weg immer schmaler wird, ehe
es, eine gigantische Dünenlandschaft zur Rechten,
eine imposante Badebucht zur Linken, über eine
derart schmale, gerade einen Meter hohe Brücke
nach Barleycove geht, dass kaum zwei Fahrzeuge

Geheimtipp

AN DER GRÜN-BLAUEN LAGUNE

Schon die Anfahrt von Go-
leen entlang der Küste ist ein
Traum, dann die letzte Kuppe und
– das Paradies: rechts der Atlantik,
links eine grün-blau schimmernde
Lagune, geradeaus auf der schmalen
Landzunge das Straßendorf Crookhaven mit seinen quietschbunten
Fassaden und Palmen in den Vorgär-
ten. Noch rund ein Dutzend Familien
lebt das ganze Jahr über hier und
hält sich mit Fischfang über Wasser.
Gerne erzählen sie von den Zeiten,
als Crookhaven noch ein emsiger
Hafen war; vor allem die Postschiffe
nach Amerika fuhren ein und aus.
Davon zeugt der auf einem ins Meer
ragenden Felsen platzierte Leuchtturm. Dort hantierte zu Beginn des
20. Jahrhunderts ein prominenter
Gast: Guglielmo Marconi. Der 1874
in Bologna geborene Adelige und
spätere Nobelpreisträger für Physik
gilt als Erfinder der drahtlosen Tele-
grafie und stellte die ersten Funkver-
bindungen nach Amerika her. Heute
trägt neben der Signalstation die
Pension am Ortseingang, wo er einst
untergebracht war, seinen Namen.

Crookhaven. Zwischen einer Lagune
und dem offenen Meer auf einer extrem schmalen Landzunge liegendes
Straßendörfchen an der hier enden-
den R591.

Einfach gut!

AUSTERN SCHLÜRFEN AM ENDE DER WELT

Schnurstracks führt die R595 hinunter nach Baltimore. Das Ende der Welt? Nun, das schnuckelige Fischerörtchen wäre ein hübsches. Mittendrin thront das Dún na Sead Castle, eine Piratenburg aus dem 15. Jahrhundert, deren neue Eigentümer die Restaurierung zu refinanzieren versuchen, indem sie Besucher durch ihre privaten Räume führen. Im Frühjahr und Spätherbst müssen die 400 Einwohner die Puppenstuben-Atmosphäre zwischen pittoresken Gassen zum Hafen hin kaum mit Auswärtigen teilen. Ganz Baltimore ist freilich auf den Beinen, wenn am letzten Maiwochenende das »Seafood Festival« steigt. In den Lokalen gibt's dann Livemusik und Fangfrisches.

Baltimore. Winziger Fischerort am Ende der Skibbereen vorgelagerten Halbinsel. Zentral liegt das Schloss Dún na Sead Castle an der Mainroad, Tel. 028/207 45.

aneinander vorbeikommen. Die Retortensiedlung aus einem Hotel und zahlreichen Ferienhäusern ist im Winter menschenleer, im Sommer proppenvoll. Grund: der schönste Strand weit und breit. Einem Hufeisen gleich umspannen steil aufragende Klippen die Bucht, in deren Mitte sich die Brandung einen wilden Kampf mit einem aus dem Wasser ragenden Felsen liefert, dass die Gischt meterhoch spritzt. Wenn außerhalb der Hochsaison die überwiegend irischen Badegäste weg sind, schmeißen sich die Surfer in die Wellen. Und schlendern die Spaziergänger über den strahlend weißen Sand – vielleicht auch, um ein bisschen Mut zu fassen für die schmale Brücke, die sie gleich hinüber zur Signalstation überschreiten müssen.

Von Barleycove sind's nur noch ein guter Kilometer und einige enge Kehren hinauf zu Mizen Head mit seiner Signalstation. Wohlgemerkt Signalstation und nicht Leuchtturm. Einen Turm gibt es hier nämlich nicht, dafür wird über das Signallicht hinaus zusätzlich ein Radiosignal ausgestrahlt. Seit 1993 vollautomatisch, bis dahin noch vom vor Ort lebenden Personal. Die Besucher können sich heute ganz gut einen Eindruck von der Einsamkeit der Wärter machen, wenn sie, nachdem sie das unterhaltsame Informationszentrum passiert haben, über die vielen Treppensteige zu den einzelnen Aussichtsplattformen stromern. Ums Eck rückt dann die Signalstation ins Bild, wie ein Adlerhorst auf einem vorgelagerten Felsen. Noch atemberaubender ist jedoch die Brücke hinüber: Die heimliche Attraktion des immer etwas stürmischen Fleckchens, eine von gewaltigen stählernen Bögen gehaltene Konstruktion, wurde 1910 errichtet und 2011 generalüberholt wiedereröffnet. Schwindelfreie erspähen 100 Meter tiefer mit etwas Glück in der schmalen Schlucht Robben, etwas weiter draußen Delfine oder Buckelwale. Auf immer verschluckt

hat der Atlantik in der Grotte unterhalb der Brücke indes die Reste der an dieser Stelle im 18. Jahrhundert zerschellten Fregatte *L'Impatiente*. Gar nicht so weit entfernt, an der Südküste nach Kinsale, sank im Mai 1915 auch das seinerzeit größte Schiff der Welt, der britische Passagierdampfer *Lusitania*; im Ersten Weltkrieg versenkt von einem deutschen U-Boot. 1200 Menschen, die auf dem Weg von New York nach Liverpool waren, kamen ums Leben. Einer der letzten dokumentierten Funksprüche an Kapitän Turner erfolgte von der Signalstation Mizen Head. Jahre später kam eine Verschwörungstheorie auf, der damalige Marineminister Winston Churchill habe die *Lusitania* absichtlich vor deutsche U-Boote lotsen lassen, um die USA auf Englands Seite zu ziehen.

Dem Earl ein Schloss, dem Helden eine Säule

Politische Ränkespiele waren auch der Anlass, zum Ende des 18. Jahrhunderts das Bantry House, ein bereits 1720 angefangenes Schloss oberhalb der Bantry Bay, endlich zu dem Prachtbau zu vollenden, den es heute noch darstellt. Denn als 1796

Oben: Eingebettet zwischen sanften Dünen und wildem Atlantik liegt der Strand von Barleycove.
Unten: Knallroter Blickfang: Leuchtfeuer der Signalstation am Mizen Head

französische Truppen die Iren bei ihrer Revolte gegen die Briten unterstützen wollten, tat sich Bantrys Kommandeur Richard White im Dienste der Krone hervor, indem er die englische Garnison in Cork rechtzeitig alarmierte. Zum Dank gab's den Titel eines Earls und damit, wenngleich mehr für die Nachfahren, die nötigen Mittel, um den Landsitz fertigzustellen – inklusive eines prächtigen Terrassen-Gartens. Südwestlich der heute 3500 Einwohner zählenden, geschäftigen Hafenstadt, deren gesellschaftlicher Höhepunkt das jährliche Muschelfest im Mai ist, hat zwar äußerlich der Zahn der Zeit an dem Herrenhaus genagt, drinnen verbergen sich jedoch zahlreiche Kunstschätze aus aller Herren Länder, darunter edle Wandteppiche und prachtvolle Mosaiken aus Pompeji. Auch wenn EU-Gelder um die Jahrtausendwende zur Restaurierung herhalten mussten, das Anwesen gehört noch immer den Whites. Die beim Stadtbummel erkennen müssen, dass Bantry selbstredend weniger den Earls von einst, denn vielmehr einem der seinerzeit Verratenen gedenkt: Der zentrale Platz ist Theobald Wolfe Tone gewidmet, dem radikalen Katholiken-Rebellen, dem die Franzosen zu Hilfe eilen wollten.

Oben: In der Bantry Bay machen Segler gerne Pause von einem Atlantiktörn.
Unten: Von den Gartenterrassen schweift der Blick über Bantry House zur Bantry Bay.

Infos und Adressen

SEHENSWÜRDIGKEITEN

Bantry House. Herrschaftliche Residenz mit famoser Aussicht auf die Bantry Bay. Apr./Mai/Sept./Okt. Di-So 10-17 Uhr, Juni/Juli/Aug. tgl. 10-17 Uhr, Erwachsene für Haus und Gartenanlage 11, Kinder 3 Euro, Tel. 027/500 47, www.bantryhouse.com

Mizen Head. Signalstation in spektakulärer Lage hoch droben auf der vom Atlantik umtosten Südwestspitze. Mitte März–Mai und Sept./Okt. tgl. 10.30–17, Juni–Aug. tgl. 10–18, Nov.–Mitte März Sa, So 11–16 Uhr, Erwachsene 7,50, Kinder 4,50, Senioren und Studenten 6 Euro, Tel. 028/351 15, www.mizenhead.net

ESSEN UND TRINKEN

O'Sullivan's. In der ursprünglichen Fischerkneipe am Pier von Crookhaven gibt's das südlichste Pint Irlands. Und an warmen Tagen laden die rustikalen Holzbänke vor dem Pub zu einer Brotzeit an der Lagune ein. Rock Street Crookhaven, Tel. 028/353 19, www.osullivanscrookhaven.ie

Das südlichste Pint Irlands gibt's in Crookhaven.

ÜBERNACHTEN

Barley Cove Beach Hotel. Familienfreundliches Hotel mit Panoramablick auf Sandstrand und umliegende Klippen. Ostern–Sept. geöffnet, Doppelzimmer ab 89 Euro, Barley Cove, Tel. 028/358 74, www.barleycovebeachhotel.com

Caseys of Baltimore. Hotel, exzellentes Fischrestaurant und Livemusik-Pub, alles unter einem Dach. Doppelzimmer ab 110 Euro, Hauptstraße am Ortseingang, Baltimore, Tel. 028/201 97, www.caseysofbaltimore.com

AKTIVITÄTEN

Fastnet-Rock-Tour. Wilde Bootsfahrt zu dem vorgelagerten Felsen mit Leuchtturm und den Clear Islands. Trips wetterbedingt tagesaktuell vom Hafen in Baltimore aus, 35 Euro, Tel. 028/391 59, www.fastnettour.com

INFORMATION

Tourist Information Office Bantry. März–Okt. tgl. 9.30–17 Uhr, The Square, Bantry, Tel. 027/502 29, www.bantry.ie

Im Frühjahr und Sommer eine wahre Pracht: der Garten von Bantry House

DER SÜDEN

8 Cork
Die Stadt der Rebellen

Raue Schale, weicher Kern, das trifft auf Irlands zweitgrößte Stadt Cork sicher zu. Die Arbeiterstadt muss man sich im wahrsten Sinne des Wortes erarbeiten, dann präsentiert sich Europas Kulturhauptstadt von 2005 aber als quirlige Metropole im Südwesten, die für Kunstinteressierte ebenso etwas zu bieten hat wie für Shopaholics, Kneipengänger und echte Gourmets.

Das Wappen ist Programm für Cork und seine gut 120 000 Einwohner, von denen über 15 Prozent ausländische Wurzeln haben: zwei wehrhafte rote Türme, in ihrer Mitte ein Zweimaster auf dem Meer. Trutzige Verteidigung und Freiheit auf See; die Rebellenstadt, die im Jahr 606 der Legende nach vom heiligen Finbarr auf einer Insel in der Meeresmündung des Lee gegründet wurde, hat in den vergangenen Jahrhunderten viel mitgemacht – vor allem während des irischen Bürgerkriegs zwischen 1916 und 1923. Mit am schlimmsten waren die Verwüstungen 1921 – Cork war eine der Rebellenhochburgen im bitteren Kampf um die irische Unabhängigkeit von der englischen Krone. Bürgermeister Thomas McCurtain wurde 1920 von protestantischen Unionisten erschossen, sein Nachfolger Terence McSweeney starb 1921 in einem britischen Gefängnis – mit ein Auslöser für den Terroranschlag der für die Unabhängigkeit der Iren kämpfenden katholischen Irish Republican Army (IRA) im November 1921 am Bloody Sunday. Die englische Armee beschoss daraufhin Cork, ein Großteil des mittelalterlichen Stadtbilds wurde ein Raub der Flammen und noch heute ist dies in den Straßen zu sehen.

S. 68/69: Mythischer Ort: Zum Rock of Cashel kam vor 1500 Jahren auch St. Patrick.
Oben: In einer Reihe: Häuserzeile am St. Patrick's Quay in Cork

Rundgang durch Cork

Die Innenstadt von Cork kann man locker zu Fuß erkunden. Hilfreich sind dabei die Infotafeln.

A Parnell-Brücke – Als Startpunkt am besten, hier hält der Zubringerbus der Park-and-Ride-Parkplätze. Von der Brücke aus geht es gut 600 Meter geradeaus die Straße South Mall entlang, wo man noch alte Backsteinhäuser aus der viktorianischen Zeit findet.

B Ecke South Mall/Grand Parade – Unverwechselbar aufgrund der segelähnlichen Straßenbeleuchtung, links abbiegen auf die kleine Nano-Nagle-Brücke. Auf der anderen Flussseite rechts auf dem Sullivans Quay in Richtung Barrack Street.

C St. Fin Barre's Cathedral – Links abbiegen und die nächste Straße rechts in die Fort Street und schon sieht man St. Fin Barre's Cathedral. Architekt William Burgess überschritt beim Bau zwischen 1865 und 1879 zwar sein Budget um das Fünffache, doch Freunde neogotischer Gotteshäuser kommen hier auf ihre Kosten.

D South Main Street – Am Hauptausgang der Kathedrale hinaus, rechts auf die Bishop Street zurück über den Proby's Quay zur Lee-Brücke am Sullivan's Quay, die in die South Main Street mündet. Hier findet man hippe Mitbringsel.

E St. Patrick's Street – Von der South Main Street nach rund 200 Metern rechts in die Washington Street, dann links in die Grand Parade und dort Richtung Haupteinkaufsstraße St. Patrick's Street, in der alle europäischen Ketten vertreten sind. Am Anfang auf der rechten Seite (auf die Beschilderung achten!) ist der Eingang zum English Market. Selbst Queen Elizabeth II. ließ sich 2011 einen Besuch nicht nehmen.

F Merchant's Quay – Am Ende der St. Patrick's Street ist rechts das Merchant's Quay Einkaufszentrum, davor die Statue von Pfarrer Theobald Mathew, der als Apostel der Enthaltsamkeit bezeichnet wird und in den 1830er-Jahren den Alkoholismus in der Landbevölkerung bekämpfte.

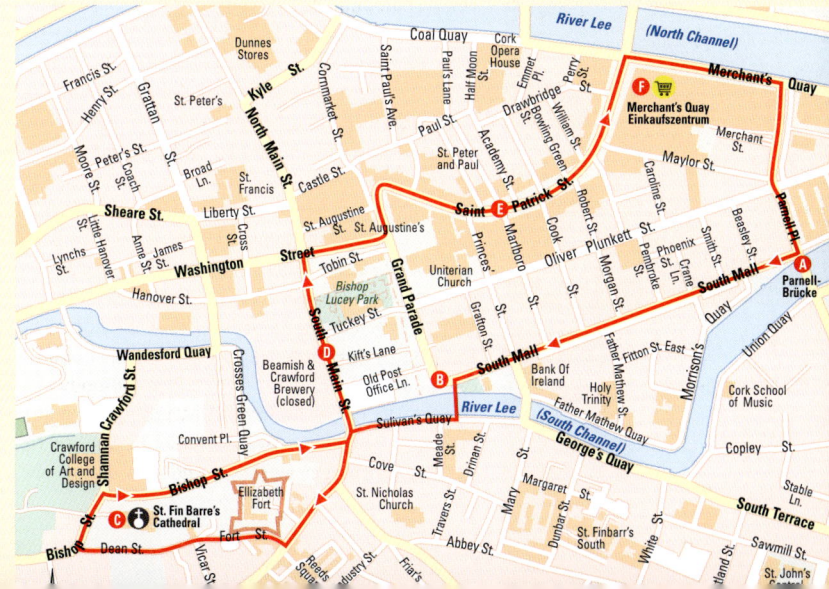

Mit Stolz in die Zukunft

Sich seiner wechselvollen Geschichte bewusst, ist Cork heute umso mehr eine Stadt im Wandel, auch dadurch illustriert, dass der größte Arbeitgeber die Computerfirma Apple mit ihrem Europasitz in Cork ist. Der Lee prägt das Bild, macht aus der Innenstadt eine Insel. Früher gab es hier viele Kanäle, auf denen die Waren bis vor die Haustür der Händler gebracht wurden. Ein Beispiel ist die sichelförmige St. Patrick's Street, ein zugeschütteter Kanal, heute die Prachtstraße und beste Einkaufsadresse, wo unter anderem auch der English Market mit seinen unzähligen Delikatessenständen angesiedelt ist. Ein weiteres Kleinod ist St. Fin Barre's Cathedral, wobei von klein keine Rede sein kann. Die imposante Kirche wurde von William Burges im neogotischen Stil als Auftragsarbeit in den 1860er-Jahren gebaut. Die netten Führer haben so manche Anekdote zu berichten – über die Glasfenster, die die Bibelgeschichte erzählen, oder über die Kanonenkugel aus dem 17. Jahrhundert, die bei Renovierungsarbeiten in einer der Turmmauern steckend gefunden wurde und nun in der Kirche ausgestellt wird. Wer eine kleine Auszeit braucht, ist in Cork auch richtig: Hinter Blackrock Castle bietet sich eine wunderbare Marschlandschaft, bei deren Anblick man die Seele baumeln lassen kann.

Fast ein Muss, wenngleich man sich bewusst auf das nicht neuesten Ausstellungsmaßstäben entsprechende Museum einlassen muss, ist das Butter-Museum im Stadtteil Shandon. Vom 19. bis Mitte des 20. Jahrhunderts war Cork die Butter-Hauptstadt. Tausende Tonnen gesalzener irischer Butter wurden von hier in die ganze Welt geschickt. Die Geschichte von Kerrygold, der Markenname für den Zusammenschluss hunderter Milchbauern aus Kerry und Cork, steht im Mittelpunkt des Museums.

Nicht verpassen

GLOCKENLÄUTEN IN ST. ANNE'S

Von weitem schon zu hören, machen die Glocken von St. Anne's, der kleinen Kirche aus dem Jahr 1722 im Stadtteil Shandon gegenüber dem Butter-Museum, neugierig. Man hört nämlich kein typisches Kirchengeläut, sondern über hundert verschiedene Lieder – von *Bruder Jakob* bis zu irischen Freiheitsliedern. Das Glockenspiel in St. Anne's ist jedermann zugänglich. Einmal an den Seilen ziehen und sein eigenes Lied im Glockenturm hören, das ist ein echtes Erlebnis. Dazu kommt ein toller Rundumblick über Cork, wenn man sich nach dem Glockenläuten – unbedingt mit dem nötigen Gehörschutz auf den Ohren – an den Glocken vorbei auf den 1750 gebauten, 40 Meter hohen Turm begibt.

St. Anne's Church und Shandon Bells. Juni–Sept. 10–17 Uhr, Erwachsene 5, Schüler 2,50 Euro, Church St., Shandon, Cork, Tel. 021/450 59 06, www.shandonbells.ie

Infos und Adressen

SEHENSWÜRDIGKEITEN

English Market. Schon im 18. Jahrhundert gab es den Markt, heute bieten Dutzende Händler Fleisch, Fisch, Gemüse, Käse, Gewürze. Mo–Sa 9.30–17.30 Uhr, www.englishmarket.ie

St. Fin Barre's Cathedral. Im neogotischen Stil Ende des 19. Jahrhunderts gebaute anglikanische Kirche. Mo–Sa 9.30–17.30, So 12.30–17 Uhr, Erwachsene 5, Kinder 3 Euro, Tel. 021/496 33 87, www.cathedral.cork.anglican.org

ESSEN UND TRINKEN

Café Depeche. Eine echte Entdeckung, nicht nur für Fans der britischen Popband Depeche Mode, deren Platten hier ununterbrochen gespielt werden. Dazu gibt's wirklich leckeren Kaffee und kleine Snacks. 19 Lancaster Quay, Cork, www.cafedepeche.com

Mutton Lane Inn. Uriger Pub mit dunklen Holzpaneelen innen, direkt neben dem English Market gelegen, außerdem einer der ältesten Pubs der Stadt. 3 Mutton Lane, Cork, Tel. 021/427 34 71

ÜBERNACHTEN

The River Lee Hotel. Nur fünf Minuten von der Innenstadt entfernt am Lee gelegen, modernes Vier-Sterne-Haus mit schönem Wellnessbereich.

Allerlei Leckereien im English Market

Western Road, Cork, Tel. 021/425 27 00, www.doylecollection.com

VERANSTALTUNGEN

Cork Jazz Festival. Schon seit den 1970er-Jahren etabliert, ein Muss für Musikfans im Oktober. www.guinnessjazzfestival.com

INFORMATION

Failte Ireland Tourist Information. Mo–Sa 9–18 Uhr, Grand Parade, Cork, Tel. 021/425 51 00, www.discoverireland.ie

Eine Institution ist der »Mutton Lane«-Pub in Cork.

Schöne Burg, tolle Gärten: Blarney Castle

Der Süden

9 Corks Umgebung
Von wegen Blabla

Die Bundesstraßen N20 und N25 verlaufen nördlich und östlich von Irlands zweitgrößter Stadt Cork. Ideale Voraussetzung für einen schönen Tagesausflug, auf dem man entlang der gut ausgebauten Straßen alles erleben kann, was Irland ausmacht: eine geheimnisvolle Burg in Blarney, wohlschmeckenden Whiskey in Midleton und atemberaubende Ausblicke auf den Atlantik in Youghal.

Eine Burg, die es in *Webster's New Unabriged Universal Dictionary* – den Duden der englischen Sprache – schafft, das gibt es nicht alle Tage. »Alles nur blarney«, soll die englische Königin Elizabeth I. Ende des 16. Jahrhunderts ausgerufen haben, als ihr der Kragen platzte ob der Verhandlungen mit Dermot McCarthy. Der Besitzer von Blarney Castle hätte endlich den Eid auf die britische Krone leisten sollen, was ihm als eingefleischtem Iren aber missfiel. Er zögerte also mit vielen schönen Worten seine Unterschrift hinaus,

GUT ZU WISSEN

BITTE NICHT KÜSSEN

Blarney Castle ist wirklich eine Reise wert, aber warum man den Blarney Stone küssen soll, das bleibt doch ein größeres Rätsel. Egal, ob die Sage stimmt, wonach demjenigen, der den in einer der Außenmauern befindlichen Stein küsst, die Gabe der Sprachgewandtheit beschieden ist – über die Frage der Hygiene sollte man bei 400 000 Besuchern pro Jahr doch einmal nachdenken und lieber den tollen Blick über den Park genießen.

Corks Umgebung

bis die Queen das nicht mehr zum Lachen fand. Viele Jahre nach ihrem Tod kam dann Oliver Cromwell, der die aus dem 10. Jahrhundert stammende Burg 1646 mit Kanonen beschoss und einnahm. Doch die McCarthys waren längst weg, durch Tunnel geflüchtet und ihre Einrichtung hatten sie auch gleich mitgenommen.

Heute ist Blarney Castle einer der Touristenmagneten im Südwesten des Landes. 400 000 Besucher kommen pro Jahr, nicht nur der netten Burg wegen, sondern auch wegen des perfekt auf Heerscharen von Touristen eingerichteten Dorfes nur gut 20 Kilometer nordwestlich von Cork an der N20. Blarney Castle und seine Umgebung machen kein Blabla, das bedeutet »to blarney« im Deutschen, wenn es darum geht, sich adäquat zu präsentieren – das gilt für die Burg, die neben dem Eloquenz versprechenden Blarney-Stein interessante Ein- und Ausblicke bietet, wie für die sie umgebenden Parkanlagen und für Blarney Woollen Mills unterhalb der Burg. Ein schönes Steingebäude aus dem 18. Jahrhundert, früher eine Wollspinnerei, heute eine Tourist-Information mit Restaurant und schickem Einkaufsparadies, in dem man natürlich die berühmten Aran Sweater ebenso kaufen kann wie Kristall aus Waterford oder keltischen Schmuck. In den 1960er-Jahren fielen die Preise für Wolle, 1973 musste die Mühle endgültig schließen, 500 Menschen wurden arbeitslos. Dann kam Christy Kelleher, kaufte das Gebäude und startete eine neue Erfolgsgeschichte als kleine Mall. Ebenso sehenswert die Gärten rund um Blarney Castle – im »Poison Garden« findet man giftige und berauschende Pflanzen wie Bunten Eisenhut, Cannabis oder Opium. Im Farngarten steht ein vom Efeu befreites Eishaus aus dem viktorianischen Zeitalter, hinter dessen Steinwänden den Sommer über Eis gelagert wurde. Ein Arboretum,

Nicht verpassen

FOTA HOUSE, GARTEN UND WILDLIFE PARK

Ein wenig abseits liegt die Halbinsel Fota im Südosten Corks schon. Normalerweise fahren Touristen von der N25 über Fota Richtung Cobh, das am Südende von Great Island am Meer liegt. Doch zu Beginn der Fota-Halbinsel lohnt ein Stopp im Fota Wildpark, dem Fota House und dem Arboretum. Gut 200 000 Iren pro Jahr kommen, besonders in den Sommerferien, in den Tierpark, in dem die Tiere nicht in Käfigen eingezwängt sind, sondern in großzügigen Freigehegen leben. Nicht nur für Erwachsene sind das gegenüber dem Tierpark gelegene Fota House und das Arboretum interessant. Die Earls of Barrymore, früher Besitzer der Halbinsel, legten im 19. Jahrhundert diese Sammlung mit in Europa selten zu findenden Bäumen aus Afrika, Amerika und Asien an. Ein sehenswertes Kleinod findet sich versteckt im hinteren Teil des Parks. Dort hat sich eine Gruppe Freiwilliger mit dem Wiederaufbau der viktorianischen Glashäuser der Gärten angenommen und gibt gerne Auskunft.

Fota House. Apr.–Sept. Mo–Sa 10–17, So 11–17, 6 Euro, www.fotahouse.com

Fota Wildlife Park. Mo–So 10–16.30, letzter Eintritt 15 Uhr, Erwachsene 16, Kinder 10.50 Euro, www.fotawildlife.ie

CORK CITY GAOL

Es ist ja nicht so, dass es in Irland an Gefängnissen aus dem 19. Jahrhundert mangelt. Fast jede Stadt hat eines mit Furcht einflößenden Mauern zu bieten, natürlich auch Cork. »Gaol«, eine altenglische Bezeichnung für »Jail« und genauso ausgesprochen, das trifft auf das im Norden Corks Richtung Blarney liegende Gefängnis natürlich zu – doch von außen sieht das Gebäude aus wie ein Schloss, nur die kleinen, vergitterten Fenster zeigen, dass es hier nicht besonders lustig war. Vor allem, wenn man wegen – aus heutiger Sicht betrachtet – Nichtigkeiten monatelang hinter Gitter wanderte. Die audiovisuelle Show lässt das Leben für die Gefangenen in der 1924 geschlossenen Strafvollzugsanstalt lebendig werden. Ein wenig skurril wird das Ganze dadurch, dass sich hier nicht nur ein Gefängnis-Museum befindet, sondern auch ein Radio-Museum. Nach der Schließung war im Cork City Gaol der erste Radiosender Corks beheimatet.

Cork City Gaol. Okt.-März 10-16, April-Sep. 9.30-17 Uhr, Erwachsene 8, Kinder 5 Euro, Tel. 021/430 50 22, www.corkcitygaol.com

Einfach gut!

ein Gewürzgarten und ein irischer Garten runden die Parklandschaft ab.

Keine Angst vorm Whiskey

Nach dem Blabla auf Blarney Castle könnte ein Whiskey genau das Richtige sein, in Maßen genossen natürlich. 32 Kilometer östlich von Blarney, schnell über die gut ausgebaute N25 zu erreichen, liegt die Kleinstadt Midleton. Dort findet sich die Jameson's-Destillerie, die älteste Irlands und Wiege des irischen Whiskeys. »Sine metu« (»ohne Angst«), das ist das Motto der Familie Jameson, das John Jameson prägte, als er 1770 in Dublin seine erste Whiskey-Brennerei gründete, die heute als Old Jameson's Destillery eine Touristenattraktion ist. Im Gegensatz zu seinen Brenner-Kollegen in Schottland war John Jamesons Ansatz die dreifache Destillation, die dem Whiskey einen milderen Charakter verleiht. Wie die Guinness-Familie war der Jameson-Clan bekannt dafür, sich um seine Arbeiter zu kümmern – früher und heute, auch wenn Jameson längst mit 35 Millionen Litern Whiskey pro Jahr als Nummer eins der irischen Hersteller ein weltweit agierender Konzern ist, dessen supermoderne Anlage gleich hinter dem alten Gebäudekomplex aus dem Jahr 1825 in Midleton steht.

Seit 1825 gibt es Jameson nun schon in der Nähe von Cork, damals wurde der Standort in Dublin aufgegeben. Einer der Gründe für den Umzug war die Lockerung der Alkoholbesteuerung im Großraum Cork – ein wichtiges Thema für alle Brennereien. So entstand in Midleton die größte Brennerei Irlands, die Ende des 19. Jahrhunderts durch Fusionen weiter wuchs. Die Cork Destilleries Company wurde 1966 mit Jameson's und Power's aus Dublin zur Irish Distillers Limited. Auch wenn die Ausstellung in der 1992 als Jameson Heritage

Center eröffneten alten Brennerei in Midleton
zum Teil noch den Charme der 1990er-Jahre ver-
sprüht, ist eine Führung allemal interessant. Die
Originalgebäude sind restauriert worden, man
findet sich quasi im 19. Jahrhundert wieder, wenn
man durch die Räume geht. Da stehen die Mai-
schebehälter oder die mit 143 872 Liter Volumen
nach wie vor weltweit größte Brennblase aus
Kupfer. Ebenso faszinierend das Eichenfasslager,
erst 2014 für Besucher umgebaut. Der »angels'
share«, der aus den Fässern verdunstende Anteil
für die Engel im Whiskey-Himmel, lässt einen einzigartigen Geruch im Gewölbe entstehen – das
macht richtig Lust auf ein kleines Probegläschen
in der schicken Bar. Kein Wunder, dass Whiskey,
je älter er ist, umso teurer wird – die Englein
haben sich nämlich nach zehn Jahren schon kräftig bedient.

Moby Dick und die Kartoffeln

26 Kilometer östlich von Midleton, an der Mündung des Blackwater-Flusses in den Atlantik, findet sich mit Youghal eine mittelalterliche Perle,
die für ihre kilometerlangen Sandstrände bekannt ist und sich als Riviera Irlands bezeichnet.
Die etwas mehr als 6000 Einwohner große Stadt
hat eine jahrhundertelange Geschichte, schon
im neunten Jahrhundert siedelten hier Wikinger.
Beeindruckend ist die Stadtmauer aus dem
13. Jahrhundert, eine der wenigen fast vollstän-

Oben: Touristenmagnet: die
Jameson's-Destillerie im Herzen
von Midleton
Unten: Mächtig wirkt der Stadt-
turm von Youghal.

dig erhaltenen in Irland, die eine pittoreske, geschäftige Innenstadt umschließt.

Herman Melville hatte den Hafen von Youghal nicht im Kopf, als 1851 sein weltberühmter Roman *Moby Dick* erschien. Doch John Huston fand gut 100 Jahre später das Ambiente im Hafen von Youghal genau richtig, als er seine preisgekrönte, düstere Verfilmung mit Gregory Peck als Kapitän Ahab im Kampf gegen den weißen Wal in Youghal und entlang der irischen Küste umsetzte. Fünf Millionen Dollar soll der Film verschlungen haben, angesichts der mauen Besucherzahlen im Kino kein gutes Geschäft. Der einzige, der sich damals wie ein Schneekönig freute, war der Wirt Paddy Linehans, in dessen Pub am Hafen man sich nach den Dreharbeiten traf, und der heute noch gut von der Geschichte lebt und der Tatsache, dass Gregory Peck und Orson Welles sich das eine oder andere Guinness bei ihm schmecken ließen.

So düster, wie Youghal sich in *Moby Dick* präsentiert, ist es natürlich nicht. Gerade im Sommer ist die Stadt ein Treffpunkt für Jung und Alt. Elizabeth I. schenkte Youghal 1579 dem Seefahrer und Gründer des US-Bundesstaates Virginia, Sir Walter Raleigh, als Belohnung für seine Dienste. 1602 verkaufte er die Stadt weiter an Richard Boyle, den ersten Earl von Cork. Walter Raleigh wäre in Youghal beinahe gestorben, als er sein Mitbringsel aus Amerika probierte: Anstatt der Kartoffelknolle aß er das giftige Kartoffelkraut.

Oben: Lauschige Plätzchen bietet der Stadtpark von Youghal.
Unten: Strandfußball gibt es nicht nur an der Copacabana, sondern auch in Youghal.

Infos und Adressen

SEHENSWÜRDIGKEITEN

Blarney Castle and Gardens. Burg aus dem
11. Jahrhundert mit dem sogenannten Blarney Stone.
Jan.-Feb. jeweils Mo-Sa 9-17, März-April 9-18, Mai
9-18.30, Juni-August 9-19, Sept. 9-18.30, Okt. 9-18,
Nov.-Dez. 9-17 Uhr; Nov.-Feb. So 9-17, März-Okt.
9-18 Uhr, Tel. 021/438 52 52, www.blarneycastle.ie

The Jameson Experience. Ehemalige Destillerie in
Midleton. Tgl. 10–18 Uhr, Erwachsene 18, Kinder
9 Euro, Tel. 021/461 35 94,
www.jamesonwhiskey.com

ESSEN UND TRINKEN

Moby Dick's Pub. Im Zentrum von Youghal mit
legendärer Geschichte. Hier kamen Gregory Peck
und Orson Welles nach den Dreharbeiten zu *Moby
Dick* vorbei und heute kann man noch die eine
oder andere Geschichte darüber hören. Market
Square, Youghal, Tel. 024/927 56,
www.mobydicks.ie

Walli's of Midleton. Großer Biergarten, traditionelle irische Musik, große Bierauswahl – was will man
mehr von einem Pub. 74 Main Street, Midleton,
Tel. 021/463 31 85,
www.facebook.com/Wallisbar

ÜBERNACHTEN

Blarney Golf Resort. Gediegenes Vier-Sterne-
Haus, nicht nur für Freunde des Golfsports, auch
für Familien in günstigen Ferienwohnungen. Tower,
Blarney, Tel. 021/438 44 77,
www.theblarneyhotel.ie

Midleton Park Hotel. Gediegenes Hotel in der
Stadt, schöner Wellnessbereich und familiengeeig-
net. Old Cork Road, Midleton, Tel. 021/463 51 00,
www.midletonpark.com

INFORMATION

Blarney Woollen Mills. Tourismusbüro und der
weltgrößte Geschenkeshop mit irischen Produkten.
Mo–Sa. 9.30–18, So 10–18 Uhr,
Tel. 021/451 61 11, www.blarney.com

Eines der größten touristischen Shoppingcenter
der Insel ist Blarney Woollen Mills.

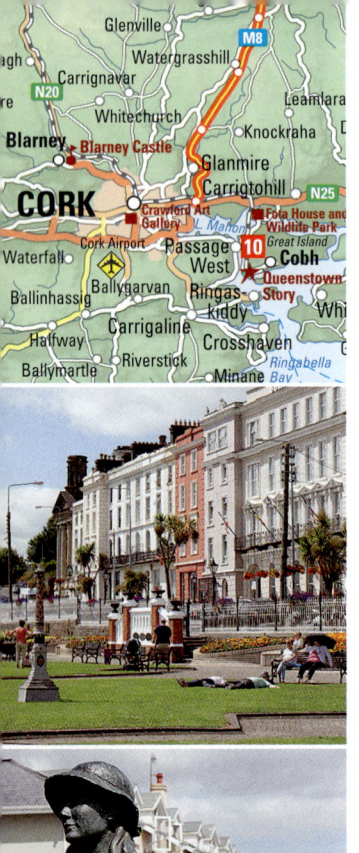

10 Cobh
Irische Geschichte hautnah

Irland verstehen heißt, die seit Jahrhunderten andauernde, oftmals tragische Geschichte der Emigration weg von der grünen Insel mitzudenken. Es gibt fast keinen besseren Ort als Cobh im Hafen von Cork, um das zu erleben. Von hier aus stachen 2,5 Millionen der insgesamt sechs Millionen Iren in See, die zwischen 1848 und 1950 das Land verließen.

Pittoresk, farbenfroh, an den Berg geschmiegt mit herrlichem Seeblick und mächtiger Kathedrale – Cobh auf Great Island, einer von drei Inseln im Hafen von Cork, dem weltweit zweitgrößten Naturhafen, ist ein irisches Postkartenidyll. Doch nicht nur die gut 12 000 Einwohner wissen, dass Cobh noch viel mehr ist als das. Der relativ junge, erstmals um 1750 unter dem Namen Cove (»Höhle«) erwähnte Ort war die Metropole für Auswanderer. Und ist sich natürlich seiner Geschichte bewusst. Nach den Napoleonischen Kriegen Ende des 18. Jahrhunderts entwickelte sich das Fischerdorf zu einem Militärstützpunkt, dann zu einem Auswandererhafen. Seefahrt war elementar und Dramen damit verbunden. Die *Titanic* hatte im Hafen von Cork im April ihren letzten Stopp vor der unglückseligen Jungfernfahrt. Von Cobh aus stiegen noch einmal 113 Passagiere zu. 1915 wurde vor der Küste Corks die *Lusitania* von einem deutschen U-Boot im Ersten Weltkrieg versenkt, rund 1200 Menschen starben, mehr als 100 Tote sind in Cobh auf dem Clonmel-Friedhof begraben. Mittlerweile gibt es in Cobh eine Handvoll Museen, die sich mit der Seefahrt und der Auswanderung auseinandersetzen, manche schlechter, wie das Titanic-Museum im ehemaligen Gebäude der Reederei White Star Line

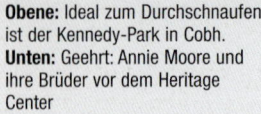

Obene: Ideal zum Durchschnaufen ist der Kennedy-Park in Cobh.
Unten: Geehrt: Annie Moore und ihre Brüder vor dem Heritage Center

am Pier neben dem John-F.-Kennedy-Park. Manche besser, wie das unbedingt zu empfehlende Cobh Heritage Center. Dort bekommt man kompakt alle drei großen Themen Cobhs, das nach einem Besuch der englischen Königin Victoria von 1849 bis 1921 unter dem Namen Queenstown firmierte, präsentiert: Auswanderung, *Titanic* und *Lusitania*.

Düstere Flaschenpost aus dem Jenseits

Der alte viktorianische Bahnhof versetzt einen sofort in die entsprechende nostalgische Stimmung, wenn man sich vorstellt, wie hier die Iren mit dem Zug ankamen, um dann auf Schiffen unter heute unvorstellbaren Bedingungen nach Übersee zu kommen. Wer eines der Coffin Ships, Sarg-Schiffe genannt wegen der drangvollen Enge und Dunkelheit bei der Atlantiküberquerung, betrat, der tat dies aus völliger Perspektivlosigkeit. Und die gab es nur allzu oft in der Geschichte Irlands, gerade in den Grafschaften Cork und Kerry, wo die große Hungersnot in den 1840er-Jahren nach dem mehrfachen Ausfall der Kartoffelernte besonders viele Opfer forderte. Alleine zwischen 1845 und 1851 verließen 1,5 Millionen Iren das Land Richtung Amerika und Australien, in der Hoffnung, dort ihre Familien ernähren zu können. Stellvertretend für die Geschichten der Emigranten steht Annie Moore. Ihr wurde vor dem Heritage Center eine Bronzestatue gewidmet. Die 15-jährige Moore, die mit ihren beiden jüngeren Brüdern alleine auf der *SS Nevada* ihren Eltern nach Amerika folgte, war am 1. Januar 1892 die erste Immigrantin in Ellis Island in New York City, wo bis in die 1960er-Jahre alle Einwanderer aus Europa empfangen wurden. Moores Eltern waren bereits in den USA. Die Kinder waren bei Verwandten und mussten die Reise alleine überstehen.

Nicht verpassen

TITANIC TRAIL – AUF DEN SPUREN DER LEGENDE

Egal ob Dauerregen, Sturmböen oder Sonnenschein – für den ehemaligen Lehrer Michael Martin ist die Tragödie der *Titanic* zum Lebensinhalt geworden. Zu Fuß geht es täglich zu den historischen Stätten des letzten Ankerplatzes. Viele der Gebäude sind im Stil des Jahres 1912 erhalten oder restauriert worden und zu jedem gibt es die passenden Geschichten zu erzählen. Auch heute noch schwimmen auf dem abgegriffenen Tresen in »Jack Doyles Sport Pub« Bierlachen. Damals im April 1912 setzte dort der irische Fiedler und Jockey Denis O'Brien seine einzige Geige beim Glücksspiel gegen ein Schiffsticket der dritten Klasse. Er gewann. Die Geige wurde im eisigen Wasser gefunden. Von ihm fehlte jede Spur. Die Geschichte inspirierte Regisseur James Cameron später zu seinem *Titanic*-Epos.

Titanic Trail. Ca. 60-minütige Führung, tgl. 11 und 14 Uhr, 9,50 Euro, inklusive Guinnessverkostung in Jack Doyles Pub, Treffpunkt am Commodore Hotel, Tel. 087/276 72 18, www.titanic.ie

Oben: Eine der besten Ausstellungen zum Thema *Titanic* findet man im Heritage Center.
Unten: Sehenswert: St. Colman's Cathedral am Hang von Cobh

Nicht nur das Schicksal der Auswanderer, auch das der *Titanic* wird hier hervorragend beschrieben. Im Heritage Center findet man Schätze, die man nicht mal im weltweit bedeutendsten *Titanic-Museum* in Belfast zu sehen bekommt. Aufgrund der Schwarz-Weiß-Fotografien, die der katholische Theologiestudent Frank Brown auf der Fahrt von Southampton nach Cork auf der *Titanic* machte, baute der Filmregisseur James Cameron die detailgetreue *Titanic*-Nachbildung in seinem weltweiten Kassenschlager mit Kate Winslet und Leonardo DiCaprio. Zum Glück für Brown ließ es sein Onkel, der Erzbischof von Queenstown, nicht zu, dass der Neffe mit der *Titanic* weiter Richtung New York fuhr. Herzergreifend auch die Flaschenpost, die der 19 Jahre alte Jeremiah Burke aus White's Cross schickte. Er hatte die nur zehn Zentimeter große Weihwasserflasche, die ihm seine Mutter gegeben hatte, geleert und eine kleine Botschaft an alle Daheimgebliebenen hineingesteckt: 1913 wurde sie an einem Strand nahe Cork gefunden. Burke starb beim Untergang der *Titanic*. Er war ein Auswanderer in der dritten Klasse.

Infos und Adressen

SEHENSWÜRDIGKEITEN

Spike Island. 40 Hektar große ehemalige Gefängnisinsel, Überfahrt mit Führungen im irischen Alcatraz. Mai-2.6. Mo–So 12/14 Uhr, 3.6.–31.8. 10.15-15, Sept. 12/14, Okt. Sa/So 12/14 Uhr, Nov.–April wetterabhängig, Führung inkl. Fahrt Erwachsene 18, Kinder 10 Euro, Tel. 021/481 14 85, www.spikeislandcork.com

St. Colman's Cathedral. Im neogotischen Stil gebaute Kathedrale aus dem 19. Jahrhundert mit dem größten Glockenspiel Irlands mit 49 Glocken. Tgl. 8.30–18 Uhr, Tel. 021/481 32 22, www.cobhcathedralparish.ie

Überbleibsel der Titanic: die Weihwasserflasche von Jeremiah Burke

ESSEN UND TRINKEN

Mansworth Bar. Früher Treffpunkt der Auswanderer, heute der (vor allem amerikanischen) Touristen, seit gut 100 Jahren in Familienbesitz. 4 Midleton Road, Cobh, Tel. 021/481 19 65

The Quay's. Toller Blick auf den Hafen im ehemaligen Gebäude des Royal Cork Yacht Clubs, schöne Terrasse und leckere Fischspezialitäten. 17 Westbourne Place, Cobh, Tel. 021/481 35 39, www.thequays.ie

ÜBERNACHTEN

Commodore Hotel. Der Blick ist einfach un-schlagbar: Aufwachen mit dem Atlantik vor dem Fenster gibt es in diesem gegenüber dem Kennedy-Park im Herzen Cobhs gelegenen, günstigen Zwei-Sterne-Haus. 0 Westbourne Place, Cobh, Tel. 021/481 12 77, www.commodorehotel.ie

INFORMATION

Cobh Heritage Center. Tourismusbüro und Museum im ehemaligen Bahnhof. Mai-Okt. tgl. 9.30–18, Nov.-April 9.30–17 Uhr. Erwachsene 9,50, Kinder 5 Euro, Deepwater Quay, Cobh, Tel. 021/481 35 91, www.cobhheritage.com

Bittet um Schutz: der Navigator im Hafen von Cobh

11 Kinsale
Pilgerreise zur Gourmet-Hochburg

Ganz ehrlich gesagt ist Kinsale alles andere als ein typisch irisches Städtchen. Das Flair hier ist mondän, weltoffen und vergnügt, erinnert an die französischen Nobelflecken an der Côte d'Azur. Keine Zeit für Melancholie – in Kinsale ist der internationale Jetset zu Hause mit Yachten aus der ganzen Welt und der größten Dichte an preisgekrönten Gourmet-Restaurants.

Die irische Geschichte ist hier immer noch allgegenwärtig, die Zeit aber längst flugs vorbei gezogen. Ursprünglich im Mittelalter einmal ein rustikaler Hafen für Fischerfamilien und Bollwerk gegen spanische Invasoren, hat sich die kleine Stadt, nur knapp 30 Kilometer von Cork entfernt, heute zu einem der malerischsten, populärsten und mondänsten Flecken von ganz Irland entwickelt. Hier ticken die Uhren anders. Die Atmosphäre ist weltläufig elegant und mittels einer Städtepartnerschaft zum französischen Seebad Antibes-Juan-Les-Pins manifestiert. Noble Cafés, Kneipen, Restaurants für jeden Geschmack und Geldbeutel prägen das Stadtbild.

Im Hafen schaukeln Yachten jeder Größenordnung, Preisklasse und Nationalität, deren Besitzer ein internationales Sprachengewirr von Englisch, Französisch, Deutsch, Holländisch und Spanisch im mehr als 200 Jahre alten Pub »Bulman« verbreiten. Am Tresen beherrschen Themen wie Hochseefischen, Segeln, Immobilienpreise und nicht enden wollende Diskussionen über das Essen die Gespräche. Gerade über die Gaumenfreuden kann man in dieser Stadt ja ausführlich parlieren.

Oben: Bereit zum Fischfang sind die Boote im Hafen von Kinsale.
Unten: Ein farbenfroher Touristenmagnet ist Kinsale im Süden Corks.

Elf der besten Gourmet-Restaurants

In Kinsale befinden sich elf der besten Gourmet-Restaurants von Irland, zu denen einheimische und internationale Gäste regelmäßig pilgern. Flächenmäßig präsentiert sich hier die größte Dichte von Feinschmeckertempeln auf kleinstem Raum. Die Restaurants haben sich zu dem weit über die Stadtgrenzen hinaus bekannten »Kinsale Good Food Circle« zusammengeschlossen. Einmal im Jahr wird der Flecken am zweiten Oktoberwochenende zudem von einem massenübergreifenden Ausnahmezustand heimgesucht: dem »Kinsale Gourmet Festival«, einem skurrilen Feinschmeckertreff, dessen Ablauf mittlerweile weltweit seine Anhänger hat. In Kinsale findet sich Irlands führendes Kult-Fischrestaurant »Fishy Fishy«. Küchenchef Martin Shanahan hatte vor 25 Jahren als Fischhändler einen Fisch- und Feinkostimbiss eröffnet, dessen Erfolg so einschlagend war, dass an jedem Tag kurz nach der Öffnung bereits Schlangen von Kunden vor dem Geschäft warteten. Dieser regelmäßige Andrang führte schließlich dazu, dass der Imbiss zu einem veritablen Restaurant über zwei Etagen und einer zusätzlichen Terrasse für Mahlzeiten während der Sommermonate erweitert wurde. Am Andrang hat sich bis heute allerdings nichts geändert. Ohne Vorbestellung geht gar nichts, nicht nur im Sommer warten immer noch geduldig Feinschmecker vor dem Restaurant. Mittlerweile ist Martin zum populärsten Fernsehkoch Irlands aufgestiegen, hat zahlreiche Kochbücher geschrieben, von denen *Martin's Fishy Fishy Cookbook* zu einem landesweiten Bestseller wurde. Seiner bodenständigen Philosophie ist der Koch übrigens treu geblieben: Bis heute sucht der Fischfanatiker jeden Morgen persönlich im Hafen die Fische aus, die am Abend auf den Teller kommen.

Nicht verpassen

KINSALE GHOST TOUR

Kinsale ist definitiv Irlands Gourmet-Zentrum, aber auch der Ort einer der originellsten »Ghost Tours« des Landes. Vor allem in der Hauptsaison bietet sich hier die Gelegenheit, Kinsales Gespenster an zahlreichen Orten persönlich kennenzulernen. Und das wirklich im wahrsten Sinne des Wortes. Die Tour startet am Abend von Kinsales ältestem Pub »The Tap Tavern« aus. Geboten werden jede Menge handfeste historische Fakten über den Ort und man erfährt so ziemlich alles über die dort tätigen Gespenster, Kobolde und Weißen Frauen und wie sie zu solchen geworden sind. Der ganze Spaziergang dauert etwas mehr als eine Stunde und wird von Brian O'Neill als ungemein witziger Angriff auf das Zwerchfell inszeniert. Unbedingt mitmachen! Für den Kinsale-Besucher ein Muss.

Kinsale Ghost Tour. Tap Tavern, Guardwell, Kinsale, Anfang Mai–Ende Sept. So–Fr Beginn 21 Uhr, Erwachsene 10, Kinder 5 Euro, Tel. 087/948 09 10, www.kinsale.ie/ghost-tour

Normannische Architektur und die Tragödie der *Lusitania*

Sind die Gourmet-Aspekte in allen möglichen Variationen und Restaurants Kinsales großes Aushängeschild, so zählen die Kirche St. Multose Church aus dem Ende des 12. Jahrhunderts und der sie umgebende Friedhof zu Kinsales ältesten historischen Visitenkarten. Allein schon der Gang durch die engen, gewundenen Gässchen mit schnieken Häuschen gregorianischer Baukunst hin zu einem der imposantesten Bauwerke Kinsales ist absolut lohnenswert. Hier wurde Prinz Rupert zu König Charles II. ausgerufen, nachdem Cromwell im Jahr 1649 in London seinen Vater Charles I. hingerichtet hatte. Allerdings hatten die Kinsaler Bürger und Stadthoheiten zu dem Zeitpunkt auch die Hosen gestrichen voll, da Prinz Ruperts Flotte zur selben Zeit vor Kinsale ankerte. Da bot sich die Proklamation Charles II. geradezu an. Der irischen Bevölkerung hat dies allerdings wenig gebracht. Nachdem Charles II. wieder die Segel gesetzt hatte, landete Cromwell selbst mit 12 000 Soldaten, unterwarf in einem blutigen Unterdrückungskrieg die Bevölkerung und beschlagnahmte die ertragreichsten Ländereien. Zurück blieben verbitterte Iren, ärmer denn je, und ein Charles II. auf dem Thron in London, der die Enteignungen durch Cromwell auch noch bestätigte. Wer sich für den Abstecher zur normannischen Kirche entschieden hat, sollte unbedingt auch einen oder mehrere Blicke auf den St. Multose umgebenden Friedhof werfen. Unter moosbedeckten, witterungszerfressenen Gedenksteinen sind hier zahlreiche Opfer der *Lusitania*–Tragödie begraben. Ein U-Boot des deutschen Kaiserreichs hatte 1915 den Dampfer vor der irischen Küste versenkt. Das Schiff ging in nur 18 Minuten unter, 1198 Passagiere kamen dabei ums Leben, mehr als 700 konnten nur durch den raschen Einsatz irischer Fischer mit Segelbooten gerettet werden.

Oben: Achtung, hier spukt's: die Ruinen von Charles' Fort in Kinsale **Mitte:** Typisch für Kinsale sind die bunten Fassaden in der Innenstadt. **Unten:** Alles zum Thema Weinanbau erfährt man in Desmond Castle.

Infos und Adressen

SEHENSWÜRDIGKEITEN

Desmond Castle/International Museum of Wine. Die 30-minütigen Führungen liefern die ebenso interessante wie überraschende Erkenntnis, wie sehr Irland international mit dem Weinanbau verbunden ist. 12. April-4. Okt. tgl. 10–18 Uhr, letzter Einlass 17.15 Uhr, Erwachsene 5, Kinder 3 Euro, Cork Street, Kinsale, Tel. 021/477 48 55

Charles Fort. Die im 17. Jahrhundert errichtete Festungsanlage wurde sternförmig angelegt, um die Landung spanischer Invasoren zu verhindern und Kinsale zur Seeseite hin zu verteidigen. In den Ruinen soll es nachts spuken. Geöffnet ganzjährig, Mitte März–31. Okt. tgl. 10–18, 1. Nov.–Mitte März tgl. 10–17 Uhr, letzter Einlass 17 Uhr, Erwachsene 5, Kinder 3 Euro, Summer Cove, Kinsale, Tel. 021/477 22 63, www.heritageireland.ie

Museum. Von dem historischen Gebäude wurden im Jahr 1915 die Untersuchungen zum Untergang der *Lusitania* geleitet. Ganzjährig Sa 10–17, So 14–17 Uhr, 2,50 Euro, Market Square, Kinsale, Tel. 021/477 79 30

ESSEN UND TRINKEN

The Black Pig. Auch wenn der Name anderes verheißt, hier gibt es im Backstein-Ambiente des 18. Jahrhunderts über 150 verschiedene Weine. 66B Lower O'Connell St., Kinsale, Tel. 021/477 41 01, www.facebook.com/theblackpigwinebar

Fishy Fishy. Nicht nur nach Meinung der Einheimischen das populärste Kult-Restaurant von ganz Irland. Tisch vorbestellen. Die Fischgerichte sind ein kreativer Traum und auch noch bezahlbar. Crowleys Quay, Kinsale, Tel. 021/470 04 15, www.fishyfishy.ie

Man Friday. Eigentümer Philip Horgan führt das Restaurant mit persönlichem Engagement seit 1978. Vorher reservieren und das gegrillte Hähnchen mit Spinat, Pininenkernen und Fetakäse-Füllung probieren. Scilly, Kinsale, Tel. 021/477 22 60, www.manfridaykinsale.ie

ÜBERNACHTEN

Actons Hotel. Das älteste Hotel von Kinsale wurde zu einem zeitgemäßen Boutique-Hotel umgebaut. Unbedingt ein Zimmer mit Hafenblick buchen. Pier Road, Kinsale, Tel. 021/477 99 00, www.actonshotelkinsale.com

Tierney's Guesthouse. Die wirklich beste Alternative zu den relativ teuren Hotels in Kinsale ist das kleine Gästehaus im historischen Zentrum des Städtchens. Unbedingt rechtzeitig reservieren, es gibt nur neun Zimmer. 70 Main Street, Kinsale, Tel. 021/477 22 05, www.tierneys-kinsale.com

The Blue Haven Hotel. Das mehrfach ausgezeichnete Boutique-Hotel im Zentrum von Kinsale ist nur wenige Schritte vom Hafen entfernt und bietet neben einer eleganten Atmosphäre exzellente internationale Küche und Fischspezialitäten. 3–4 Pearse Street, Kinsale, Tel. 021/477 22 09, www.bluehavencollection.com

Trident Hotel Kinsale. Das zwar etwas in die Jahre gekommene Vier-Sterne-Hotel liegt am Pierende der Hafenmole, bietet aber immer noch urgemütliche Zimmer und mit der »Wharf Tavern« den vielleicht gemütlichsten Pub von Kinsale. Worlds End, Kinsale, Tel. 021/477 93 00, www.tridenthotel.com

INFORMATION

Tourist Information Kinsale. Ganzjährig Di–Sa 9.15–17 Uhr, Pier Road, Kinsale, Tel. 021/477 22 34, www.kinsale.ie

An der Pier Road in Kinsale liegt das Hotel »Trident«.

12 Gartenlandschaften im Südwesten
Das mediterrane Irland

Gärten sind das große Thema der ohnehin schon so grünen, im Frühjahr obendrein kunterbunt blühenden Insel. Während im Südosten die von Menschenhand kultivierte Landschaft regelmäßig in den spannenden Gegensatz aus französisch geprägter Strenge und verwunschener Naturbelassenheit verwickelt wird, spielen die Gärtner des Südwestens bevorzugt ihren größten Trumpf aus: das vom Golfstrom geschaffene mediterrane Klima. Und so reiben die Besucher sich mitunter die Augen: Ist das noch Irland? Oder ist das schon Italien?

Ganz sicher der bekannteste, der prächtigste, aber auch der am kontroversesten diskutierte Garten liegt in der Bucht vor Glengarriff auf einer kleinen Insel: Ilnacullin auf Garnish Island, im Gälisch-Englischen auch als Garinish Island geläufig. Die Anlage ist »Everybody's Darling«, allein schon wegen der Überfahrt von Glengarriff aus. In schnuckeligen Nussschalen geht's hinüber, vorbei an den Seehundbänken auf den vorgelagerten Felsbrocken. Wenn die nur an Land tollpatschigen Wasserratten mit den Flossen wedeln, scheint es, als wollten sie den Touristen den Weg auf das 15 Hektar umfassende Eiland weisen. Das vom Festland kaum einsehbar ist und nach dem Landen aber sofort seinen märchenhaften Charme offenbart: japanische Gärten hier, italienische dort, das Ganze aufgelockert von Säulengängen, (ein bisschen kitschigen) Statuen, kleinen Tempeln, Teichen und romantischen Wegen. Blickfang Nummer eins sind aber fraglos die neuseeländi-

Oben: Irlands Vorzeigegarten: die Anlage auf Garnish Island mit ihren Tempeln und Tümpeln
Unten: Im italienischen Garten auf Garnish Island blühen mediterrane Pflanzen.

schen Teebäume. Ihre überbordende dunkelrote Blütenpracht stellt selbst das Farbenmeer dichter Rhododendrenhaine in den Schatten.

Die bunten Launen eines Millionärs

Das milde Klima mit winterlichen Durchschnittstemperaturen von um die acht, neun Grad macht's möglich. Der Untergrund eigentlich nicht. Denn Garnish Island war ursprünglich nicht viel mehr als die Seehundbänke drum herum: ein Felsbrocken, ein deutlich größerer halt. Bis der Millionär Annan Bryce 1910 den Einfall hatte, nicht nur das Inselchen zu kaufen, sondern daraus auch noch einen idyllischen Landsitz zu schaffen. Die Lage war ja schon toll, warum also nicht daraus etwas machen? Der Politiker aus Belfast ließ hier ein bisschen sprengen, dort ein bisschen begradigen und schon war Platz für das angedachte mondäne Herrenhaus. In dem es sich natürlich deutlich besser leben lassen würde, wenn darum

GUT ZU WISSEN

ZU VIEL DES GUTEN

Überhaupt keine Diskussion: Garnish Island ist ein Muss, ein Traum. Aber: Zur Hochsaison wird daraus flugs ein Alptraum. Es gibt keine Besucherbeschränkung, die Boote pendeln pausenlos hinüber. Dann schieben sich Besucherströme über die schmalen Wege, die im Frühjahr noch zum romantischen Bummel einladen. Und die exotische Pflanzenwelt aus zweiter Reihe zu bestaunen ist ein zweifelhaftes Vergnügen. Ebenso: Garnish Island im Herbst. Das durch die Bootsfahrt recht kostspielige Vergnügen wird dann getrübt durch eine jahreszeitlich stark reduzierte Blütenpracht. Deswegen: April bis Juni sowie im September ja – Juli, August und Oktober nein.

Nicht verpassen

KLEINE FABELWESEN UNTER RIESIGEN FARNEN

Der Dereen Garden auf der Beara-Halbinsel ist ein bisschen unabhängiger als andere Parks von den Jahreszeiten, wenngleich natürlich auch hier der Rhododendron im Frühjahr am eindrucksvollsten blüht. Doch es grünt das ganze Jahr über satt rund um das zentrale, restaurierte Schloss aus dem 19. Jahrhundert. Auf nicht weniger als zwölf Kilometern schlängeln sich Wege durch Bambushaine, vorbei an Eukalyptusreihen und unter riesigen Farnen hindurch. In diesem Paradies tollen auch Sikawild, Hasen, Eichhörnchen, Otter und Baummarder herum. Wirklich hübsch sind die liebevoll in die 60 Hektar eingebetteten Picknickplätze. Und für die Kinder gibt's einen eigenen, spannenden Weg um die Derreeny Houses: Dort leben, versteckt in ihren kleinen Behausungen, rund fünf Zentimeter kleine Lebewesen. Wirklich? Nun, die Einheimischen behaupten es. Der letzte Dereeny soll allerdings 1855 gesehen worden sein.

Dereen Garden. Ganzjährig tgl. 10–18 Uhr, Erwachsene 7, Kinder 2 Euro, Lauragh, Tel. 064/668 35 88

In Irlands Südwesten leben Gärten vom Zusammenspiel mit Wasser.

IM TAL DER URAL- TEN MUSCHELN

»Barley Wood« steht auch auf einigen Schildern, also nicht verwirren lassen. Es handelt sich dabei um den Glengarriff Forrest Park. Der im eigentlichen Sinn kein Garten ist, doch deswegen nicht weniger schön. Nach der prachtvollen, aber auf Dauer auch etwas anstrengenden Eleganz der von Menschenhand erschaffenen Paradiese ist der Besuch dieses Landstrichs zwei Kilometer nördlich von Glengarriff links der Straße nach Kenmare eine erholsame Pause. Der Blick von Lady Bantry's Look Out über die Bantry Bay und die Beara-Halbinsel ist unbezahlbar. Um diesen Aussichtshügel herum wächst der Rhododendron noch ein bisschen üppiger als anderswo, der Blütenteppich im Frühjahr und Sommer erstreckt sich, so weit das Auge reicht. Ebenso rekordverdächtig: die Süßwassermuscheln im Kerry River, die bis zu 120 Jahre alt werden können.

Glengarriff Forrest Park.
Natürlich belassener Park direkt an der N71 zwei Kilometer nördlich von Glengarriff.

ein hübscher Garten angelegt wäre. Gesagt, getan: Schiffsladung um Schiffsladung wurde Humus hinübergeschafft und auf Teufel komm raus gepflanzt. Bryce hatte sich den hoch geschätzten Landschaftsarchitekten Harold Peto geangelt und der ließ seiner Fantasie freien Lauf. Klassizistische Architektur trifft auf mediterrane Flora, Japanisches setzt exotische Glanzpunkte. Das Ergebnis gleicht einem Wunder. Ein Wunder, das seinerzeit rasch weniger wunderbare Folgen hatte: Bryce hatte sich schlicht übernommen und nebenbei auch noch unglücklich mit Aktien spekuliert. Statt siebenstöckiger Residenz reichte es nur noch zum putzigen Sommerhäuschen. Für den Parlamentarier war's ein Schock, für die Nachwelt ein Segen. Heute dürfen sich Gartenfreunde nicht nur an den tiefblauen Blüten des Agapanthus erfreuen, die den Tempel am Meer umgarnen, sondern auch an prächtigen Krokusteppichen, überbordenden Fuchsien und Hunderten von Rhododendronsorten.

Nachahmer willkommen!

Wie's so oft ist: Vom großen Kuchen wollen plötzlich viele ein Stück abhaben. Auch im Falle Garnish Island. Was nicht schlecht sein muss. Den zahlreichen Nachahmern, die auf ihrem Grund und Boden einen zumindest ansatzweise ähnlich schmucken Garten anzulegen gedachten, verdankt das selbst schon von einer tropischen Pflanzenpracht umgebene 800-Einwohner-Örtchen Glengarriff weitere ansehnliche Parks. Wie den Bamboo Park. Ein paar hundert Meter außerhalb des Orts Richtung Bantry liegt direkt an der N71 eine asiatische Oase voller seltener Palmen und dichter Bambushaine. Bei richtig schlechter Witterung ist der Bambuspark eine kurzweilige Alternative zum dann nicht wirklich ratsamen Ausflug auf Garnish Island.

Mit der Pracht des Ilnacullin können die Gärten der näheren Umgebung nicht ganz mithalten. Ihren Reiz haben aber auch sie. Wie der kostenlos zu besichtigende Park von Muckross House bei Killarney. Zwischen weitläufigen, wie mit der Nagelschere getrimmten Wiesenflächen liegen dort im Arboretum immer wieder dicht bepflanzte Inseln aus Rhododendren, hochwachsenden Gräsern und Farnen. Der Clou sind die sich mitten durchs Dickicht schlängelnden Pfade, wo vor allem Kinder auf den exakt verlegten Trittsteinen munter Verstecken spielen können. Direkt um das Schloss sind die geometrisch angelegten Blumenbeete ein farbenprächtiger Blickfang. Eine ganz besondere Atmosphäre findet sich im Garten des Bantry House südwestlich der Hafenstadt Bantry. Hinter dem Herrenhaus bietet an sonnigen Tagen ein nach französischem Vorbild angelegtes Karree mit Laubengang schattige Entspannung. Von da aus steigen heckenumrankte Terrassen in schwindelerregende Höhen; von ganz oben gibt es einen atemberaubenden Blick über die Bantry Bay.

Die Umgestaltung des Himmels

Deutlich weniger mediterran, da auch deutlich weiter im Landesinneren, präsentiert sich der Doneraile Park nordöstlich der zwischen Cork und Limerick an der N20 gelegenen Kleinstadt Mallow. Die riesige Grünanlage erstreckt sich über rund 166 Hektar und ist ein Musterbeispiel für einen

Oben: Herrschaftlich thront Bantry House über der gleichnamigen Bucht.
Unten: Hinter der Residenz aus dem 18. Jahrhundert steigt der Garten terrassenförmig an.

Landschaftspark aus dem 18. Jahrhundert. Angelegt hat ihn der berühmte englische Landschaftsarchitekt Lancelot »Capability« Brown (1716–1783), dessen Markenzeichen es war, bereits vorhandene Gärten komplett neu zu designen. Er war einer der ersten, der den Begriff des Schlossparks ausweitete hin zur Landschaftsarchitektur, die in viel weiteren Dimensionen die umliegende Gegend miteinbezog. Ganz unumstritten war sein Wirken nicht: Der englische Satiriker Richard Owen Cambridge hatte einst bemerkt, er hoffe, vor Brown zu sterben, damit er den Himmel vor seiner Umgestaltung sehe. Dennoch: Der Doneraile Park ist ein Schmuckstück geworden, das harmonisch die vorhandene Natur zur Freizeitidylle für das verwöhnte menschliche Auge gestaltet hat. Die zahlreichen Wege führen durch Laubwaldhaine, vorbei an aufwendigen Wasserspielen und rund um das Anwesen der Familie St. Leger. Ein bisschen verzwickt ist die Anfahrt: Von Mallow aus geht's sechs Kilometer Richtung Limerick, dann auf die R581 und weitere 15 Kilometer weiter auf die R522. Aber das Gekurve über die schmalen Sträßchen lohnt sich.

Oben: Im Landesinneren sind die Gärten weniger mediterran – wie der Doneraile Park.
Unten: In den naturnaheren Landschaftsparks sorgen Rosen für Farbenpracht.

Infos und Adressen

SEHENSWÜRDIGKEITEN

Doneraile Park. Nach englischem Vorbild im 18. Jahrhundert angelegter Park. Mai–Sept. Mo–Fr 8–20, Sa, So 9–20 Uhr, Okt.–April Mo–Fr 8–17, Sa, So 9–17 Uhr, Doneraile, Tel. 087/251 59 65

Ilnacullin. Prachtgarten auf Garnish Island. April–Juni tgl. 10–17.30, Juli–Aug. Mo–Fr 9.30–17.30, Sa 9.30–18, So 9.30–17.30, Sept. tgl. 10–17.30, Okt. tgl. 10–16.30 Uhr, Erwachsene 5, Kinder 3 Euro, Glengarriff, Tel. 027/630 40, www.garnishisland.com; Überfahrt mit dem Schiff je nach Anbieter 12–15 Euro, Kinder halber Preis.

Im Derreen Garden führen die Pfade immer wieder am Ufer der Kenmare Bay vorbei.

ESSEN UND TRINKEN

Muckross House Cafeteria. Versorgungsbetriebe von Sehenswürdigkeiten sind selten empfehlenswert, anders dieses Selfservice-Restaurant: gutes Essen mit noch besserer Aussicht auf den traumhaften Garten. Muckross, Killarney, Tel. 064/667 01 44, www.muckross-house.ie

ÜBERNACHTEN

Glengarriff Park Hotel. Charmant eingerichtetes Vier-Sterne-Hotel mit dem urgemütlich eingerichteten Pub »McCarthy's Bar«. Doppelzimmer ab 70 Euro, The Village, Glengarriff, Tel. 027/630 00, www.glengarriffpark.com

INFORMATION

Tourist Information Glengarriff. Ganzjährig Mo–Sa 10–18 Uhr, Main Street, Glengarriff, Tel. 027/630 84, www.glengarriff.ie

Tourist Office Mallow. Öffnungszeiten nach Bedarf, Town Hall, Mallow, Tel. 022/422 22, www.mallow.ie

Mit kleinen Booten geht es von Glengarriff hinüber nach Garnish Island.

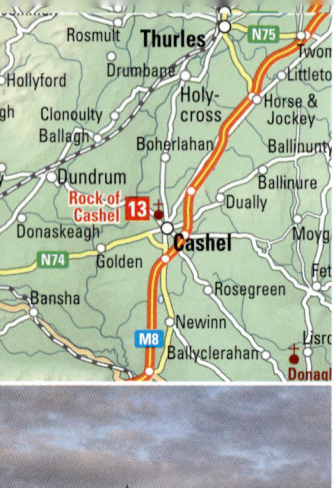

13 Rock of Cashel
Eine irische Kultstätte

Der Weg hinauf ist beschwerlich und steil, auch wenn der Rock of Cashel, das irische Wahrzeichen in der Grafschaft Tipperary, nur 65 Meter höher als das Dorf gelegen ist. Hier soll St. Patrick den König getauft haben, hier wurde mit den O'Briens irische Geschichte geschrieben. Heute pilgern die Touristen in die Kirchenruinen, die so manche überraschende Geschichte auf Lager haben.

Eine Sekunde nur und die irische Geschichte hätte auf dem Rock of Cashel eine völlig andere Wendung genommen. Es gäbe keine Verehrung des heiligen Patrick, keinen St. Patrick's Day, keine grünen Flüsse im März. Welch ein Glück, dass König Aengus, ein Enkel von Conall Corc, der das Königreich Cashel Ende des 4. Jahrhunderts gründete, so leidensfähig war. Als St. Patrick bei der christlichen Missionierung Irlands in der heutigen Grafschaft Tipperary vorbeikam, war er natürlich

GUT ZU WISSEN

BIEDERE AUSSTELLUNG
Normalerweise erfüllen Touristen-Informationen ihren Zweck so, wie man es sich wünscht: mit nützlichen, weiterführenden Informationen. Das Cashel Heritage Center tut das leider nicht. Lieblos im Rathaus untergebracht, ist es keinen Besuch wert, nicht mal wegen der Replika der Stadt, wie sie 1640 aussah. Da kann auch die ansonsten erfreuliche Tatsache, dass man sich das Ganze auch auf Deutsch anhören kann, nichts dagegen ausrichten. Besuchen Sie lieber das Original, dies gibt weit mehr her.

Oben: Historisch bedeutsam: Der Rock of Cashel war seit unerdenklichen Zeiten ein Königssitz.
Unten: Blick Richtung Meer: Marienstatue auf dem Friedhof am Rock of Cashel

Rock of Cashel

auch auf dem von Alters her verehrten Rock of Cashel. Schließlich hatte ein alter Seher vorhergesagt, dass ein großer Heiliger kommen und die Iren christianisieren werde. Bei der Taufzeremonie für Aengus vor mehreren Hundert Untertanen stieß Patrick laut Legende die scharfe Spitze seines Bischofsstabs versehentlich in den Fuß des Königs. Der schrie nicht auf, zückte nicht sofort sein Schwert, sondern dachte, es sei Teil der Zeremonie.. So wurde Cashel, dessen altirischer Name »Mystische Höhe« bedeutet, durch Patrick zum Bischofssitz gemacht. Der Rest ist Geschichte.

Heute ist Cashel, in der Mitte zwischen Dublin und Cork gelegen, ein beeindruckendes Ruinen-Ensemble von Kirchen, Kathedralen, einer Bischofsburg und eines Friedhofs, der immer noch genutzt wird und den Bürgern von Cashel gehört. Der älteste und höchste Bau auf dem Rock of Cashel ist ein Rundturm, der im Jahr 1101 gebaut wurde: 28 Meter hoch, mit der typischen Spitze der irischen Rundtürme. Heute ohne Dach ist die Ruine der gotischen Kathedrale, die in kreuzförmigem Grundriss zwischen 1235 und 1270 gebaut wurde.

Am interessantesten ist die Cormac's Chapel, die Kapelle, die Cormac III. 1134 weihen ließ. Rundherum ist zwar ein großes Baugerüst, die Sanierungsarbeiten laufen seit Jahren. Doch das Innere des romanischen Gebäudes, der einzigen noch erhaltenen Kirche aus dieser Zeit in Irland, kann man besichtigen. Sie ist aus Sandstein, ungewöhnlich, weil das raue Klima und die häufigen vom Meer her kommenden Stürme eigentlich Gebäude aus Kalkstein erforderten. Dass eine fachmännische Renovierung der Kapelle nötig ist, merkt man sofort am Geruch: Muffig und feucht ist's innen. Bakterien fressen den Putz auf, seit Jahren wird

Nicht verpassen

THE VEE

Autofahren kann so schön sein. Wenn die Umgebung passt. Wie bei The Vee, der atemberaubenden Trasse über die Knockmealdown Mountains. Von Clogheen aus schraubt sich die R668 in die Höhe. Droben lohnt ein Blick zurück: Wie ein riesiges Puzzlespiel liegen da, von unzähligen Steinmauern getrennt, die landwirtschaftlichen Flächen südlich von Cahir. Weiter geht's zwischen den kahl aus der Moorlandschaft ragenden Bergen hindurch. Jetzt wird aus der Pass- eine sanft gen Süden abfallende Panoramaroute. Mit jeder Kurve verschiebt sich die Aussicht auf Wälder und Seen. Oben auf der Passhöhe mit der Marienstatue zweigt rechterhand eine Wanderung auf den 654 Meter hohen Knockshanahullion ab, weiter unten, wo sich die Straße gabelt, verlaufen rund um einen Wasserfall etliche Spazierwege. Die abzweigende R669 ist die reizvollere Variante: Kurz vor Cappoquin thront links auf dem Hang das Zisterzienserkloster Mount Melleray Abbey.

Mount Melleray Abbey. Zwischen den zeitlich variierenden Messen geöffnet. Mountmelleray Street, Cappoquin, Tel. 058/544 04, www.mountmellerayabbey.org

SWISS COTTAGE

Ein Spaziergang, der sich lohnt: Zwei Kilometer einfach sind es von Cahir Castle zum Swiss Cottage. Durch einen kleinen Tunnel geht es zum Eingang des hinter Bäumen und Büschen verborgenen Gebäudes und man ist in einer anderen Welt. Das Swiss Cottage, 1810 als Landhaus der Butler-Familie als Cottage ornée gebaut, ist ein Schatz. Bauern hatten es in den 1980er-Jahren tatsächlich als Stall missbraucht, es stand kurz vor dem Zerfall, als sich eine amerikanische Millionärin seiner erbarmte und 250 000 irische Pfund für die Renovierung spendete. Seit 1989 ist es der Öffentlichkeit zugänglich. Zum Glück, es wäre eine Schande, hätte man dieses im Stil eines Schweizer Landhauses mit reetgedecktem Dach, bemalten Tapeten und großzügiger Veranda von John Nash gebaute Gebäude nicht erhalten. Die Butlers, die auf Cahir Castle wohnten, spielten hier Landleben.

Swiss Cottage. 6. April–1. Nov., 10–18 Uhr, geführte Touren, Erwachsene 5, Kinder 1 Euro, www.heritageireland.ie

Einfach gut!

mit einer UV-Bestrahlung dagegen vorgegangen. Immerhin wurden von einem Künstler die beeindruckenden, in hellen Farben gemalten Fresken und Wandbemalungen teilweise nachgearbeitet, auf denen wahrscheinlich Ende des 12. Jahrhunderts englische und französische Künstler Bibelszenen zeigten. Und deutsche Hilfe gab es auch: Der Regensburger Abt hatte zwei Zimmerleute geschickt, deren Einfluss deutlich sichtbar ist. In der Domstadt an der Donau gibt es heute noch eine Kapelle, der Cormac's Chapel im Inneren sehr ähnlich sieht.

Sehenswert ist auch die Bischofsburg, die Erzbischof O'Hedrian im 15. Jahrhundert anbaute. In den Räumen des Vikars ist heute ein kleines Museum, dessen größter Schatz wahrscheinlich das Original des St. Patricks-Kreuzes aus dem 12. Jahrhundert ist. Stark verwittert zwar, doch die Christusfigur und die Figur eines Bischofs sind noch zu erkennen. Allerdings fehlt der für die irischen Hochkreuze typische Ring um die Kreuzung.

Bis nach Wisconsin

In der bewegten Geschichte des Rock of Cashel wechselten sich die Kirchen ab. Zunächst jahrhundertelang katholisch, kam das Gelände Mitte des 16. Jahrhunderts zur anglikanischen Kirche, die den Komplex aber im 18. Jahrhundert aufgab. Nachdem der anglikanische Bischof Arthur Preis 1749 das Dach der Kathedrale entfernt hatte, zerfiel die Anlage. Heftige Stürme taten ihr Übriges, unter anderem einer im Jahr 1870, nach dem der Bischofsturm einfiel. Ein irischer Pfarrer, der nach Amerika ausgewandert war, hatte davon gehört und angefragt, ob er Steine aus dem Schutt des heiligen Bergs bekommen könnte, um in Watertown im Bundesstaat Wisconsin eine katholische Kirche bauen zu können. 1873 wurden 800 Steine in die USA verschifft, eine Geschichte, die die sehr netten Führer immer wieder gerne erzählen. Erst Mitte der 1970er-Jahre begann die Restaurierung des Geländes.

Erzählenswertes gibt es auch rund um den Rock of Cashel. Am Parkplatz, ein wenig verborgen, liegt das Kulturzentrum Brú Ború, das die Geschichte Irlands und seiner Musik erforscht. Die preisgekrönten Tanz- und Musikshows im Sommer sind ihr Geld wert, vor allem wenn man echte irische Musik mag. Cashel selbst ist ein unscheinbares 3000-Einwohner-Dorf, wartet aber mit einem sehenswerten Freilichtmuseum auf. Außerdem war Thomas Croke im 19. Jahrhundert Erzbischof in Cashel, er war einer der Mitbegründer der Gaelic Athletics Association, nach ihm ist das Croke-Park-Stadion in Dublin benannt.

Für Angler und Artus-Freunde

Nur wenige Kilometer von Cashel über die Autobahn M8 Richtung Cork liegt Cahir, ein 3300-Einwohner-Dorf, das vor allem für Wanderer und Angler ein echtes Paradies ist. Im Suir tummeln sich die dicken Lachse, in den Galtee- und Knockmealdown Mountains kann man beim Wandern wunderbar entspannen.

Das Stadtbild von Cahir wird von Cahir Castle geprägt, das auf einer Insel im Fluss liegt. 1142 begann Conor O'Brien mit dem Bau der gut erhaltenen Burg auf der felsigen Insel. Die Butler-Familie bekam sie 1375 für ihre Treue zu König Edward III. und baute sie in den folgenden Jahrhunderten zur heutigen Größe aus. Lange konnte sie nicht eingenommen werden, nur zwei Mal gelang es: 1599 dem Earl of Essex und 1650 dem in Irland berühmt-berüchtigten Engländer Oliver Cromwell. Aus den anschaulich gestalteten audiovisuellen

Oben: Im Kulturzentrum Brú Ború wird Irlands Musik erforscht.
Unten: Handwerkskunst: die alten Fresken in Cormac's Chapel auf dem Rock of Cashel

Darstellungen der Burggeschichte im Museum sticht eine hervor: das Modell der Belagerung von 1599 mit nahezu 1000 kleinen Figuren. Nichts für feine Nasen ist die Geschichte hinter dem sogenannten Garderobenturm. Er war über die sanitären Anlagen gebaut und die Burgherren hängten in die dort entstehenden Gase ihre Kleidung, im Glauben, dass so Parasiten abgetötet würden. Eine dufte Angelegenheit.

Filmfans könnte Cahir Castle ebenfalls bekannt vorkommen. 1981 drehte der britische Regisseur John Boorman *Excalibur*, die Verfilmung der Artuslegende, mit den damals unbekannten Schauspielern Liam Neeson, Helen Mirren und dem späteren Raumschiff-Enterprise-Kommandeur Patrick Stewart auf der Burg. Neben den vielen Wanderwegen lohnt in der waldreichen Umgebung auch die Mitchelstown Cave einen Besuch, eine Tropfsteinhöhle mit rund zwei Kilometer langen Wegen, in denen Spuren von Steinzeitmenschen nachgewiesen wurden. Bunten Technik-Schnickschnack findet man hier nicht, die Höhle spricht für sich selbst, vor allem der Felsendom mit seiner Akustik.

Oben: Filmfans kennen Cahir Castle aus dem Film *Excalibur*.
Unten: Idyllische Einblicke gibt es auf den Suir bei Cahir.

Infos und Adressen

SEHENSWÜRDIGKEITEN

Cahir Castle. Burg am Fluss Suir. Mitte Okt.–Feb. 9.30–16.30, März–Mitte Juni 9.30–17.30, Mitte Juni–Aug. 9.30–18.30, Sept.–Mitte Okt. 9.30–17.30 Uhr, 24.–30. Dez. geschl., Erwachsene 5, Kinder 3 Euro, www.heritageireland.ie

Rock of Cashel. Mittelalterliche Kirchenbauten. Mitte Sept.–Mitte Okt. 9–17.30, Mitte Okt.–Mitte März 9–16.30, Mitte März–Anfang Juni 9–17.30, Anfang Juni–Mitte Sept. 9–19 Uhr, 24.–26. Dez. geschl., Erwachsene 8, Kinder 4 Euro, Tel. 062/614 37, www.heritageireland.ie

Idealer Anlaufpunkt für eine Pause ist »Feehan's Bar« in Cashel.

ESSEN UND TRINKEN

The Galtee Inn. Gemütlicher Pub und Restaurant am Square, gehobenes Bar-Food und große Bierauswahl, The Square, Cahir, 052/744 12 47

John Feehan's Bar. Wer warme Suppen mag und ein gut gemachtes Sandwich schätzt, ist hier richtig. 105 Main Street, Cashel, Tel. 062/619 29

The Brian Ború. Nette Bar im Herzen Cashels mit jungen, irischen Bands am Wochenende und leckerem Bar-Food. 48/49 Main Street, Cashel, Tel. 062/633 81, www.brianborubar.ie

ÜBERNACHTEN

Cashel Palace Hotel. Vier-Sterne-Haus aus dem Jahr 1730 im Stil von Königin Anne, elegante historische Zimmer im Herzen von Cashel. Main Street, Cashel, Tel. 062/627 07, www.cashel-palace.ie

INFORMATION

Cashel Heritage Center. März–Okt. tgl. 9.30–17.30, Nov.–Feb. Mo–Fr 9.30–17.30 Uhr, Main Street, Cashel, Tel. 062/613 33, www.cashel.ie

Touristen bewundern das Innere von Cormac's Chapel.

DER OSTEN

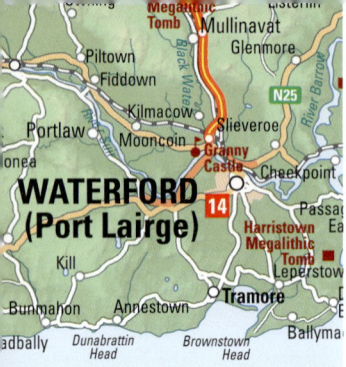

14 Waterford
Badespaß an der Kupferküste

Mündungen und Buchten: Schon beim Landeanflug auf Irland zeigt sich die östliche Südküste aus luftiger Höhe von ihrer liebreizendsten Seite. Die sanften Einschnitte ins Grüne Land gleichen Badewannen. Und fürwahr, sie sind es. Wo der Blackwater sich in den Atlantik ergießt, bis hinüber zu Hook Head, wo es ihm der Suir gleichtut, mogeln sich immer wieder schicke Strände in die wild zerklüftete Copper Coast. In deren Hinterland ist aus der grauen Maus Waterford eine elegante, lebendige Metropole geworden.

Waterford ist nicht die Hauptstadt des gleichnamigen Countys, das ist Dungarvan. Weh tut das

S. 100/101: Ruhe neben Wallfahrtsort: der Upper Lake bei Glendalough
Mitte: Tagsüber Idyll, abends buntes Treiben: Das emsige Tramore bietet klassisches Strandleben.
Unten: In der Kristallmanufaktur glänzen nicht nur Frauenaugen.

GUT ZU WISSEN

DER GLANZ VERGANGENER TAGE
Diamanten sind bekanntlich der Mädels bester Freund. Aber Kristall? So ein Kronleuchter ist schon eine imposante Erscheinung. Aber muss er gleich den Wert eines Mittelklassewagens haben? Die Zeiten geschliffener Gläser als i-Tüpfelchen häuslicher Esskultur sind passé, der Glanz vergangener Tage verblasst. Zumindest in Deutschland. Und so wirkt die Auslage der weltberühmten, um 1780 entstandenen Kristallglas-Manufaktur in Waterford trotz der paar modischeren Bi-Color-Gläsersets ein wenig gestrig. Die einstündige Führung durch die Produktionsstätte mag Hobby-Graveure begeistern, der abschließende Abstecher in die Verkaufsräume nervt jedoch, wie das stete Versprechen, dass die Ware günstig nach Hause geschickt werde. Das Ganze hat den Charakter einer Kaffeefahrt.

Waterford

der mit 47 000 Einwohnern fünftgrößten und nebenbei auch ältesten Stadt Irlands nicht; sie kann es genauso verschmerzen, wie sie Touristen nicht wirklich nötig hat. Die Tiefe der Suir-Mündung erlaubt es den großen Containerschiffen, im Hafen anzulegen, Industrie und Warenhandel trotzen der Wirtschaftskrise immer noch recht gut. Dennoch ist Waterford keine angeschmutzte Hafenstadt, im Gegenteil, gerade der Quay und die dahinter liegenden Gassen haben sich in den letzten Jahren herausgeputzt. Flanieren, shoppen, ausgehen – Großstadt-Schick. Im Viking Triangle, dem Viertel zwischen Fluss, The Mall und der Henrietta Street, garnieren den Spazierweg Relikte aus der Gründungszeit durch die Wikinger im 10. Jahrhundert und aus der mittelalterlichen Stadtgeschichte. Ältestes Andenken an die wilden Nordmänner, die 915 ihre Siedlung Vadrafjord an dieser Stelle gegründet hatten, ist der Reginald's Tower. Nachts ist der mächtige Turm, in dem einst König Richard II. die Ehrerbietung der irischen Fürsten entgegennahm und der später auch als Munitionsspeicher und Gefängnis diente, hell angeleuchtet – wie auch das dekorative Langboot im Vordergrund. Drinnen im restaurierten Gemäuer findet sich in der Ausstellung unter anderem ein originales Schwert aus dem 9. Jahrhundert, als die Wikinger schon einmal vorübergehend Stellung hier bezogen hatten.

Ums Eck, ein wenig im Schatten der mächtigen Kristallglas-Manufaktur, schmiegt sich das schmale Häuschen »33 the Mall« zwischen die Nachbarfassaden. Die Front ziert unübersehbar die grün-weiß-orangene Fahne. 1848 hat exakt hier der katholische Freiheitskämpfer Francis Meagher, dessen Standbild einige Meter weiter unten an der Kreuzung platziert ist, erstmals die – von ihm entworfene – spätere irische Nationalflagge ge-

Geheimtipp

REETGEDECKTE PUPPENSTUBEN

Venedig sehen und sterben. Dunmore sehen und … bleiben? Zumindest nicht gleich weiterfahren. Das Örtchen an der westlichen Suir-Mündung ist unglaublich schön. Hufeisenförmige Bucht, Sandstrand, Blick auf Hook Head, Klippen im Rücken, reetgedeckte, schneeweiße Häuser wie aus dem Puppenland – kaum zu glauben, dass Dunmore East mit seinem an die Bretagne oder das italienische Portofino erinnernden Charme selbst in der Hochsaison nicht proppenvoll, sondern immer noch ein Geheimtipp ist. Das benachbarte Tramore ist mit seinem riesigen Strand und den unzähligen Bars eben mehr nach dem Geschmack der sonnenhungrigen Iren und Briten. Im Fischerhafen, eine Bucht weiter unterhalb des auf der Klippe gelegenen Ortskerns, starten Segeltouren an der reizvollen Küste entlang. Und einmal im Jahr wird's dann auch in Dunmore East quirlig: Mitte/Ende August steigt das renommierte »Bluegrass Festival«.

VON RIESEN UND GESPENSTERN

Der Ausflug auf die Halbinsel Hook gleicht einer Reise ins Abenteuerland. So einen Leuchtturm umweht immer der Duft der weiten Welt, der von Hook Head ist darüber hinaus der älteste noch in Betrieb befindliche der Welt. Schon vor über 800 Jahren brannten auf dem heute schwarz-weiß geringelten Riesen die Leuchtfeuer. Bis Mitte des 17. Jahrhunderts wurde noch Brennmaterial nach oben geschleppt, um es zur Warnung der Seefahrer zu entzünden. Ob es gebrannt hat, als der Teufel durch den Kamin der von Nonnen bewohnten Loftus Hall nach oben geschossen sein soll, entzieht sich der Kenntnis. Sicher ist nur: Das ehemalige Herrschaftshaus zehn Kilometer nördlich des Leuchtturms ist das Anwesen in Irland, in dem es definitiv am meisten spukt. Keine Angst: Die Touren sind kein billiger Klamauk, die Führer erzählen gruselige Geschichten, die auf wahren Gegebenheiten fußen – sehr spannend und was für starke Nerven!

Hook Lighthouse. Jan.–Mai tgl. 9.30–18 Uhr (Führungen 10–17 Uhr), Juni–Aug. tgl 9.30–18 Uhr (10–17.30 Uhr), Sept.–Dez. 9.30–17.30 Uhr (10–17 Uhr), Erwachsene 9, Kinder 7 Euro, Tel. 051/39 70 55, www.hookheritage.ie

Loftus Hall. März–Mai sowie Nov. und Dez. Sa und So, Juni–Sept. mehrfach tgl. einstündige Führung, Öffnungszeiten variieren kurzfristig, Erwachsene 10, Kinder 6 Euro, nahe Templetown, Tel. 051/39 77 28, www.loftushall.ie

hisst; inspiriert hatte ihn zu der Dreiteilung die französische Trikolore, nachdem er aus Frankreich von der dort gerade erst beendeten Februarrevolution zurück in seine Heimatstadt Waterford gekehrt war.

Fossilien in zerklüfteten Felsen

Die stand und steht mit Wexford im Wetteifer um den Ruf als Perle des Südostens. Und auch wenn die Halbinsel Hook sowie die Hafenstadt New Ross schon zum Nachbar-County gehören, sind sie doch klassische Day-Trip-Ziele der Waterforder. Dafür sorgt schon die putzige Fähre über den im oberen Mündungsbereich bereits stattlich breiten Suir. Passage East heißt das Dorf am Ostufer ganz unromantisch, obwohl seine pittoresken Gassen mit den paar kleinen Lokalen durchaus ein Stündchen Aufenthalt verdienen. Drüben angekommen kommt die Qual der Wahl: nach Norden oder Süden? Nun, bei schönem Wetter besser Letzteres, denn die Hook Peninsula ist um Churchtown herum nicht nur ein Paradies für Taucher, sondern verwöhnt auch Küsten-Spaziergänger mit einer frischen Seebrise und unzähligen Fossilien in den zerklüfteten Felsformationen. In Duncannon, einem bunten Badeörtchen im Westen der Halbinsel, steht ein trutziges Fort, das 1588 zum Schutz gegen die spanische Armada errichtet wurde. Auf der Ostseite loht ein Abstecher nach Saltmills zur Tintern Abbey, einem Zisterzienserkloster aus dem 12. Jahrhundert. Wie gesagt: bei schönem Wetter eine schöne Rundfahrt.

Da Irland aber bekanntlich auch zu Schauern neigt, geht's von der Fähre möglicherweise doch eher nach Norden in die Stadt New Ross. Die zwischen Öltanks und Lagerhallen kaum Sehenswertes zu bieten hat – wenn da nicht am picobello herausgeputzten Pier die *Dunbrody* ankern würde.

Rundgang: Der Cliff Walk in Ardmore

Ardmore selbst ist zu klein für einen ausgiebigen Spaziergang. Doch startet am winzigen Bootshafen eine abwechslungsreiche Klippenwanderungen: der Ardmore Cliff Walk. Für die fünf Kilometer sollten der spektakulären Aussicht wegen zwei Stunden eingeplant werden.

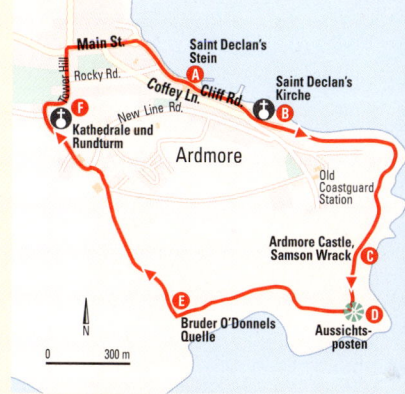

A **St. Declan's Stein** – Der Legende nach wurde dieser Felsbrocken von Wales übers Meer an die Stelle gespült, an der St. Declan an Land gegangen war.

B **St. Declans Kirche** – An der Ruine des kleinen Gotteshauses findet sich eine Quelle, deren Wasser Rheumaleiden lindern soll – Sündenfreiheit vorausgesetzt. Etwas oberhalb steht die Ruine der 1867 erbauten Küstenwache.

C **Ardmore Castle und das Samson-Wrack** – Hundert Meter landeinwärts thront auf einem Hügel der Turm einer kleinen Burg, die im Bürgerkrieg 1922 verlassen wurde. Drunten im Meer ragt das angerostete Wrack eines riesigen Kranschiffes aus dem Atlantik. Es sollte 1987 von Liverpool nach Malta geschleppt werden, wurde aber in stürmischer See losgerissen und havarierte an Ardmores Küste.

Wo im 5. Jahrhundert St. Declan's Kloster stand, ruhen heute die Toten Ardmores.

D **Aussichtsposten** – Der Zweckbau stammt aus dem Zweiten Weltkrieg, heute beobachten von hier aus Meeresbiologen unter anderem die Wege von Walen.

E **Bruder O'Donnells Quelle** – Einst soll sich hier ein auf diesen Namen hörender, nicht näher bekannter Geistlicher zum Gebet zurückgezogen haben; 1928 befand ein Bürger Ardmores, durch das Wasser der Quelle von seinem Augenleiden geheilt worden zu sein. Er schichtete die merkwürdige, einem Toilettenhäuschen gleiche Natursteinkonstruktion auf – die Hoffnung auf ein zweites Lourdes erfüllte sich nicht.

F **Kathedrale und Rundturm** – Mitten in einem kleinen Friedhof, wo im 5. Jahrhundert Declans Kloster angesiedelt war, stehen die Mauern einer Kathedrale aus dem 12. Jahrhundert. Im Westgiebel wurden Fragmente einer früheren Kirche aus dem 9. Jahrhundert eingearbeitet, die neben Szenen des Salomonischen Urteils auch Adam-und-Eva-Darstellungen zeigen. Daneben steht der 30 Meter hohe Rundturm, der am besten erhaltene Irlands.

Der Osten

MITTELALTERLICHE GESCHICHTE ZUM ANFASSEN

Geheimtipp

Stadtmuseen gleichen sich für gewöhnlich wie ein Ei dem anderen. Das Medieval Museum in Waterford fällt da schon optisch aus dem Rahmen mit seiner kühn geschwungenen Sandsteinfassade. Unverzichtbar ist die Einführung im kleinen Kino: Wie kaum eine andere Dokumentation in irischen Museen packt der Film verständlich und nachhaltig die komplette Geschichte Irlands von der Steinzeit bis ins Mittelalter in 20 Minuten Film. Die entsprechenden Relikte gibt's dann auf zwei Etagen. Attraktion ist die prächtig bemalte, vier Meter lange »Great Charter Roll« von 1373, eine in Europa ihresgleichen suchende Illustration der Stadtgeschichte. Auch Englands Königin Elizabeth II. war bei ihrem Staatsbesuch 2011 höchst »amused«. Nettes Gimmick: An einer Kupferstichplatte können sich die Besucher mit Wachsmalfarben ein Stückchen »Charter Roll« selbst reproduzieren.

Medieval Museum. Juni–Aug, Mo–Sa 9.15–18, Sa 9.30–18, So 11–18; Sept.–Mai Mo–Fr 9.15–17, Sa 10–17, So 11–17 Uhr. Erwachsene 7, Familie mit zwei Kindern 14 Euro, Viking Triangle, Waterford, Tel. 051/84 96 50, www.waterfordtreasures.com

1480

Na ja, genau genommen ein detailgetreues Replikat jener dreimastigen Bark, an deren Bord sich zwischen 1845 und 1852 für Tausende Iren zu Zeiten der großen Hungersnot der Traum von einem besseren Leben in Amerika erfüllen sollte. In originalgetreue Kostüme gewandet begleiten Kapitän Williams und seine Crew die Besucher auf ihrem ganz persönlichen Trip in die Neue Welt.

Nicht die Neue, aber eine ganz eigene Welt finden Sonnenanbeter – ja, auch die hat's in Irland – in Tramore. Iren und Briten sind im Sommer gern am Meer, haben's dabei gern umtriebig. Ein paar Karussells und Autoscooter müssen es schon sein, Glücksspielautomaten sowieso. Und zur Stärkung geht's an die Fish-and-Chips-Bude. Abends dann Disco oder Büchsenbier im Freien – der perfekte Tag. Ein befremdliches Szenario ganz im Stil des englischen Blackpool. Doch glücklicherweise ist das mit der Hitze in Irland begrenzt und sobald es kühler wird, die Sonne aber noch durch die Wolken blinzelt, bleibt von dem merkwürdigen Treiben vor allem eines: ein fünf Kilometer langer, feinkörniger, traumhaft schöner Sandstrand, der einlädt zu ausgedehnten Spaziergängen bis rüber Richtung Brownstone Head. Gerade unter der Woche sind die Bars am mondän gestalteten Pier nicht zu voll. Die Tasse Tee oder Kaffee ist erschwinglich, der grenzenlose Ausblick auf die meist spiegelglatte See unbezahlbar.

Ordentliche Strände gibt es auch in der County-Metropole Dungarvan, die sich mehr und mehr herausputzt – und dennoch im Schatten Waterfords steht. Der Weg von Tramore herüber hat das Zeug, auch Ziel zu sein: Die R675 schlängelt sich entlang der Copper Coast, die ihren Namen nicht etwa kupferroten Sonnenuntergängen verdankt, sondern dem Kupferbergbau des 19. Jahrhunderts.

Waterford

Mit EU-Geldern wurde der Landstrich ab 2001 systematisch aufgehübscht, es wurden Wanderwege angelegt, hie und da alte Untertagebau-Anlagen zur Sehenswürdigkeit restauriert. Hätte es nicht zwingend gebraucht: Einfach mal aussteigen an den vielen Parkbuchten an der Küstenroute und genießen – das reicht völlig. Die wie mit einer überdimensionalen Gabel aus dem Land gekratzten Klippenfetzen mischen sich mit der Brandung zu einem bizarren Panorama.

Unser Dorf soll schöner werden

Von einer ganz anderen Seite schließlich präsentiert sich das klitzekleine Ardmore: Eine Hauptstraße, eine steile, von bunt getünchten Häusern und dem spektakulär auf den Klippen thronenden Luxushotel »Cliff House« gesäumte Gasse den Hang empor, damit kommt der Ort aus, der sich »Historic Seaside Village« nennen darf nach dem Sieg bei der irischen Variante des deutschen »Unser Dorf soll schöner werden«. Dafür gibt es unweit des Caravan-Parks vier stattliche Sandstrände und eine imposante Klippenwanderung. Die folgt stets der Abbruchkante und den Spuren des Heiligen Declan. Der walisische Mönch hatte an dieser Stelle im Jahr 416 die erste dokumentierte christliche Siedlung Irlands gegründet, lange bevor der wesentlich bekanntere St. Patrick sein Wirken begonnen hatte. So zumindest erzählt es die Legende. Ein 94 Kilometer langer Pilgerweg, der St. Declan Way, verbindet Ardmore mit Cashel und streift bei Cappoquin die Mount Melleray Abbey, ein Zisterzienserkloster, das erst 1832 erbaut wurde, bis heute aktiv betrieben und jedes Jahr im August wegen der Marienerscheinung in der benachbarten Grotte zum Wallfahrtsort wird – Tausende Gläubige stehen dann Schlange vor dem schmiedeeisernen Tor. Auf dem Weg zur Passstraße The Vee erscheint die monumentale Klosteranlage rechter Hand.

Oben: Mächtig thront der Leuchtturm auf den Klippen.
Mitte: Shoppen in Waterford – und im Hintergrund steht am Suir-Ufer der Uhrenturm.
Unten: Diese Skulptur gedenkt in New Ross der irischen Emigranten des 19. Jahrhunderts.

Infos und Adressen

SEHENSWÜRDIGKEITEN

Bishop's Palace. Das kleine Museum in dem restaurierten georgianischen Gebäude gibt einen Einblick in das Waterford des 18. Jahrhunderts. Juni–Aug. Mo–Sa 9.15–18, So 11–18, Sept.–Mai Mo 9.15–17, So 11–17 Uhr, 7 Euro, ermäßigt 6 Euro, Kinder unter 14 Jahren frei, Viking Triangle, Waterford, Tel. 051/84 96 50, www.waterfordtreasures.ie

Dunbrody Famine Ship. In New Ross gebautes Replikat des berühmten »Hungerschiffs« aus dem 19. Jahrhundert. ganzjährig 9–18 Uhr (erste geführte Tour 9.45 Uhr, letzte 17 Uhr), Erwachsene 10, Kinder 6 Euro, The Quay, New Ross, Tel. 051/42 52 39, www.dunbrody.com

Am Abend brummt es im »The Reg«, wo sich sechs Bars auf zwei Etagen verteilen.

House of Waterford Crystal. März tgl. 9–17 (letzte Tour 15.15), April–Okt. 9–18 (14.15), Nov.–Feb. 9.30–17 Uhr (15.15 Uhr), Erwachsene 13, Kinder 5 Euro, The Mall, Waterford, Tel. 051/31 70 00, www.waterfordvisitorcenter.com

Mount Melleray Abbey. Die 1832 gegründete Zisterzienserabtei. Zwischen den zeitlich variierenden Messen geöffnet. Teeraum geöffnet tgl.

12–16.30 Uhr, Mountmelleray Street, Cappoquin, Tel. 058/544 04, www.mountmellerayabbey.org

Reginald's Tower. Der trutzige Turm beherbergt ein Museum zur Wikinger-Vergangenheit der Stadt. Jan.–Mitte März Mi–So 9.30–17 Uhr, Mitte März–Mitte Dezember 9.30–17.30 Uhr, Erwachsene 5, Kinder 3 Euro, Viking Triangle, Waterford, Tel. 051/30 42 20, www.waterfordtreasures.ie

Tintern Abbey. Zisterzienserkloster aus dem 12. Jahrhundert. April–Okt. tgl. 10–17 Uhr, Erwachsene 5, Kinder 3 Euro, Saltmills, Tel. 051/56 26 50

ESSEN UND TRINKEN

The Reg. Ein Restaurant auf zwei Ebenen, sechs Bars, eine beheizte Dachterrasse mit Blick auf den River Suir – kaum zu glauben, was sich hinter der schmalen Fassade direkt hinter dem Reginald's Tower auftut. Vor allem eine moderne, maritime Küche. Die Getränkekarte überrascht mit einer außerordentlichen Vielfalt an lokalen und globalen Bierspezialitäten. The Mall 2, Waterford, Tel. 051/58 30 00, www.thereg.ie

The Strand Inn. Bei dieser Aussicht schmeckt's gleich doppelt so gut. Doch es schmeckt in diesem Strandrestaurant mit Terrasse am Rand der Klippen von Dunmore East nicht nur draußen bei Meerblick. Ob Muscheln oder Lobster – die Auswahl fällt schwer. Tgl. 12–21 Uhr, Dunmore East, Tel. 051/38 31 74

White Horses. Zwei Schwestern führen dieses mit viel Liebe fürs Detail eingerichtete Lokal in der Hauptstraße Ardmores. In weißen Korbsesseln speist der Gast feine internationale Küche mit irischem Einschlag. Perfekt gebraten und unglaublich groß ist das Rinderfilet. Und an den Torten von Geraldine und Christine kommt keiner vorbei. In der Hochsaison Reservierung empfohlen. Tgl. 12–23 Uhr, Main Street, Ardmore, Tel. 024/940 40

ÜBERNACHTEN

Granville Hotel. Altehrwürdiges Vier-Sterne-Hotel direkt am Ufer des Suir gelegen, mit großer Tradition und feiner Küche im Restaurant »Bianconi«. Geburtshaus von Thomas Meagher, dem Erfinder der grün-weiß-orangenen irischen Nationalflagge. Doppelzimmer ab 124 Euro, Meagher Quay, Waterford, Tel. 051/30 55 55, www.granvillehotel.ie

Round Tower Hotel. Wenige Meter außerhalb des Ortskerns und in unmittelbarer Nähe zum Cliff Walk gelegenes Zwei-Sterne-Haus, das eine gemütliche, mit allerlei Fußball-Fanartikeln geschmückte Bar beherbergt. Übernachtung mit Frühstück ab 65 Euro pro Person, College Road, Ardmore, Tel. 024/944 94, www.roundtowerhotel.ie

AKTIVITÄTEN

Passage East Ferry. Die Fährfahrt über den Suir ins County Wexford erspart 50 Kilometer Umweg und ist eine nette Abwechslung. Mo–Sa ab 7, So ab 9.30, Juni–Aug. bis 21, Sept.–Mai bis 20 Uhr, mit Auto einfach 8, hin und zurück 12 Euro, Barrack Street, Passage East, Tel. 051/38 24 80, www.passageferry.ie

Waterford Greenway. Von Waterford führte eine Bahnlinie bis Dungarvan. Nach der Stilllegung 1937 verrottete das Gelände – bis daraus ein Radweg wurde, der seit Juli 2011 auf den gesamten 46 Kilometern befahrbar ist, über Viadukte und entlang der Steilküste führt. Auf der Route finden sich mehrere Leihstationen für Fahrräder. The Greenway Man, ganzjährig Touren und Räder, Tel. 086/835 12 33, www.thegreenwayman.com

Waterford & Suir Valley Railway. 40-minütige Fahrt im historischen Schmalspurzug von Kilmeadan im Westen Waterfords aus durch die Landschaft entlang des River Suir. April und Sept. Mo–Sa 11–15, So 12–16, Mai–Aug. Mo–Sa 11–16, So 12–17 Uhr, Erwachsene 8,50, Kinder 4 Euro, Tel. 051/38 40 58, www.wsvrailway.ie

INFORMATION

Waterford Tourist Office. April–Sept. Mo–Sa 9–18, So 11–17, Okt.–März Mo–Fr 10–17 Uhr, The Quay, Waterford, Tel. 051/87 57 88, www.waterfordtourism.com

Tourist Office Tramore. Mai–Sept. Mo–Sa 10–18 Uhr, Railway Square, Tramore, Tel. 051/38 15 72, www.tramore.ie

Tourist Office New Ross. Ganzjährig tgl. 9–18 Uhr, The Quay, New Ross, Tel. 051/42 18 57, www.experiencenewross.com

Schmuckes Vier-Sterne-Hotel mit großer Tradition: das »Granville« in Waterford

15 Kilkenny
Das irische Rothenburg

Wer die US-amerikanische Zeichentrick-serie South Park kennt, kennt auch den Running Gag: »Sie haben Kenny getötet«. Kill Kenny – das Wortspiel hat die Filme-macher mutmaßlich über dieses süffige rotbraune Bier gleichen Namens erreicht – das in Kilkenny selbst Smithwick's heißt. Nun, wer in der 22 000-Einwohner-Stadt auf den Namen Kenny hört, muss den Ka-lauer sicher einige Male in seinem Leben ertragen. Er wird es verschmerzen können, zählt seine Heimat doch zu den schönsten der größeren Ansiedlungen Irlands.

Das liegt auch am stilsicheren Händchen der Städteplaner. Die sanfte Industrialisierung hat Kilkenny nicht geschadet, das historische Gefüge ist unverschandelt stehen geblieben. Und wo der Zahn der Zeit genagt hat, da wurde aufwändig restauriert. Kilkenny ist den Iren, was Rothenburg den Süddeutschen: eine romantisch-kitschige Touristen-Hochburg. In der es mächtig spukt. Im Jahre 1324 nämlich war die arme Magd Petro-nella anstelle der reichen, jedoch der Hexerei be-zichtigten und schließlich flüchtigen Alice Kyteler auf dem Scheiterhaufen gelandet – ihr Geist huscht bis heute durch das Kilkenny Castle und auch der zwischenzeitliche Einsturz des Kathedra-lendaches 1332 soll auf ihr Konto gehen.

Dauerhaft konnte Petronella der gewaltigen, ursprünglich anglo-normannischen St. Canice's Cathedral nichts anhaben. Die mit 64,5 Metern Länge zweitgrößte Kathedrale Irlands ist trotz ihrer knapp 800-jährigen Geschichte bestens erhalten und heute noch ein aktives Gotteshaus – ein pro-

Mitte: St. Canice's Cathedral aus dem 13. Jahrhundert ist Irlands zweitgrößte Kathedrale.
Unten: In der windschiefen Gasse Butterslip waren früher die Milch-händler zu Hause.

Stadtrundgang Kilkenny

In Kilkenny liegen die Highlights nah beieinander. Vom Schloss zur St. Canice's Cathedral sind's zu Fuß 20 Minuten. Dazwischen liegen die Medieval Mile mit den Parallelstraßen St. Kieran Street und High Street und jede Menge mittelalterliches Flair. Beim Kilkenny Castle beginnend empfiehlt sich in Richtung Altstadt zunächst der Gang durch die High Street.

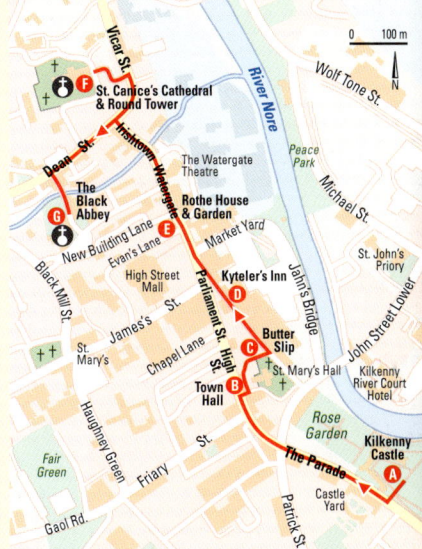

Ⓐ **Kilkenny Castle** – Das aufwendig restaurierte Schloss aus dem 12. Jahrhundert liegt inmitten eines riesigen Parks und beinhaltet in der nach der langjährigen Eigentümerfamilie benannten Butler Gallery eine beachtliche Gemäldesammlung und bietet auch regelmäßig wechselnden Ausstellungen Raum.

Ⓑ **Town Hall** – In der ehemaligen Küche für die Angestellten ist heute ein Restaurant mit angenehmer Atmosphäre untergebracht. Das 1761 erbaute Rathaus diente der Stadt früher auch schon als Zollhaus und ragt deutlich abgesetzt von der restlichen Häuserzeile auf den Gehweg. Signifikant ist der hohe Arkadengang auf der Frontseite.

Ⓒ **Butter Slip** – Gleich hinter dem Rathaus öffnet sich in der Fassade des Nachbarhauses ein schmaler Durchgang, der einst Standort der Milchhändler war. Keine hundert, leicht abschüssige Meter weiter mündet das Gässchen in die St. Kieran Street.

Ⓓ **Kyteler's Inn** – Im ältesten Gasthaus, wo es einen fantastischen Irish Coffee gibt, lohnt sich ein Abstecher, auch ohne etwas zu verzehren. Neben allerhand Fundstücken des von Sammelleidenschaft geplagten Besitzers steht in dem verwinkelten Gemäuer auch noch eine mittelalterliche Schlachtbank.

Ⓔ **Rothe House & Garden** – Um 1600 herum von John Rothe errichtet, ist das Natursteingemäuer in der Parliament Street eines der am besten erhaltenen Kaufmannshäuser dieser Zeit. Darin findet

sich das Stadtmuseum, in dem neben archäologischen Funden vor allem Dokumente aus jener Zeit ausgestellt sind, als das Parlament noch in Kilkenny tagte. Hinter dem imposanten Gebäude öffnet sich ein liebevoll angelegter Garten.

Ⓕ **St. Canice's Cathedral** – 1202 bis 1285 wurde an Irlands zweitgrößter Kathedrale gewerkelt. In der hochgotischen Kirche fallen vor allem die farbenprächtigen Glasarbeiten an den Fenstern ins Auge. Und der vergoldete Sargdeckel auf dem Grab von John Butler, dessen Familie über Jahrhunderte – nicht immer sehr sorgsam – die Geschicke Kilkennys bestimmt hatte.

Ⓖ **The Black Abbey** – Gerne übersehen im Schatten der großen Kathedrale liegt diese kleine Dominikanerabtei, deren Besuch keinen Eintritt kostet und deren riesige gotische Fenster, insbesondere das hinter dem Altar, mindestens genauso feingliedrig und atemberaubend bemalt sind.

HURLING SPIELEN WIE DER MEISTER

Mit einem kleinen Ball auf Fußballtore spielen, dazu einen Schläger benutzen, der wie ein überdimensionierter Kochlöffel aussieht – so einen Unfug können nur die Iren als Nationalsport haben. Unfug? Nein, das ist eine bierernste, nationale Angelegenheit, eine körperlich beinharte obendrein. Und wie das ganz genau geht, können in Kilkenny jetzt auch die Touristen lernen: »The Kilkenny Way Hurling Experience« – so heißt die gut zweistündige Tour. Sieht lustig aus, wie die Hurling-Novizen die Kugel auf dem »Löffel« balancieren und wackelig über den heiligen Rasen des Nowlan Park stolpern. Wer einen richtigen Schlag zustande bringt, vielleicht sogar ins Tor, bekommt vom Trainer hinterher ein Smithwick's in der »Legend's Hurling Bar« ausgegeben.

Hurling-Kurs. Ganzjährig Mo–Fr 12–14 und 14–16, Sa, So 12–14 Uhr, 25 Euro, ermäßigte Gruppentarife, Rose Inn Street 28/29, Kilkenny, Tel. 056/772 17 18, www.thekilkennyway.com

Nicht verpassen

testantisches. Dessen Aushängeschild sind die prächtig bemalten Glasfenster, auf denen Kreuzigung und Auferstehung Jesu Christi dargestellt sind. Freilich sind das längst Neuanfertigungen, denn die Originale waren im 17. Jahrhundert Cromwells Truppen zum Opfer gefallen. Der eindrucksvolle Marmorboden im Altarraum überstand den Angriff derweil: Die vier verschiedenen Marmorarten repräsentieren die vier Provinzen Irlands: Connaught (grüner Marmor aus Connemara), Leinster (schwarzer aus Kilkenny), Munster (roter aus Cork) und Ulster (grauer aus Armagh). Im südlichen Querhaus stehen mehrere Sarkophage der Familie Butler, deren letzter männlicher Erbe 1997 verstarb und die mit überwiegend harter Hand die Geschicke der Stadt geleitet hatte. Ein bisschen aus dem Rahmen fiel Richard Butler, dessen Grabmal der erste Renaissance-Sarkophag in der Kathedrale ist. Während die Butlers loyal zur englischen Krone standen, agierte dieser Adelige auf Seiten der katholischen Rebellen – und verlor mit seinen Mannen 1642 bei der Schlacht von Kilrush gegen seinen eigenen Großneffen.

Innerhalb der Einfriedung der Kathedrale, einer von nur noch zwei erhaltenen mittelalterlichen Einfriedungen dieser Art in Irland, steht noch der Bischofspalast, den im 14. Jahrhundert mit Richard Ledrede just jener Bischof erbauen ließ, der für Petronellas Flammentod verantwortlich war. Direkt neben der Kirche ragt ein Rundturm rund 30 Meter gen Himmel. Im Gegensatz zu vielen anderen dieser mittelalterlichen Zufluchtsmöglichkeiten ist dieser zu besteigen. Auf der anderen Seite der Altstadt thront inmitten einer riesigen Parkanlage das Kilkenny Castle. Der normannische Ritter Richard »Strongbow« de Clare ließ Mitte des 12. Jahrhunderts diese Schlossburg errichten, sein Schwiegersohn baute sie Anfang des 13. Jahrhunderts zur Festung aus.

Infos und Adressen

SEHENSWÜRDIGKEITEN

Jerpont Abbey. Ruine einer Zisterzienserabtei aus dem 12. Jahrhundert am Ufer des Little Arrige im Süden Kilkennys. März–Sept. tgl. 9–17.30, Okt. tgl. 9–17 Uhr, Nov. tgl. 9.30–16 Uhr, Dez–März nur vorgebuchte Führungen, Erwachsene 5, Kinder 3 Euro, Thomastown (an der R703), Tel. 056/772 46 23

Kilkenny Castle. Restaurierte Burganlage aus dem 12. Jahrhundert mit weitläufigem Park. Tgl. geöffnet, Okt.–Feb. 9.30–16.30, März 9.30–17, Apr./Mai 9.30–17.30, Jun.–Aug. 9–17.30, Sept. 9.30–17.30 Uhr, Erwachsene 8, Kinder 4 Euro, The Parade, Kilkenny, Tel. 056/770 41 00, www.kilkennycastle.ie

Rothe House. Kaufmannsvilla aus dem 17. Jahrhundert mit prächtigem Garten. Ganzjährig geöffnet, Mo–Sa 10.30–17, So 12–17 Uhr, Parliament Street, Kilkenny, Tel. 056/772 28 93, www.rothehouse.com

St. Canice's Cathedral. Die im 13. Jahrhundert erbaute gotische Kathedrale ist die zweitlängste Irlands. April/Mai/Sept. Mo–Sa 10–17 Uhr, So 14–17, Juni–Aug. Mo–Sa 9–18, So 13–18, Okt.–März Mo–Sa 10–13 und 14–16, So 14–16 Uhr, Erwachsene 4 (inkl. Roundtower 7), ermäßigt 3 (6) Euro, Kilkenny City, Tel. 056/776 49 71, www.stcanicecathedral.com

ESSEN UND TRINKEN

Kyteler's Inn. Das älteste Gasthaus in Kilkenny geht auf das 13. Jahrhundert zurück. Im Hinterhof lockt ein lauschiger Biergarten, vor allem in den Sommermonaten. Kieran Street, Kilkenny, Tel. 056/772 10 64, www.kytelersinn.com

Left Bank. Bar-Food und Cocktails in den altehrwürdigen Mauern einer ehemaligen Bank – in schummrigem, rotem Licht auf dunklen, edlen Hölzern. The Parade 1, Kilkenny, Tel. 056/775 00 16, www.leftbank.ie

ÜBERNACHTEN

Hibernian Hotel. Boutique-Hotel mit vier Sternen und jeder Menge Preisen in der Vitrine. Doppelzimmer mit Frühstück ab 95 Euro. Ormonde Street 1, Kilkenny, Tel. 056/777 18 88, www.Kilkennyhibernianhotel.com

Hotel Kilkenny. Geräumiges Hotel in Stadtlage mit stylischer »Pure«-Bar und elegantem »Active Health & Fitness Club«. Ab 49 Euro pro Person inkl. Frühstück. College Road, Kilkenny, Tel. 056/776 20 00, www.hotelkilkenny.ie

AKTIVITÄTEN

Kilkenny City by Road Train. Ganzjährig tgl. und stündl. von 10–18.30 Uhr, Abfahrt am Castle, Erwachsene 7, Kinder 5 Euro, Tel. 086/730 15 00, www.kilkennycitytours.ie

INFORMATION

Tourist Information. Mo–Sa 9–17.30, So 10.30–16 Uhr, Rose Inn Street, Kilkenny, Tel. 056/775 15 00, www.discoveryireland.ie/kilkenny

Im ältesten Gasthaus gibt's deftige Kost.

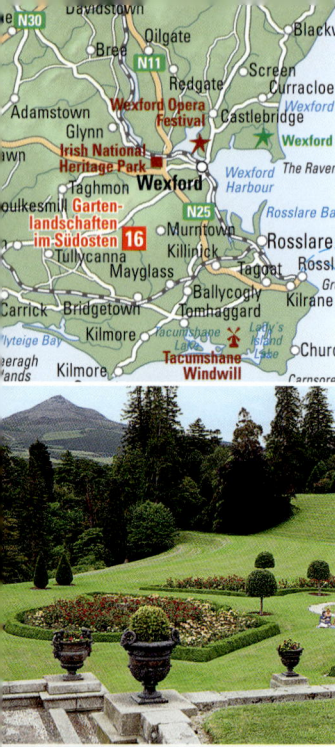

16 Gartenlandschaften im Südosten
Die Illusion der perfekten Natur

Im Südosten haben sie den Grünen Daumen. Enorm groß ist die Dichte an kultivierten Gartenlandschaften, überragend die Vielfalt an der Ausgestaltung: Englische Landschaftsgärten nach dem Prinzip der Natürlichkeit finden sich genauso wie von Springbrunnen und geordneten Beeten gezeichnete viktorianische Gärten. Oder noch strenger strukturierte, klassisch-französische Barock-Anlagen mit geometrischer Anordnung und Formschnitt. Und natürlich auch schlichte, wild-romantische Nutz- und Erholungsgärten.

Die Königin der irischen Gärten ist der Powerscourt-Garten. Die grandiose Parkanlage wurde hinter dem französischen Versailles und dem Roy-

GUT ZU WISSEN

JFK MEMORIAL PARK & ARBORETUM

Mit John F. Kennedy hantieren sie wegen der Herkunft der Familie aus dieser Gegend im Südosten Irlands recht gern herum. Das soll insbesondere US-amerikanische Touristen beeindrucken. Tut es im Fall des JFK Arboretums möglicherweise auch. Denn die Gartenanlage im Süden von New Ross mit ihren 4500 verschiedenen Baumarten ist auch ein kleiner Vergnügungspark mit Miniatur-Eisenbahn und Ponyreiten. Als Gartenlandschaft im eigentlichen Sinne mögen Artenvielfalt und einige sehr seltene Bäume Botaniker noch begeistern, Hobbygärtner dürften aber bereits enttäuscht sein. Die paar Rhododendronhaine hat's an jeder Landstraße kostenlos und bisweilen auch prächtiger.

Mitte: Famose Kontraste zwischen Natur und Pflanzkunst bietet der Powerscourt-Garten.
Unten: Immer wieder laden Brücken in den Mount Usher Gardens zum Verweilen ein.

Gartenlandschaften

al Botanic Garden im englischen Kew von den *National-Geographic*-Lesern zum drittschönsten Garten der Welt gewählt. Zu Recht. Schon nach dem ersten Schritt heraus aus dem Powerscourt House verschlägt es einem die Sprache ob der Anmut des 1840 von Stararchitekt Daniel Robertson angelegten italienischen Gartens. Die Wicklow Mountains am Horizont stehen in famosem Kontrast zu den formalen Blumenbeeten, die sich dem kreisrunden, von zwei geflügelten Pferden bewachten See entgegenstrecken. Mitte des 19. Jahrhunderts waren 100 Arbeiter zwölf Jahre lang mit der Umsetzung beschäftigt. Aufgelöst wird das harmonische Ensemble durch den weitläufigen Wald, in dem sich weitere Gärten verstecken. So linker Hand der japanische mit zahlreichen Brückchen und einer Grotte, und rechter Hand der Walled Garden, der hinter seinen Mauern Rosen und Nutzpflanzen beheimatet. Und unterhalb des Delfin-Brunnens findet sich noch ein Tierfriedhof, der einzige Irlands.

Prachtbau wird ein Raub der Flammen

Weniger schön als der Traumgarten ist die Geschichte des Hauses, das hinter seiner herrschaftlichen Fassade nur noch Bruchteile der einstigen Räumlichkeiten beherbergt. Im 13. Jahrhundert wurde es als Burg errichtet, Anfang des 18. Jahrhunderts zum Schloss umgebaut. Nach einer gründlichen Sanierung 1974 durch die neue Eigentümerfamilie Slazenger wurde das Schloss samt Park für die Öffentlichkeit freigegeben. Noch im selben Jahr wurde der Prachtbau durch einen Brand komplett zerstört. 1996 erst wurde ein Teil erneut restauriert, heute sind wenigstens einige Räume nutzbar, darunter für Veranstaltungen der einst so prachtvolle Tanzsaal.

Nicht verpassen

FEENSPAZIERGANG IM WELLS GARDEN

Man kann sie nicht hören, man kann sie nicht sehen? Quatsch. Uli und Sabine Rosler stehen auf Du und Du mit den bezaubernden kleinen Wesen: den Feen. Und die beiden deutschstämmigen Eigentümer von Wells House & Garden wollen ihren Gästen deren Märchenwelt ein Stückchen näher bringen. Im bewaldeten Teil des 6000 Hektar großen Anwesens haben sie einen lauschigen Spazierweg angelegt. Und wer aufmerksam ist, dem entgehen die bunten Türchen am Fuß einiger versteckter Baumstämme nicht. Hinter jeder dieser kleinen Pforten schlummert eine Fee. Aber bitte nicht klopfen, die zauberhaften Geschöpfe wollen tagsüber schlafen und sind obendrein sehr scheu. Für Kinder und Junggebliebene ist der gut einstündige, hinter dem Südflügel des Hauses etwas versteckte Rundgang ein Heidenspaß und eine nette Abwechslung zum streng angelegten viktorianischen Terrassengarten. Für Geburtstagskinder gibt's sogar eine zweistündige Feenparty mit Verpflegung (12 Euro).

Wells House & Gardens. Mai–Sept. tgl. 10–18, Okt.–April 11–16 Uhr, 8 Euro pro Auto (unabhängig von der Zahl der Insassen), Ballyedmond, Tel. 053/918 67 37, www.wellshouse.ie

Einfach gut!

ALLES, WAS DER GAUMEN BEGEHRT

Hinter der schneeweißen Fünf-Sterne-Kulisse des luxuriösen »Powerscourt Hotels« verbirgt sich geschmackvolle Innenarchitektur. Nach dem Aufwachen Vorhang auf und der Blick über die Hügelketten der Wicklow Mountains ist die perfekte Vorspeise auf das sensationelle Frühstücksbuffet, das keine morgendliche Gaumenfreude auslässt. Im Hochsommer versammelt sich der internationale Geldadel. Bloß nicht abschrecken lassen, spätestens im Oktober werden die Zimmer erschwinglich, dann ist ohnehin die beste Wanderzeit und der unmittelbar benachbarte Powerscourt-Garten lockt immer noch mit unglaublicher Farbenpracht. Ein Geheimtipp ist der River Walk: Der knapp zweistündige Spazierweg führt vom Hotel hinter dem Prachtgarten vorbei durch ein nur für Hotelgäste zu öffnendes Tor in ein Waldstück – von da geht's ganz romantisch den Bach entlang.

Powerscourt Hotel. Doppelzimmer mit Frühstück ab 220 Euro, Enniskerry, Tel. 01/274 88 88, www.powerscourthotel.com

Robertsons Vorstellung des idealen Gartens machte im 19. Jahrhundert Schule: die Basis romantisch-verwunschen, nahe an der Natur, das Ganze dann aber konterkariert durch dekorative Brückchen, künstliche Wasserläufe und exotische Gewächse, auf dem Reißbrett bis ins Detail ausgeklügelt. Die Natur als Illusion! Ein weiteres perfektes Beispiel dafür sind die Mount Usher Gardens in Ashford, fünf Kilometer nordwestlich von Wicklow. Ähnlich ging Daniel Robertson auch in der Gartenlandschaft des Wells House bei Ballyedmond vor. Um 1835 herum gestaltete er die weitläufigen, von der Eigentümerfamilie Doyne bis dato wenig kultivierten Grünflächen des herrschaftlichen Sitzes. Robert Doyne wollte als erster wirklich im Wells House leben und das möglichst in schöner Umgebung. Die Landbesitzer der Gegend lehrte er die Viehzucht, seinen eigenen Garten ließ er prächtig designen. Und so kam es auch hier zu der powerscourtschen Mischung. Nur ist heute nicht mehr viel davon übrig. Erst als der nach Irland emigrierte deutsche Textilfabrikant Gerhard Rosler das Anwesen kaufte, wurde begonnen, die Gärten zu rekonstruieren. Die nächste Generation, Uli und Sabine Rosler, ist dabei, den viktorianischen Terrassengarten hinter dem Haus, das sie auch bewohnen, fertigzustellen.

Ganz persönliche Gartenträume

Die Pracht im Detail findet sich dagegen im Kilmokea-Garten, der friedvoll-verwunschen am Ufer des Barrow zehn Kilometer südlich von New Ross liegt, versteckt in einem üppig grünen Dschungel. Einst hatte auch hier Meister Robertson hinter dem 1794 erbauten Herrenhaus ein viktorianisches Gärtchen nebst Urwald-Illusion hingezaubert. Doch verwahrloste das Anwesen

später. Und seither hat an die sieben Hektar kein Landschaftsarchitekt mehr Hand angelegt. Und dann kam David Price, der 1947 Kilmokea House kaufte und begann, seine grünen Träume in einem vertrackten Puzzlespiel zu verwirklichen. Rosengarten, Kräuter- und Gemüsebeet, ein paar Figuren, ein kleiner Teich, ein Brünnchen – das ursprüngliche Bild war schnell rekonstruiert. Und ließ Platz für die eigenen Ideen: ein See samt Bootshäuschen, üppige Rhododendronhaine, ein Hochsitz, ein Picknick-Haus, eine italienische Loggia, eine asiatische Ecke und seltene Bäume. Eine Linie hat der Kilmokea-Garten nicht wirklich, dafür aber witzig durchs Dickicht mäandernde Pfade, die ein bisschen Orientierungssinn erfordern. Zwei Stunden gedankenversunken herumstreifen? Kein Problem. In dieser Oase liebevoller Träumereien bleiben die Uhren ohnehin stehen.

»Think big« heißt's indes im Woodstock-Garten. Im Süden Kilkennys haben zwar nie Hippies Cocker oder Hendrix gelauscht, dafür die feinen Herrschaften des 19. Jahrhunderts die sagenhafte Aussicht hinunter auf das Städtchen Thomastown und die Nore-Auen genossen. Schatten spendet nicht landestypisches Laubgehölz, sondern ein Sammelsurium seltener Gehölze wie die Libanon-Zeder oder der über 40 Meter hohe Mammutbaum. Natürlich ist auch das irische Woodstock ein Architektengarten, der aufgrund seiner Weitläufigkeit jedoch außerhalb des Walled Gardens kaum die Men-

Oben: Irischer Landsitz mit deutschen Bewohnern: Familie Rosler pflegt Wells Garden.
Unten: Im riesigen Powerscourt-Garten darf es auch mal asiatisch zugehen.

schenhand erkennen lässt. Selbst der fein ziselierte Wintergarten-Pavillon, in dem regelmäßig kleine Abendkonzerte oder Lesungen stattfinden, fügt sich harmonisch in die Pflanzenwelt ein. Und selbst das Herrenhaus, 1745 für Sir William Fownes errichtet, hält sich dezent am Rand des Areals. Heute ist ohnehin nicht viel übrig von dem Landsitz, der 1922, als britische »Black and Tan«-Truppen darin stationiert waren, im Zuge des irischen Unabhängigkeitskriegs niedergebrannt wurde. Mitte des 19. Jahrhunderts erst wurden die Gärten nach und nach angelegt. Schottlands Landschaftsarchitekt Nummer eins, Charles McDonald, schuf ein pittoreskes Paradies im Umfeld des Hauses, von dem inzwischen nur noch die abgesenkten, terrassierten »Becken« zeugen. Mit jedem Meter weg vom Gebäude wird der Garten wundersamer: eine kühle Grotte, eine kaskadenartig abfallende Allee, die zirkulierenden Blumenbeete des Terrassengärtchens – und dazwischen weite Flächen, die den Gedanken Raum lassen. Ein Spaziergang im Woodstock-Garten gleicht einem Tagtraum. Ein Traum, den sich Sir William Tighe und seine Frau Louisa zwischen 1840 und 1870 an diesem magischen Ort verwirklicht haben.

Oben: Pferdekutschen rollen durch die weiten Wege im JFK Memorial Park.
Unten: Über sanfte Terrassen plätschert das Wasser in den Mount Usher Gardens.

Infos und Adressen

SEHENSWÜRDIGKEITEN

Kilmokea Gardens. Der verwunschene Garten liegt im Süden von New Ross am Ufer des Barrow. März–Okt. tgl. 10–18 Uhr (letzter Einlass 17 Uhr), Erwachsene 7, Kinder 4 Euro, Great Island, Campile, Tel. 051/38 81 09, www. kilmokea.com

Powerscourt Estate. *National Geographic* wählte die 190 000 Quadratmeter große Anlage 20 Kilometer südlich von Dublin zur drittschönsten weltweit. Ganzjährig geöffnet, tgl. 9.30–17.30 Uhr (im Winter bis zur Dämmerung), Erwachsene 10 (Nov.–Feb. 7,50), Kinder 5 (3,50) Euro, Enniskerry, Tel. 01/204 60 00, www.powerscourt.com

Woodstock Garden & Arboretum. Riesige Gartenanlage auf halber Strecke zwischen Kilkenny und Waterford, rund um die Ruine eines einstigen Herrschaftshauses. Ganzjährig geöffnet bis zur Dämmerung, 4 Euro pro Auto (unabhängig von der Zahl der Insassen), Thomastown, Tel. 087/854 97 85, www.woodstock.ie

Mount Usher Gardens. Einer der romantischsten Gärten Irlands, gerade im Sommer unglaublich farbenfroh um einen kaskadenartig verlaufenden Fluss. Tgl. 10–17 Uhr (letzter Einlass 16 Uhr), Erwachsene 7,50, Kinder 3,50 Euro, Ashford, Tel. 0404/401 16, www.mountushergardens.ie

ÜBERNACHTEN

Kilmokea House. Bruchsteinvilla am Eingang der Kilmokea-Gartenanlage. Individuell eingerichtete Zimmer, zum Teil mit Himmelbett und freistehender Badewanne. Kleiner Wellnessbereich. Übernachtung mit Frühstück ab 75 Euro, Great Island, Campile, Tel. 051/38 81 09, www.kilmokea.com

Riverbank House Hotel. Gediegenes Vier-Sterne-Hotel am Rand von Wexford, das wegen seiner Lage am nördlichen Ufer der Slaney-Mündung

Kaffeepause in den Mount Usher Gardens

idealer Ausgangspunkt zu den Gartenanlagen dieser Region ist. Doppelzimmer ab 120 Euro, The Bridge, Wexford, Tel. 053/912 36 11, www.riverbankhousehotel.com

AKTIVITÄTEN

Powerscourt Day Spa »ESPA«. Baden in einem mit Swarovski-Steinen besetzten Pool? Im großzügig dimensionierten Wellnessbereich des Powerscourt-Hotels ist das möglich. Auch Nicht-Gästen stehen der Pool und die 20 Räume für Schönheitspflege und Massagen offen. Tgl. 7–21 Uhr, Preise auf Anfrage in Kombination mit Anwendungen (ab 100 Euro), Enniskerry, Tel. 01/274 97 10, www.powerscourthotel.com

INFORMATION

National Garden Exhibition Center. Ganzjährig Mo–Sa 10–17.30 Uhr, So 12–17.30 Uhr, Erwachsene 5 Euro, Kinder frei, Kilquade, Tel. 01/281 98 90, www.gardenexhibition.ie

17 Wexford
Die (fast) unsichtbare Oper

Grundsätzlich ist Wexford mal eine Hafenstadt und damit von limitierter Schönheit. Aber: Wexford ist auch eine junge Stadt, lebendig und, für irische Verhältnisse, erstaunlich multikulturell. Und: In Wexford sind auch Mozart, Puccini und Verdi zu Hause. Denn jedes Jahr im Oktober lockt das renommierte Opernfestival die Fans klassischer Musikaufführungen in die Stadt.

Unterm Jahr, wenn die bunten Festival-Fähnchen nicht wehen, ist er kaum auszumachen, der heimliche Stolz von Wexford, das auf den ersten Blick kaum mehr zu bieten hat als bunte Fischkutter im Hafen und die Ruine der Selskar Abbey. Kaum zu glauben, dass sich hinter der schlichten Fassade in der High Street und der noch schlichteren Eingangstüre ein prachtvolles Opernhaus ver-

GUT ZU WISSEN

IM SÜDEN NICHTS SCHÖNES

Die Strände im Norden von Wexford suchen nicht nur in Irland, sondern sogar in weiten Teilen Europas ihresgleichen. Und genau dorthin sollten Urlauber, die in Rosslare mit der Fähre landen (oder rundreisend von der Südküste kommen), ganz schnell hinfahren. Denn auch wenn nur der Rosslare Europort von abgrundtiefer Hässlichkeit ist, überragend schön wird es an den Strandabschnitten zwischen Hafen und Wexford auch nicht wirklich. Endlos ziehen sich bar jedes erkennbaren Ortskerns die Wohnanlagen, die einheimische Sommerfrischler beglücken mögen, für Durchreisende aber sinnfrei bleiben. Da können die Strandschilder an der Hauptverkehrsader N25 noch so blumig locken.

Mitte: An Wexfords Pier lässt es sich prima bummeln und Schiffe beobachten.
Unten: Im feinen Zwirn in die Oper: Seit 1951 gibt es ein jährliches Festival im Oktober.

Wexford

steckt. Doch die steile Hanglage macht's möglich: Unter dem nach unten hin dann doch gewaltigen, aber keinesfalls schmucken Beton-Kupfer-Klotz schlummert ein edler Konzertsaal. An den Wänden kanadisches Walnussholz, auf den Sitzen blaues Leder – Wexfords Oper gehört mit knapp 800 Plätzen nicht zu den großen, aber definitiv zu den besonders schönen dieser Welt.

Aber warum in Irland, wo es nicht einmal ein eigenes Opernensemble gibt? Auch wenn er sich das 1950 noch nicht hat denken können, schuld daran ist der musikbeseelte Arzt Thomas Walsh, der mit einem kleinen Kreis Gleichgesinnter einen Opernklub gegründet hatte. Und als ein schottischer Konzertkritiker den Herren von der Wirkung großer Opern berichtet hatte, war der Entschluss gefasst: Ein Festival musste auf die Insel und zwar nach Wexford. 1951 feierte das Opernfestival seine Premiere, damals noch im kleinen Theater. Das im Lauf der Jahre schnell aus allen Nähten platzte, mitunter mussten sich Künstler in benachbarten Wohnhäusern umziehen. Dennoch erlangte das Festival weltweite Bedeutung, brachte Talente hervor wie den späteren Weltstar Juan Diego Floréz und lockte schließlich auch die Schwergewichte der Branche. Und so schien es unausweichlich, eine eigene Oper zu errichten: 2008 war es soweit, für 33 Millionen Euro entstand der Prachtbau. Zum Festival kommen seither jährlich 20 000 Musikfreunde, die Karten sind sechs, sieben Monate vorher vergriffen.

Irlands Historie als Familienspaß

Überhaupt haben sie in Wexford ein Faible für den großen Wurf. Warum nicht gleich die 9000-jährige Geschichte des gesamten Landes vor den

Geheimtipp

WHITE GAP – DAS PARADIES IN DEN DÜNEN

Irlands Schönheit liegt zu einem guten Stück in seinen unendlich vielen Steilküsten. Doch neben den atemberaubenden Klippen finden sich auch einige traumhaft schöne Sandstrände. Ganz zweifelsfrei der herausragendste versteckt sich hinter dem wenig hübschen Dörfchen Curracloe zehn Kilometer nördlich von Wexford. Im Ort am Schild »White Gap« nach rechts, dann einen Kilometer die R743 entlang und schon erheben sich rechter Hand stattliche, grasbewachsene Dünen. Dahinter erstreckt sich beidseitig ein nicht enden wollender Strand der Marke Karibik: Kein Steinchen, kein Treibgut, nichts trübt den strahlend weißen Sand. Wasserratten sprinten sofort ins seichte Meer, Genießer wählen den ausgiebigen Strandspaziergang und Faulenzer hauen sich in die vielen kuscheligen Kuhlen der Dünenlandschaft. Und draußen am Parkplatz gibt's am Imbiss eine kleine Stärkung und im Sommer selbstverständlich Softeis.

Toren der Stadt auf einem riesigen Gelände präsentieren? Für die Betreiber des Irish National Heritage Park ein Kinderspiel. Einem Erlebnispark nicht unähnlich wird dem Besucher auf 16 Etappen das nationale Brauchtum und die Entwicklung Irlands näher gebracht. Es ist eine spannende Zeitreise. Mesolithische (7000 v. Chr) und neolithische (4000 v. Chr.) Funde wurden rekonstruiert, zeigen anschaulich, wie die Menschen nach der letzten Eiszeit lebten. Steingräber, Wallburgen, erste Klöster – alles wurde detailgetreu aufgebaut, sodass der Spaziergang ein Spaß für die ganze Familie wird. Vor allem die Siedlungen zur Zeit der Christianisierung Irlands werden zum lehrreichen Abenteuerspielplatz. Tag für Tag rücken rund 20 Darsteller an, die in authentischen Kostümen die Kulissen zum Leben erwecken und den Besuchern geduldig alle Fragen beantworten – eine interaktive Führung. Da darf man auch mal helfen, ein Stück Fleisch zu braten oder das Getreide zu mahlen. Ob Wikingersiedlung oder Normannenburg, auch die neuere Geschichte Irlands hat ihren Platz. Abgesehen davon ist der Park eine weitläufige, grüne Oase, die auch zum Bummeln taugt. Wenngleich, insbesondere an lauen Abenden in der untergehenden Sonne, dafür die sensationellen Strände im Norden Wexfords weitaus prädestinierter sind. Rund 70 Kilometer schlängelt sich der gelbgoldene Sand entlang der überwiegend seichten Küste. Nirgends sonst auf der Insel gibt's so viel Badespaß am Stück: Wexford – die Badewanne Irlands.

Oben: Wie in der Karibik: Nördlich von Wexford liegt ein Sandstrand.
Mitte: So richtig wohl fühlt sich dieser Piepmatz im Irish National Heritage Park.
Unten: Schießen wie die Wikinger? Im Freilandmuseum dürfen auch die Besucher ran.

Infos und Adressen

800 Plätze im walnussgetäfelten Saal: Wexfords Oper ist wunderschön.

SEHENSWÜRDIGKEITEN

Irish National Heritage Park. 9000 Jahre irische Geschichte auf 35 Hektar Land. Beeindruckender Spaziergang durch die Historie der kompletten Grünen Insel. Mai–Aug. tgl. 9.30–18.30, Sept.–April tgl. 9.30–17.30 Uhr, letzter Einlass jeweils 90 Minuten vor Torschluss. Erwachsene 10, Familien 23 (2 Erwachsene, 1 Kind) bzw. 25 (2 Erwachsene, bis 3 Kinder) Euro, Ferrycarrig, Tel. 053/912 07 33, www.inhp.com

Wexford Opera House. Holzvertäfeltes Opernhaus, in dem jedes Jahr im Oktober ein eineinhalbwöchiges Opernfestival von internationalem Rang stattfindet. Ganzjährig Mo–Sa 9.30–17.30 Uhr, Tel. 053/912 24 00, www.wexfordopera.com

ESSEN UND TRINKEN

Cream. In dem putzigen Café mit seinen kleinen Tischchen gibt es morgens üppiges Frühstück, nachmittags dann lecker Selbstgebackenes und kleine Snacks. Henrietta Street, Wexford, Tel. 053/919 15 41

Green Acres. Weinhandlung mit Probiermöglichkeit, Feinschmeckertheke, Bäckerei, Galerie und bio-angehauchtes Restaurant – alles unter einem Dach. Selskar, Wexford, Tel. 053/912 29 75, www.greenacres.ie

Simon Lambert & Sons. Gemütliche Sportsbar im hinteren Teil, vorne studentisch-alternativer Pub mit urigen Sitzecken. Tagsüber Kleinigkeiten zum Essen, abends wird bevorzugt getrunken. South Main Street 37, Tel. 53/918 00 41

ÜBERNACHTEN

Ferrycarrig Hotel. Komfortables Vier-Sterne-Wellnesshaus direkt am Ufer des Slaney. Feiner Wellnessbereich und fantastische Lage zum Heritage Park. Doppelzimmer ab 80 Euro, Ferrycarrig, Wexford, Tel. 053/912 09 99, www.ferrycarrighotel.ie

Whites of Wexford. Modernes Vier-Sterne-Hotel, dessen bodentiefe Fenster sensationelle Ausblicke auf die Wexford-Bucht erlauben. Doppelzimmer ab 90 Euro, Empfehlung ist die Suite ab 149 Euro, Abbey Street, Wexford, Tel. 053/912 23 11, www.whitesofwexford.ie

INFORMATION

Tourist Information. Quay Front, Wexford, Mo–Fr 9.15–17.30, Sa 9.30–17.30 Uhr, Tel. 053/912 31 11, www.wexfordtourism.com

Darsteller des Heritage Parks zeigen alte Kampftechniken.

18 Wicklow Mountains
Mit den Schafen auf den Zuckerhut

Almhütten und Gondelbahnen gibt's keine in den irischen Bergen. Auch keine Täfelchen, die alle paar Kilometer anzeigen, wie weit es denn noch ist. Ganz zu schweigen von durchschnittlichen Laufzeiten. Wer in Irland wandert, der wandert spartanisch. Der einzige Luxus ist die Natur. Und ganz ehrlich: Wo in den Alpen eine Felswand irgendwann der anderen zu ähneln beginnt, erwartet den Wanderer im irischen Hügelland beinahe hinter jeder Kurve eine angenehme Überraschung.

Ja, dafür kann freilich auch das Wetter sorgen, ganz besonders in den Wicklow Mountains: Wo eben noch die Gipfel einen Nebelhut tragen,

Mitte: Auf schmalen Pfaden führt der Wicklow Way über das Gebirge im Osten Irlands.
Unten: Die Schafe durchqueren die Wicklow Mountains lieber querfeldein.

GUT ZU WISSEN

REINFALL AM WASSERFALL

121 Meter in die Tiefe rauschendes Wasser, das hört sich spektakulär an. Und dass die Iren stolz auf ihren so trefflich vermarkteten höchsten Wasserfall sind, klar. Aber: Erstens schüttet's das Wasser am Hungry Hill auf der Beara-Halbinsel beinahe aus dreifacher Höhe ins Tal. Und zweitens schauen alpenerprobte Festland-Touristen etwas dumm aus der Wäsche, wenn sie erst das Sträßchen südlich von Enniskerry zum Powerscourt Waterfall gefahren sind und dann 5,50 Euro Eintritt (tgl. 9.30–17.30 Uhr) bezahlt haben: Denn Wasserstürze dieser Art hat's in mitteleuropäischen Gebirgen alle paar Kilometer. Allenfalls nach einigen Tagen Starkregen wird ein halbwegs imposanter Wasserfall draus, doch den gibt es auch in Irland nicht alle paar Wochen.

Wicklow Mountains

glänzen sie eine halbe Stunde später
schon in der strahlenden Sonne – bis
der nächste Schauer kommt. Aber so
rasch wie das Wetter, wechselt in den Bergen
des Südostens auch das Panorama: Gerade
noch links ein Gebirgssee, taucht fünf Minuten
später in der Ferne schon das Meer auf. Für die
Überraschungsmomente ist auch eine Besonderheit
auf der Grünen Insel verantwortlich: Nirgendwo
in Irland gibt es nämlich so viel Wald wie in
den Wicklows. So wird es auch mal schattig, der
Blick ist begrenzt, ehe er ein paar Schritte weiter
plötzlich wieder über endlose Hochmoore schweift.
Dazu Bachläufe und ein paar Wasserfälle, fertig
ist der Garten für Dublins Großstadtbewohner.
Aber keine Angst, überfüllt ist es nirgends wirklich
in der Bergkette zwischen Dublin und Clonegal,
den beiden Enden des 132 Kilometer langen
»Wicklow Way«.

Ambitionierte Wanderer mögen sich gerne die
komplette Strecke vornehmen. Der Weg passiert
immer wieder kleine Ansiedlungen wie Knockree
oder Aghavannagh, in denen es sich ohne großes
Abzweigen von der Route prima und vor allem
preiswert übernachten lässt. Doch sollte dann
schon eine ganze Woche veranschlagt werden.
Zum einen halten einen Zwischenstopps wie der
traumhafte Powerscourt-Garten bei Enniskerry
oder die weitläufige Klosteranlage von Glendalough
locker einen halben Tag auf. Zum anderen
sind die Berge hier nicht zu unterschätzen.
Auch wenn der südlich von Glendalough gelegene
Mullaghmor, in dessen Nähe auch der hübsche
Glenmalure-Wasserfall zu Tal plätschert,
mit gerade 663 Metern die höchste Erhebung
des gesamten Wicklow Way ist, die Anstiege aus
den mitunter tief einschneidenden Gletschertälern
haben es in sich, sind schon mal ganz schön
knackig und erfordern einen sicheren Tritt.

Nicht verpassen

IN WELCHEM STEIN STECKT EXCALIBUR?
1981 drehte John Boorman den Artus-Monumentalfilm *Excalibur* und wählte für seine Landschaftsaufnahmen die Wälder und Heiden der Wicklow Mountains zwischen Enniskerry und Roundwood. Fürwahr: Die Hochebenen und engen Gletschertäler sind hier spektakulär. Von der R755 zweigt die schmale R759 in Richtung des ob seiner Einöde beinahe gruseligen Passes Sally Gap (Abstecher mit dem Auto lohnt!) ab. Nach gut drei Kilometern gibt es rechter Hand zwei kleine Parkplätze. Und von da erstreckt sich nordwärts das wohl anmutigste Stück des Wicklow Way. Auf Holzplanken geht's zum 727 Meter hohen Djouce, von dort weiter über schmale, in relativ steil abfallende Hänge getretene Pfade. Und immer sind mal mehr, mal weniger scheue Schafe blökende Wegbegleiter. Bis zum Glencree River und zurück sind's knapp 25 Kilometer. Das sagenhafte Schwert »Excalibur« steckte aber in keinem der Steine am Wegesrand.

Wälder, Wiesen, Wasserfälle –
die Hochebenen der Wicklows

Pechschwarze Gletscherseen

Entstanden sind die Wicklows vor 400 Millionen Jahren, die höchsten Gipfel des Granitgebirges liegen bei knapp 1000 Metern. Mancherorts, zum Beispiel auch im Tal von Glendalough, finden sich größere Mengen Schiefer. Beeindruckende Reste der letzten Eiszeit sind Gletscherseen wie der Lough Dan und der Lough Tay, die von den Anhöhen herab wie unendlich tiefe, pechschwarze, unheimliche Löcher wirken – und aus der Nähe mit ihren saftigen Picknickwiesen doch so lieblich sind. Auch wenn es abseits gelegene kleine Wanderparadiese gibt, wie im Süden das Imaal-Tal, empfehlen sich auch für einzelne Tagestouren immer wieder Abschnitte des Wicklow Way. Erstens ist er am besten ausgeschildert, zweitens gibt's dafür eine sehr detaillierte Wanderkarte.

Überall dort, wo die Moor- und Heidelandschaft, insbesondere nach stärkerem Regen, arg sumpfig werden kann, hält sich die Gefahr des Verlaufens ohnehin in Grenzen: Der Fernwanderweg ist nämlich über weite Strecken professionell ausgebaut und führt mehrere Kilometer auf dicken, unverwüstlichen Holzplanken, die gegen die Rutschgefahr mit einem Drahtnetz bespannt sind. Außerhalb der Hauptrouten wird es ohne ortskundigen Führer vor allem in der annähernd hochgebirgsähnlichen Region zwischen den Blessington Lakes und dem Wicklow Way knifflig: Auf den Mullacleevaun (850 m) oder den Tonelagee (819 m) beispielsweise sollte man allein besser nicht stapfen, sei die Aussicht auch noch so verlockend. Die gibt's wesentlich ungefährlicher vom Great Sugarloaf Mountain: Der heißt nicht nur drollig und schaut mit seiner strikten Kegelform nicht nur spektakulär aus, der gut 500 Meter hohe »Zuckerhut« fünf Kilometer südlich von Enniskerry lässt sich von Süden aus bequem besteigen und liefert oben ein bombastisches 360-Grad-Panorama.

Oben: In trockenen Sommern unspektakulär: der Powerscourt-Wasserfall, Irlands höchster
Unten: Wo geht's lang? Mitunter könnten die Wanderkarten etwas verständlicher sein.

Infos und Adressen

SEHENSWÜRDIGKEITEN

Wicklow's Historic Gaol. Das 1702 erbaute Gefängnis ist heute ein imposantes Museum, in dem interaktive Gruseltouren für die ganze Familie angeboten werden. Feb.–Nov. tgl. 10.30–16.30, Dez./Jan. 11–15.30 Uhr, Erwachsene 8, Kinder 5 Euro, Kilmantin Hill, Wicklow Town, Tel. 040/46 15 99, www.wicklowhistoricgaol.com

ESSEN UND TRINKEN

Mickey Finn's Pub & Restaurant. 2010 hat der gute Mickey den nationalen Touristen-Preis für Pubs gewonnen. Und fürwahr: Seine gute Stube ist urgemütlich, das Essen herzhaft und lecker. Red-cross, Tel. 040/44 16 61, www.mickeyfinnspub.ie

ÜBERNACHTEN

Summerhill House Hotel. Trotz der von außen kaum wahrnehmbaren Größe ist das Vier-Sterne-Haus familiär und heimelig. Doppelzimmer mit Frühstück ab 120 Euro, Enniskerry, Tel. 01/286 79 28, www.summerhillhousehotel.com

AKTIVITÄTEN

Brennanstown Riding School. In die Wicklows hoch zu Ross? Auch für Laien kein Problem, denn

Klassische Mountain Lodge: Wanderer in den Wicklows mögen es zweckmäßig.

die Reitschule bietet nicht nur Unterricht, sondern auch geführte Ausritte an. Das Gestüt liegt direkt an der N11, Ausfahrt Bray/Enniskerry. Preise auf Anfrage, Tel. 01/286 37 78, ww.brennanstownrs.ie

INFORMATION

Arklow Tourist Office. Ganzjährig Mo–Fr 9.30–13 und 14–17 Uhr, Main Street, Arklow, Tel. 040/23 24 84, www.visitwicklow.ie

Wicklow Town Tourist Office. Ganzjährig Mo–Fr 9.20–13.15 und 14–17.15 Uhr, Fitzwilliam Square, Wicklow Town, Tel. 040/46 91 17 www.visitwicklow.ie

Endlose Weiten: Am Sally Gap schweift der Blick über die Hochebene.

19 Tal von Glendalough
Die Klosterstadt zwischen den Seen

Glendalough – das Tal der zwei Seen. Der alpin gezeichnete Einschnitt in die Wicklow Mountains ist nicht nur Naherholungsgebiet Nummer eins in der Region, sondern auch Standort eines einmaligen Ensembles aus der Zeit der Christianisierung Irlands. Die im 6. Jahrhundert gegründete Klosteranlage gehörte Jahrhunderte zu den bedeutendsten Pilgerstätten des Landes.

Im biblischen Alter von 120 Jahren sei der Heilige Kevin von Glendalough gestorben. Heißt es. 618 ist er verstorben, das gilt als sicher. Etwas weniger gewiss sind sich die Historiker beim Geburtsjahr 498. Sagen wir einfach: Alt wurde er, der Adelige aus Dublin, der früh seine Berufung zum Mönch erfahren und Mitte des 6. Jahrhunderts an den

Mitte: Hinter dem Upper Lake schlängeln sich Wanderwege in die Wicklow Mountains.
Unten: Die Klosteranlagen geben ein schönes Motiv für Hobbymaler ab.

GUT ZU WISSEN

BLOSS NICHT AM WOCHENENDE

Ohne Zweifel, Glendalough gehört zu den magischsten Flecken auf der ganzen Insel. Das wissen aber auch die Einheimischen zu schätzen. Scheint am Wochenende die Sonne, macht sich offensichtlich jede zweite Familie zwischen Dublin und Wexford auf in das liebliche Tal. Dann gleicht es auf den beiden Hauptwegen entlang der Seen einer Völkerwanderung. Selbiges gilt für den 3. Juni, den Gedenktag des Hl. Kevin von Glendalough. Da es die Iren da nicht ganz so genau nehmen, kann der auch noch bis zum 6. Juni gefeiert werden. Dann platzt die verfallene Klosteranlage ebenfalls aus allen Nähten. Mit der Magie ist es in beiden Fällen nicht mehr weit her.

Rundgang: Auf den Spuren der Christianisierung

Auf den ersten Blick ist da außer einem Rundturm und einer verfallenen Kirche nicht viel. Das ganze Ausmaß der Klosterstadt Glendalough wird erst aus der Vogelperspektive deutlich. Ein Spaziergang um den Lower Lake, den unteren der beiden Seen, bringt einem die Geschichte der weit verstreuten Bauwerke jedoch auch näher.

🅐 Die Kathedrale – Sie ist das größte Gebäude der Klosterstadt, wurde im 9. Jahrhundert begonnen und im 12./13. Jahrhundert erweitert. Ostfenster und Chorbogen waren einst mit kostbaren Steinen, die heute fehlen, verziert, unter dem Südfenster befand sich die Schatzkammer. Ein paar Meter südlich der Kirche steht das drei Meter hohe und aus einem einzigen Granitblock gehauene St.-Kevin-Kreuz.

🅑 Der Rundturm – Der aus Granit und Glimmerschiefer gebaute, 30 Meter hohe Zufluchtsort der Mönche erhielt 1876 im Zuge einer grundlegenden Renovierung aus Originalsteinen sein Dach zurück.

🅒 Das Priesterhaus – Im 18. Jahrhundert aus Originalsteinen rekonstruiert, diente das Gebäude einige Zeit der Bestattung Geistlicher. Möglicherweise liegt der Heilige Kevin auch an dieser Stelle begraben. Die Figuren auf dem Eingangsrelief geben wenig Aufschluss, sie sind völlig verwittert.

🅓 Die Kirche von St. Kevin – Das Kirchlein aus dem 11. Jahrhundert trägt den Beinamen »Kevins Küche« wegen des kaminähnlichen Turmbaus. Abgesehen vom renovierten Rundturm ist dieses Gotteshaus das einzige historische Gebäude in Glendalough, das noch sein Dach trägt.

🅔 St. Kierans Kirche – Von der mit 6x4,5 Metern wohl kleinsten Kirche ihrer Zeit (10. Jahrhundert) stehen nur noch Fragmente.

🅕 Reefert-Kirche – Um 1100 wurde diese schlichte Kirche auf einer kleinen Waldlichtung errichtet. Dort soll St. Kevin begraben sein – behaupten zumindest jene Historiker, die sich der Priesterhaus-Variante nicht anschließen wollen. Die Legende sagt, dass der Heilige an dieser Stelle derart ins Gebet versunken gewesen sei, dass ein Vogel ein Ei in seine Hände gelegt habe. Kevin habe daraufhin so lange regungslos verharrt, bis der Piepmatz geschlüpft sei.

🅖 St. Kevins Zelle – Heute existiert nur noch ein Fundament, einst dürfte hier eine der bienenstockartigen Kragstein-Hütten der Mönche, wie sie auf den Skelligs zu sehen sind, gestanden haben, St. Kevins Zuhause. Einige Meter weiter hinten im Tal findet sich noch Kevins Bett, eine im Fels liegende Höhle, die ihm als Zuflucht diente.

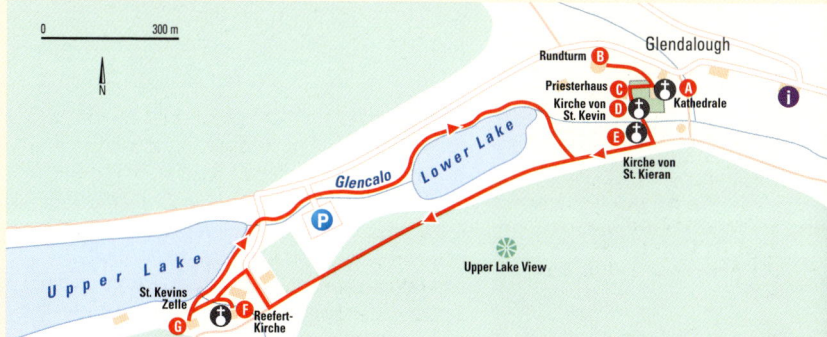

OBEN AM SCHWEI-GENDEN SEE

Einfach gut!

Es ist zweifellos ein netter, aber keinesfalls einsa-
mer Spaziergang von der Klosteranlage entlang des Lower Lake
hinauf zum Upper Lake und der einstigen Wohnstatt des Heiligen Kevin.
Eine richtig schöne Wanderung wird
daraus, wenn man sich zwischen
beiden Seen ausklinkt aus dem Be-
sucherstrom, hinaufstapft zum Pou-
lanass-Wasserfall und dann einbiegt
in den weiß markierten Weg. Himm-
lisch ruhig wird's dann plötzlich.
Schweigend schmiegt sich der See
ans bewaldete Ufer. Nach knapp fünf
Kilometern auf dem schmalen Weg
oberhalb der Klippen geht es über
ein Brückchen auf die andere Seite
des Bachlaufes. Und dort, vorbei an
verfallenen Bergarbeiter-Behausun-
gen zurück zum Upper Lake und direkt an dessen flacher Uferseite entlang, ehe der Pfad wieder einbiegt in
die Jedermann-Route. Es sind neun
Kilometer mehr, aber es sind neun
unvergessliche.

Seen von Glendalough eine Abtei gegründet hatte. Nach seinem Ableben
entwickelte sich die Abtei zu einer Klosterstadt, deren Bauwerke zwischen dem
10. und 12. Jahrhundert entstanden und deren
gut erhaltene Ruinen heute inmitten eines in den
Glendassan-Auen angelegten Friedhofes eine der
Top-Attraktionen Irlands sind.

Leben im hohlen Baum

Der junge »Cóemhgein«, so sein gälischer Name,
der übersetzt »der Hochgeborene« bedeutet, studierte zunächst bei drei Eremiten in Glendalough
die christlichen Lehren, lebte dabei in einem aus-
gehöhlten Baum und kehrte nach einer Romreise
zurück, um das Kloster zu gründen. Im Jahr 1111
wurde Glendalough zum Bischofssitz der Provinz
Leinster. Mit Kevins Geist gefühlt haben dürfte
am ehesten noch Abt St. Laurence O'Toole, der
im 12. Jahrhundert selbst nach seiner Ernennung
zum Erzbischof noch gelegentlich zurück in das
liebliche Tal kam, um in St. Kevins Zelle die innere
Einkehr zu genießen. 1398 schließlich wurde die
Klosterstadt durch englische Truppen zerstört.
Doch selbst die Reste der Kirche behielten bis ins
19. Jahrhundert den Status als Pilgerstätte – insbesondere am 3. Juni, dem Festtag des Heiligen
Kevin. Dass aus tausenden Gläubigen zigtausend
Touristen geworden sind, mag auch am Reiseführer
Tal der zwei Seen liegen, den vor gut 170 Jahren
die Eheleute Hall verfasst haben. In den höchsten
Tönen schwärmten sie vom Liebreiz dieses Land-
strichs. Mit einem Liebreiz ganz anderer Art hatte
St. Kevin zu kämpfen. Von Prinzessin Kathleen
in Versuchung geführt, soll der Heilige das wunderschöne Mädchen in seiner Verzweiflung in
den Upper Lake geworfen haben, wo sie ertrank.
Selbstverständlich soll er anschließend Buße
getan haben.

Infos und Adressen

SEHENSWÜRDIGKEITEN

Rundturm, Kathedrale, Kirche des Heiligen Kevin. Der 30 Meter hohe Rundturm stammt wie die anderen heute noch stehenden Gebäude der Klosteranlage aus dem 10./11. Jahrhundert, die Kathedrale wurde bis ins 13. Jahrhundert erweitert. Mitte Okt.–Mitte März tgl. 9.30–17, Mitte März–Mitte Okt. 9.30–18 Uhr, Anlage freier Eintritt, Visitor-Center Erwachsene 5, Kinder 3 Euro. Glendalough, Tel. 040/44 53 52, www.glendalough.ie

Am Rundweg um die Seen liegen ausreichend Picknick-Plätze für eine kleine Rast.

ESSEN UND TRINKEN

The Wicklow Heather. Kaum zu glauben, dass so ein feines Restaurant a) in so einem kleinen Örtchen und b) in unmittelbarer Nähe zu einer Top-Sehenswürdigkeit zu finden ist. Man ist versucht, zu sagen: Das ist die irische Küche; unbedingt das Rinderfilet an Pilzsoße probieren. Im Sommer sehr romantisch ist die lauschige Terrasse. Mi 8–11, Do–Di 8–23 Uhr, Glendalough Road, Laragh, Tel. 040/44 51 57, www.wicklowheather.ie

ÜBERNACHTEN

Glendalough Hotel. Die Lage macht's: Näher an der Klosteranlage geht nicht, was unter der Woche und abseits der Wallfahrtszeit Anfang Juni ein unschlagbarer Vorteil ist. Und wo sonst rinnt schon ein Fluss unter dem Speisesaal durch? Doppelzimmer mit Frühstück ab 109 Euro, Tel. 040/44 51 35, www.glendaloughhotel.com

Riverside B&B. Ein bisschen außerhalb des Örtchens Laragh gelegen und damit auch weg vom Trubel, der rund um Glenadlough bisweilen unvermeidlich ist. Doppelzimmer ab 80 Euro, Laragh, Tel. 040/44 58 40, www.riversidelaragh.com

INFORMATION

Glendalough Visitor Center. Mitte Okt.–Mitte März tgl. 9.30–17, Mitte März–Mitte Okt. 9.30–18 Uhr, Glendalough, Tel. 040/44 53 52, www.glendalough.ie

Majestätisch wacht der 30 Meter hohe Rundturm über das Tal von Glendalough.

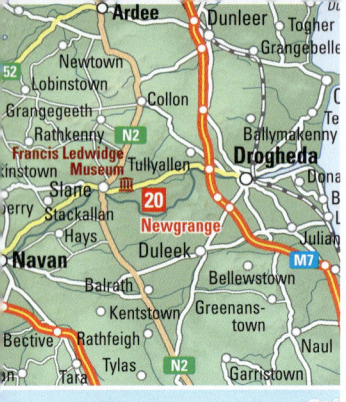

20 Newgrange
Besuch in der Steinzeit

Das Tal, durch das der Fluss Boyne mit stoischer Ruhe mäandert, ist ein einzigartiges Weltkulturerbe: Über 50 prähistorische Monumente reihen sich auf engstem Raum aneinander. Unbestrittene Stars sind die Grabanlagen von Newgrange und Knowth. Kaum eine Sehenswürdigkeit in Irland erfährt so einen Zuspruch: Da die Besichtigung ausnahmslos über Shuttlebusse vom Besucherzentrum aus möglich ist, empfiehlt es sich in den Sommermonaten, früh aufzustehen, um in die Geschichte der Steinzeit einzutauchen.

Gar einer Verlosung bedarf es, um in der Zeit zwischen dem 14. und 28. Dezember nach Newgrange

GUT ZU WISSEN

HÄSSLICH? SCHÖN? SCHÖN HÄSSLICH?

Drogheda ist eine seltsame Stadt. Industrie dominiert das über weite Flächen abstoßende Bild der Ansiedlung an der Mündung des Boyne. Doch mittendrin, dem Spielzeug im Überraschungsei gleich, tut sich plötzlich diese schmucke Fußgängerzone um die Einkaufsmeile West Street auf: Hier treffen die weltoffenen, emsigen Menschen Dublins auf irisches Kleinstadtidyll – eine spannende Mischung. Doch reicht sie nur für einen halben Tag niveauvoller Unterhaltung. Ein Blick noch auf die skurrile Eisenbahnbrücke und dann gewinnt wieder die Hässlichkeit in die Jahre gekommener Industrieanlagen die Oberhand. Drogheda ist für Stadtmenschen ein guter Ausgangspunkt für Ausflüge ins Boyne-Valley, der Rest ist besser aufgehoben in den Strandörtchen wie Bettys- oder Laytown.

Mitte: Über eine kleine Holzbrücke gelangen die Besucher in den engen Grabgang.
Unten: Drinnen ist es dunkel: Nur zur Wintersonnenwende dringt natürliches Licht herein.

zu dürfen, um 19 Meter vorzudringen ins Innere der im Querschnitt 90 Meter messenden Steinkuppel. Zur Wintersonnenwende nämlich trifft der Strahl der aufgehenden Sonne exakt die von Professor Michael J. O'Kelly entdeckte Steinbox am Eingang der 5200 Jahre alten Kultstätte und taucht den schmalen, niedrigen und leicht ansteigenden Gang und die dahinter auf gleicher Höhe wie die Öffnung liegende Grabkammer bis zu 17 Minuten in ein mystisches, orangefarbenes Licht – eine einzigartige Erfahrung. Die den Rest des Jahres durch die Führer imitiert wird, indem sie sämtliche künstliche Beleuchtung ausschalten und nur einen vergleichbaren Lichtstrahl einschalten. Auch dann kommen die für die megalithische Kultur typischen geritzten Wandzeichnungen wie Spiralen und Wellenlinien entsprechend zur Geltung. Über deren Bedeutung ist sich die Wissenschaft immer noch nicht im Klaren, sicher ist nur: Die gut 600 Bildsteine im Boyne-Tal stellen in etwa ein Viertel der gesamten europäischen Megalithkunst.

Wem diente diese gigantische Stätte? Wie gelang es den Menschen 3200 v. Chr., solch ein Bauwerk

Oben: Am Versuch, das Grab detailgetreu zu rekonstruieren, scheiden sich die Geister.
Unten: Im angegliederten Museum stehen zahlreiche prähistorische Exponate.

zu konstruieren? Wie schafften sie tausende Tonnen schneeweißes Quarzgestein aus den über 60 Kilometer entfernten Wicklow Mountains für die auffällige Einfassung herbei? Fragen, die lange unbeantwortet blieben und den Kultcharakter Newgranges stärkten. Erst 1699 entdeckte der Grundbesitzer Charles Campbell, dass sich unter dem längst erodierten, von Gras und Sträuchern bewachsenen Hügel etwas nicht Alltägliches versteckte. Aber mehr als einige Aufzeichnungen kamen in den nächsten drei Jahrhunderten nicht heraus, ehe 1962 unter der Leitung des Dubliner Archäologen O'Kelly die ersten systematischen Ausgrabungen begannen. Der Versuch, das Ganggrab von Newgrange möglichst bis in kleinste Detail zu rekonstruieren, ist heute umstritten; das 1970 beendete Gesamtwerk wirkt nämlich von außen so, als sei es gestern erst gebaut worden. Doch mitnichten: Die tausende Tonnen schwere, 13 Meter hohe Kuppel hält, im Kern im Originalzustand, auch nach über 5000 Jahren die Grabkammer absolut wasserdicht. Das Alter des Bauwerkes konnte mit der sogenannten Radiokarbonmethode weitgehend sicher datiert werden, aber nicht die ursprüngliche Nutzung. Aufgrund gefundener Asche und Gebeine gelten Bestattungen zwar als Fakt, doch könnten sie auch einige Jahrhunderte später vorgenommen worden sein. Andere Theorien sprechen von frühsteinzeitlichen Tempeln.

Oben: Das Hügelgrab von Newgrange ragt schon von weitem sichtbar aus der Landschaft.
Unten: In oranges Licht taucht die Wintersonne um den 21. Dezember herum das Grab.

Newgrange

Von verkohlten Zahn-bürsten und Göttergaben

Die verschiedenen Interpretationen sind im »Brú na Bóinne Center« mittels Illustrationen, nachgebauten Szenen und eines sehenswerten Films eindrucksvoll veranschaulicht. Von da starten, straff organisiert, auch die Kleinbusse, welche die Touristen wahlweise nur zu Newgrange, Knowth (je eineinhalb Stunden) oder beiden Grabstätten (zweieinhalb Stunden) befördern. Eine individuelle Besichtigung ist nicht möglich, die Zahl der Besucher ist auf 650 täglich limitiert. Dass es dadurch zu Wartezeiten kommt, ist kaum zu vermeiden, doch das Besucherzentrum hilft, die Pausen kurzweilig zu überbrücken. Beispielsweise erfährt man einiges über die Lebensgewohnheiten der Menschen seinerzeit, dass sie unter Arthritis zu leiden hatten und sich die Zähne mit verkohlten Stäbchen reinigten, sie in stark hierarchisch organisierten Gesellschaftsstrukturen lebten, was so komplizierte Bauarbeiten wie an Newgrange erst ermöglichte. Auch für die bei den Ausgrabungen gefundenen römischen Münzen gibt es eine Erklärung: Möglicherweise waren Römer in die Kultstätte vorgedrungen und hinterließen das Geld als Gabe an die Götter.

Hinterlassen haben die Menschen der Frühsteinzeit an anderer Stelle deutlich weniger Fragezeichen: in Knowth. Die ebenfalls von einem mächtigen Hügel umgebenen Gänge dienten anhand der gefundenen und zeitlich eindeutig einzuordnenden Gebeine unmissverständlich als Gräber für die führenden Köpfe. Drumherum lebte eine Sippe von geschätzt 1500 Mitgliedern, denen offenbar die im Umfeld angeordneten 19 Satellitengräber als Ruhestätte dienten. Knowth ist von außen nicht so bombastisch, dafür mit seinem naturnah freigelegtem Monument noch eine Spur authentischer als Newgrange. Hier finden sich die meisten

Geheimtipp

HILL OF SLANE

Newgrange und/oder Knowth zu besichtigen ist so interessant wie anstrengend. Was kommt da gelegener als ein bisschen Ruhe am Ende eines langen Tages? Gar nicht weit von den Grabstätten entfernt schmiegt sich sanft ans Boyne-Ufer das schmucke Städtchen Slane. Droben auf dem Hügel stehen inmitten des Friedhofes die Ruinen eines um 1512 erbauten Franziskanerklosters. Einfach hinsetzen, den Blick über das Boyne-Tal schweifen lassen und dann ruhig auch mal die Augen schließen, die Heiligkeit dieses magischen Ortes auf sich wirken lassen: Im Jahre 433 soll St. Patrick hier im Frühjahr ein gewaltiges Leuchtfeuer entzündet haben. Dieses erste christliche Osterfeuer war im erweiterten Dunstkreis der heidnischen Kultstätte Tara natürlich ein Affront gegenüber König Laoghaire – doch der soll sich so beeindruckt von St. Patrick gezeigt haben, dass er sich dem neuen Glauben öffnete. Heute ist der Hill of Slane von den Touristenströmen weitgehend unberührt und ein sagenhaft idyllischer Platz für eine innere Einkehr.

Ausstellung im Newgrange Visitor Center

Ritzmalereien, bisweilen sogar beidseitig an den Steinen angebracht. Vermutlich sollten die Symbole von außen mögliche Grabschänder abhalten, die Totenruhe zu stören, anderseits die Seelen der Verstorbenen warnen, ihre letzte Behausung zu verlassen – ein komplizierter und von Ängsten geprägter Totenkult.

Wikinger ohne Respekt vor den Toten

Außerdem kann der Hügel des zentralen Grabes bestiegen werden, der Blick auf das gesamte Areal ist fantastisch, auf dem mit Dowth noch eine dritte große Grabanlage liegt. Die Ausgrabungen Mitte des 19. Jahrhunderts förderten jedoch zutage, dass hier die Wikinger bar jeden Respekts vor den Toten tüchtig geplündert haben. Auffälligstes Merkmal des kostenfrei zu besichtigenden, aber nicht von innen zugänglichen Monuments, zu dem es auch keine Führungen gibt, sind die zum Teil mit aufwendigen Ornamenten verzierten 97 Randsteine.

Nach einem derart intensiven Ausflug in die frühe Steinzeit fällt die Rückkehr in die Gegenwart gar nicht so leicht. In der Nähe liegt mit Slane jedoch ein nicht uninteressantes 1000-Einwohner-Städtchen. Insbesondere für Musikliebhaber lohnt sich der Abstecher zum neugotischen Slane Castle aus dem späten 18. Jahrhundert: Über 80 000 Fans strömen jedes Jahr zu den seit 1981 im August stattfindenden Open-Air-Konzerten. Die internationale Rock- und Popprominenz gibt sich dabei die Klinke in die Hand: Ob *Madonna, Rolling Stones, Red Hot Chilli Peppers, Santana, Coldplay* oder *U2* – alle waren sie schon auf der Schlossparkwiese zu Gast. Die Nähe zu Newgrange sorgt dabei für zusätzliche Gänsehaut.

Infos und Adressen

SEHENSWÜRDIGKEITEN

Newgrange. 90 Meter im Durchmesser – Newgrange ist das größte der rund 50 Ganggräber in der Schleife des Flusses Boyne und das einzige, das von innen besichtigt werden kann. Erbaut wurde die gewaltige Kuppel vor über 5000 Jahren. Tgl. geöffnet, Nov.–Feb. 9.30–17, März/April und Okt. 9.30–17.30, Mai und Mitte bis Ende Sept. 9–18.30, Juni–Mitte Sept. 9–19 Uhr, letzte Bustour: 45 Minuten vor Schließung des Besucherzentrums, Erwachsene 13 Euro (inkl. Transfer Newgrange und Knowth)/8 Euro (nur Newgrange)/6 Euro (nur Knowth), Kinder 6/4/4 Euro, Tel. 041/988 03 00, www.newgrange.com

ESSEN UND TRINKEN

Brabazon. Extravagantes Restaurant im schicken »Tankardstown«-Hotel nordwestlich von Slane: antike Möbel drinnen, mediterrane Korbsessel-Lounge-Atmosphäre auf der Terrasse. Das Sieben-Gänge-Menü zum Festpreis von 65 Euro beinhaltet Leckereien von Land und See. Rathkenny, Slane, Tel. 041/982 46 21, www.tankardstown.ie

Nach der Führung werden die Marken der einzelnen Touren gesammelt.

Relish Café. Die Terrassenplätze in erster Reihe zum Meer, unmittelbar am weitläufigen Sandstrand vor den Toren Droghedas, sind unbezahlbar. Erschwinglich dagegen ist die leichte, internationale Küche in dem schnuckeligen Restaurant. Coast Road, Bettystown, Tel. 041/981 33 44, www.relishcafe.ie

ÜBERNACHTEN

Boyne Valley Hotel & Country Club. Idyllisch auf einer Anhöhe Droghedas gelegenes, großzügiges Anwesen mit einem efeuumrankten Haupthaus und einem pittoresken Wintergarten. Doppelzimmer mit Frühstück ab 100 Euro, Dublin Road, Drogheda, Tel. 041/983 77 37, www.boyne-valley-hotel.ie

INFORMATION

Tourist Information Drogheda. Mai–Nov. Mo–Sa 9.30–17.30, Dez.–April Mo–Fr 9.30–17.30 Uhr, The Tholsel, West Street, Drogheda, Tel. 041/987 28 43, www.drogheda.ie

In den Grabgängen finden sich rätselhafte Zeichnungen.

21 Trim Castle und Hill of Tara
Mit Braveheart im Burggraben

Reiten da nicht ein paar Ritter um die Ecke, mit gezücktem Schwert und wehenden Fahnen? Oder da drüben? War das nicht ein Burgfräulein? Und auf der Brücke: ein Pferdegespann? Was ist echt, was Illusion? Kaum an einem anderen Ort wird das Mittelalter so lebendig wie rund um Trim Castle.

Mitte des 12. Jahrhunderts waren sie da, die Normannen. Einer von ihnen war Hugh de Lacy, der sich bei der Eroberung Irlands durch König Henry II. derart hervorgetan hatte, dass ihm dieser die Provinz Meath zum Lehen gab. Das Städtchen Trim, das geschäftiger daherkommt, als es seine nur 1500 Einwohner vermuten lassen, ist heute dem Treiben des wohlhabenden Eindringlings nicht undankbar: Die unter seiner Herrschaft

Mitte: Trutzig steht die Normannenburg auf den Wiesen am Stadtrand von Trim.
Unten: In Gedanken versunken versetzen sich Besucher in die Sagenwelt von Tara.

GUT ZU WISSEN

DER VERSCHWUNDENE ORT

Ja, wo sind sie denn nun, die gewaltigen Ringforts aus der Jungsteinzeit? Der prächtige Bankettsaal? Aufschluss gibt nur die multimediale Show im Besucherzentrum. Denn draußen in den sanften Hügeln ist kaum mehr zu sehen als ein paar graswachsene Erhebungen, die sich mit etwas Fantasie als Umrisse ausmachen lassen. In Tara ist wenig stehen geblieben, die Fragmente der Bauwerke hat die Natur geschluckt, auf – ohnehin diskussionswürdige – Rekonstruktion à la Newgrange wurde verzichtet. Wer sich nicht intensiver mit der Mystik dieses Ortes beschäftigen mag, der wird enttäuscht sein. Zum Fotomotiv jedenfalls taugt der Hill of Tara nicht.

Trim Castle – Hill of Tara

angefangene Burg hat Trim weltberühmt gemacht, hat Hollywood durch die Stadttore geführt. 1995 diente der monumentale Bau als Filmkulisse für den Mel-Gibson-Klassiker *Braveheart*.

Von 1172 bis 1250 wurde die Burg immer wieder erweitert. Dabei wuchs sie Meter um Meter in die Höhe. 1180 beispielsweise hatte de Lacy die Holzpalisaden durch die wuchtige Mauer ersetzen lassen, drinnen entstanden Bankettsaal und feudale Empfangshalle – Trim Castle wurde hoffähig. Sogar ein Abort ließ der Burgherr installieren, hoch droben, damit auch ja nicht der mit dem Geschäft verbundene Gestank durch die Öffnung in der Mauer wieder nach oben dringen möge.

Derlei Luxus war den Mönchen der am anderen Ufer des Boyne liegenden Augustinerabtei aus dem 14. Jahrhundert fremd. Von ihr steht nur noch ein Teil des Glockenturms, der mit knapp 40 Metern Höhe jedoch immer noch eine majestätische Erscheinung ist. Wie auch die Peter & Paul Cathedral drei Kilometer flussabwärts; erbaut in Newtown, der Neuen Stadt, die durch den schnellen Bevölkerungszuwachs nötig geworden war. Das Gotteshaus war das größte mittelalterliche Kirchenbauwerk Irlands, fiel aber einem Brand zum Opfer. Trim Castle indes wurde 1647 von den Katholiken erobert, zwei Jahre später jedoch wieder von Cromwells Truppen gestürmt und zerstört. Die Außenmauern stehen noch sehr gut erhalten.

Zu Gast an Artus' Tafelrunde?

Weitaus weniger ist übrig vom einstmals heiligsten Platz der Iren: Tara. Bereits in der Jungsteinzeit wurden hier Ganggräber errichtet, im 3. Jahrhundert residierten auf dem sanften Hügel östlich von Trim die irischen Hochkönige. Der erste Pries-

Nicht verpassen

RIVER WALK
Die Trim ist mächtig, kolossal. Doch im Kollektiv mit den angrenzenden Fragmenten mittelalterlicher Klosterkultur sowie dem idyllisch durch die weiten Auen schleichenden Boyne wird aus der Normannenburg eine liebliche Silhouette. An der Burg vorbei führt eine kleine Brücke rüber zur St. Mary's Abbey und noch bevor der Hauptweg dort hinaufführt, zweigt rechts ein versteckter Pfad entlang des Flusses ab. Fehlt nur noch ein Abendrot und es droht, zu kitschig zu werden. Und keine Angst, wenn die Trim sich langsam im Rücken verabschiedet, eine halbe Stunde später schieben sich die Ruinen der ehemals Neuen Stadt ins Blickfeld. Die Mauern der Peter & Paul-Kathedrale ergeben mit dem Friedhof ein nicht minder bezauberndes Ensemble. Grüne Wiesen, ein Fluss und ein zerfallenes Gemäuer – das ist Irland aus dem Hochglanzprospekt. Dem versteckten Weg sei's gedankt: Der Spaziergänger bleibt weitgehend allein mit seinen Gedanken.

Nicht nur Spaziergänger fühlen sich wohl am River Boyne.

Oben: Die vom Gras überwachsenen Ruinen Taras eignen sich auch für ein Picknick.
Unten: Über 40 Meter ragen die Reste der Augustinerabtei nahe Trim Castle empor.

terfürst war Cormac MacArt (227–266 n. Chr.), der als Vorbild für die Artussage in Frage kommt, so feudal er Hof hielt. In seinem gigantischen Bankettsaal, der 240x30 Meter gemessen haben dürfte, waren nicht selten 1000 Ritter zu Gast. Einer seiner Nachfolger, König Laoghaire, besser bekannt als Shakespeares King Lear, empfing im 5. Jahrhundert, als die heidnischen Priester auf dem Höhepunkt ihrer Macht waren, sogar St. Patrick; doch bis ins 12. Jahrhundert hinein blieb das Gelände um den phallusartigen Schicksalsstein »Lia Fáil« eine heidnische Kultstätte. Erst dann verblasste deren Bedeutung rapide. Was die Iren nicht davon abhielt, an den längst vom Erdreich geschluckten Ruinen Zusammenkünfte einzuberufen. 1641 wurde hier die katholische Föderation ins Leben gerufen, 1798 gab's eine entscheidende Schlacht beim Aufstand der United Irishmen, 1843 plädierte Daniel O'Connell für die Wiedereinführung des irischen Parlaments. Heute sieht's um Tara eher wie auf einem Golfplatz aus, dem wachsamen Auge erschließt sich unter dem Schicksalsstein Cormacs Haus, nördlich lässt sich das Fundament des Bankettsaals ausmachen.

Ein weitaus weltlicheres Vergnügen liefern zwei an sich unspektakuläre Schlösser: Dunsany Castle und Kileen Castle, beide zwischen Tara und der Autobahn nach Dublin gelegen. Die Schlossherren bemühten in der Landfrage einen Schiedsspruch: Sie sollten aufeinander zulaufen, am Treffpunkt sollte die Grundstücksgrenze sein. Kileens Eigentümer hatte den Vorteil der Hanglage. Doch das Leben sorgte für Gerechtigkeit: Auf Dunsany hielt sich trotz kleineren Landes bis heute Wohlstand, Kileen brannte nieder, wurde aber vor einigen Jahren als skurrile Fassade am Rande des gleichnamigen Golfplatzes wieder aufgebaut. Man ist versucht zu sagen: typisch irisch.

Infos und Adressen

SEHENSWÜRDIGKEITEN

Hill of Tara. Der einstige Sitz der irischen Hochkönige war in der vorchristlichen Zeit das bedeutendste Machtzentrum – politisch wie religiös. Heute noch ist Tara einer der »heiligsten« Orte der Iren. Freifläche ganzjährig frei und kostenlos zugänglich, Informationszentrum Mitte Mai–Mitte Sept. tgl. 10–18 Uhr, Tel. 046/902 59 03, www.heritageireland.ie

Trim Castle. Gut erhaltene Ruine der größten Normannenburg Irlands, erbaut im 12. Jahrhundert. Hier wurden Außenaufnahmen des Filmklassikers *Braveheart* gedreht. Mitte März–Sept. tgl. 10–17, Okt. tgl. 9.30–16.30, Nov.–Mitte März Sa, So 9–16 Uhr, Erwachsene 5, Kinder 3 Euro, mit Führung durch den Wohnturm Erwachse 2, Kinder 1 Euro Aufschlag, Castle Street, Trim, Tel. 046/943 86 19, www.heritageireland.ie

Einst war die »New Town« Trims Neubaugebiet, heute stehen nur noch Ruinen.

Schwindelfrei sollte sein, wer die obersten Etagen des Trim Castle besichtigt.

ESSEN UND TRINKEN

Maguire's. Schnuckeliges Café unmittelbar an der prähistorischen Stätte, unauffällig integriert in die Zeile der Andenkenläden. Weit mehr als eine Sehenswürdigkeiten-Kantine. Tagsüber prima Sandwiches, abends essen hier auch die Einheimischen gerne. Nette Bierauswahl. Hill of Tara, Tel. 046/902 55 34, www.hilloftara.com

Stock House. Stylisches Restaurant über zwei Etagen und dennoch, vor allem unten, durch zahlreiche Nischen sehr gemütlich. Tipp: Der hausgemachte Rindfleisch-Kebab am Holzspießchen. Finnegan's Way, Trim, Tel. 046/943 73 88, www.stockhouserestaurant.ie

ÜBERNACHTEN

Trim Castle Hotel. Neues Vier-Sterne-Hotel mit behaglichem Ambiente, vom Gros der Zimmer atemberaubender Blick auf die abends illuminierte Burg. Doppelzimmer ab 85 Euro, Castle Street, Trim, Tel. 046/948 30 00, www.trimcastlehotel.com

INFORMATION

Trim Visitor Center. Castle Street, Trim, ganzjährig Mo–Fr 9.30–17.30, Sa, So, Feiertage 12–17.30 Uhr, Tel. 046/943 72 27, www.meathtourism.ie

DUBLIN

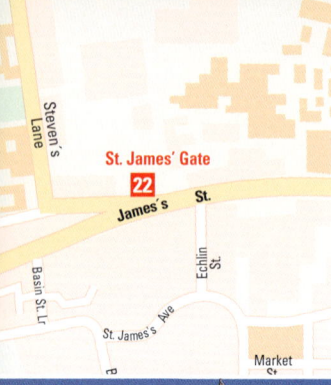

22 St. James' Gate
Das Vermächtnis von Arthur Guinness

»Liberties« wird das Viertel zwischen der Guinness-Brauerei am St. James' Gate und der St. Patrick-Kathedrale südlich des Liffey im Herzen Dublins genannt. Ein sehenswertes Spannungsfeld zwischen historischem Stadtkern und beeindruckendem Unternehmertum in einer der größten Brauereien der Welt, das einen guten Einstieg in Irlands Metropole am Meer bietet.

Dublin, diese schon 500 v. Chr. von den Kelten besiedelte Stadt, liegt am Liffey, das ist Allgemeinwissen. Der Fluss teilt die Stadt in Norden und Süden, manche sagen sogar, in die klassisch irische Arbeiterschicht im Norden und die etwas versnobteren Reichen im Süden. Der irische Name »Baile Atha Cliath« deutet auf die Ursprünge hin, denn die Kelten siedelten an dem »Ort an der befestigten Furt«. Viele Hundert Jahre später kamen die Wikinger, plünderten zunächst, wie es damals

GUT ZU WISSEN

WIKINGER IM AMPHIBIEN-FAHRZEUG
Wer als Tourist in eine fremde Großstadt fährt, liegt meistens richtig, wenn er sich eine Tour aussucht, um die Stadt besser kennenzulernen. In Dublin gibt es davon auch eine ganze Menge und viele sind tatsächlich ihr Geld wert. Nur etwas für notorische Spaß-Haber sind dabei die Viking-Splash-Touren. In einem gelben Amphibien-Fahrzeug wird man durch die Stadt gekarrt, lautstark beschallt, muss sich einen Wikinger-Helm aufsetzen und auf Kommando Menschen auf der Straße anschreien. Einfach ignorieren.

S. 142/143: Treffpunkt des Partyvolks ist »The Temple Bar«.
Oben: Die Kathedrale der Heiligen Dreifaltigkeit ist besser bekannt als Christ Church Cathedral.
Unten: Prachtvoll gestaltet ist die St. Patrick's Cathedral in Dublin.

St. James' Gate

üblich war, fanden den Flecken Erde und die irischen Frauen dann aber doch so nett, dass sie blieben. Denn da gab es noch den heute nicht mehr sichtbaren Bach Poodle, den sie »dubh linn« nannten, den »schwarzen Teich«. Daraus leitete sich später der Name Dublin ab. Der Poodle fließt an der heutigen Capel Street Bridge in den Liffey, ist aber komplett unterirdisch verrohrt, unter anderem steht über ihm die St. Patrick-Kathedrale.

Diese ist ein guter Ausgangspunkt für einen Rundgang durch das Liberties-Viertel, in dessen Herz die Kathedrale steht, deren Namensgeber hier der sehenswerten Legende nach persönlich irische Heiden getauft haben soll. Das heutige Gebäude der Kirche wurde Ende des 12. Jahrhunderts auf dem Platz einer deutlich älteren Kirche gebaut. Die größte Veränderung der Architektur gab es 1864, damals baute man, dem Trend zum neogotischen Stil folgend, sogenannte Strebebögen ein. St. Patrick's war lange Mittelpunkt für die Armen und Mittellosen, gerade rund um die Kirche. Dort befand sich einst ein überfüllter Slum; erst Anfang des 20. Jahrhunderts wurde er zum Park umgebaut. Früher nannte man »Liberties« diejenigen Kirchen und Klöster, die außerhalb der städtischen Gerichtsbarkeit standen, was auf St. Patrick's zutraf, das außerhalb der Stadtmauern lag. Hier fanden auch die französischen Hugenotten, die vor religiöser Unterdrückung nach Irland geflüchtet waren, genügend Platz und Wasser für ihre Textilindustrie. Die Verhältnisse im Arme-Leute-Viertel rund um St. Patrick's inspirierten Jonathan Swift zu seinem Roman *Gullivers Reisen*, der heute als Kinderbuch gelesen wird, in Wirklichkeit aber eine bittere Parabel auf die Gesellschaft des 18. Jahrhunderts war. Swift wusste genau, wovon er schrieb. Er war Dekan in St. Patrick's zwischen 1713 und 1745 und rettete die Kirche, die Oliver Cromwell

Nicht verpassen

KILMAINHAM GAOL

Selbst mit dem Bus oder der LUAS dauert es eine Weile, bis man in den Stadtteil Kilmainham im Westen Dublins kommt. Doch die Fahrt lohnt sich, insbesondere wegen des eindrucksvollen Gefängnisses, in dem zwischen 1795 und 1924 die Menschen unter unvorstellbaren Umständen eingesperrt wurden – teils wegen Nichtigkeiten. Aber auch wegen Verrats, denn die Anführer aller irischen Revolutionen endeten hier. Man muss schlucken, wenn man die Geschichte von der Ermordung Oliver Plunketts, eines der Anführer des Osteraufstands 1916, im Exekutionshof des Gefängnisses hört. Wenige Stunden zuvor hatte er noch seine Verlobte Grace Gifford im Gefängnis geheiratet. Wer genug hat vom düsteren Gefängnis, dessen Schlangenrelief am Eingang die Höllenbrut symbolisiert, kann sich nur wenige Meter entfernt im Irish Museum of Modern Art angenehmere Inspiration holen.

Kilmainham Gaol. Okt.–März 8.9.–30.6. tgl. 9.30–17.30, 1.7.–7.9. tgl. 9–18.45 Uhr, Inchicore Road, Dublin, www.kilmainhamgaolmuseum.ie

Dublin

ein Jahrhundert zuvor noch als Stall für seine Pferde missbraucht hatte, vor dem Zerfall.

Eine gute halbe Stunde Fußmarsch von St. Patrick's entfernt liegt das andere Ende der früheren Liberties, das St. James' Gate. Hier gründete Arthur Guinness 1759 seine Brauerei, die heute weltbekannt ist. Ein Besuch im sogenannten Storehouse, dem firmeneigenen Museum, ist ein Muss.

Wo Michael Collins die Engländer warten ließ

Auf dem Streifzug zurück Richtung Innenstadt vom St. James' Gate aus sollte man einen Stopp im Dublin Castle an der Lord Edward Street unbedingt einplanen. Es liegt hinter der heutigen City Hall, in deren beeindruckender Rotunde die Dubliner Stadtgeschichte bildlich dargestellt ist und kostenlos angeschaut werden kann. Das Castle selbst ist mehr ein Schloss als eine Burg und einer der wichtigsten Plätze der irischen Geschichte. Seit 1585 war Dublin Castle Sitz der englischen Gouverneure und Vizekönige, das Machtzentrum der verhassten Krone. Nach dem irischen Unabhängigkeitskrieg zwischen 1916 und 1922 übergaben die Engländer das Castle an den Freiheitskämpfer Michael Collins, der hier seine provisorische Regierung einrichtete. Er sei sieben Minuten zu spät, schalt der damalige Vizekönig Fitzalan bei der Übergabe der Regierungsgewalt Collins, doch der Ire war schlagfertig: »Wir haben 700 Jahre auf unsere Freiheit gewartet, da dürften sieben Minuten wenig ausmachen.«Hinter dem Schlossgelände liegt der Dubh Linn Garden, der frühere Schlosspark und ehemalige Hafen der Wikinger bei ihrer Besiedelung der Stadt. Rund um den Park liegen auch das Revenue-Museum, das sich den Steuern widmet, sowie die Chester Beatty Library, auf deren Dach ein Zen-Garten zu besinnlichen Minuten einlädt.

Oben: Wo geht's zu Irlands größter Touristenattraktion? Da lang!
Mitte: Lädt zum Verweilen ein: der Park hinter Dublin Castle
Unten: Exakte Linien: Hinter dem Museum of Modern Art gibt es einen großen Park.

Infos und Adressen

SEHENSWÜRDIGKEITEN

Guinness Storehouse. Tgl. 9.30–19 Uhr (Juli/Aug. 9–20), 18 Euro inkl. Bier, St. James' Gate, Dublin 8, www.guinness-storehouse.com

Irish Museum of Modern Art. Di–Fr 11.30–17.30, Sa 10–17.30, So 12–17.30 Uhr, Eintritt frei, Military Road, Nähe Heuston Station, www.imma.ie

St. Patrick's Cathedral. März–Okt. Mo–Fr 9.30–17, Sa 9–18, So 9–10.30, 12.30–14.30, 16.30–18, Nov.–Feb. Mo–Sa 9.30–17, So 9–10.30, 12.30–14.30 Uhr, 6,50 Euro, St. Patrick's Close, Dublin 8, www.stpatrickscathedral.ie

ESSEN UND TRINKEN

Brazen Head. Offiziell Irlands ältester Pub, in dem erst in den 1980er-Jahren Elektrizität verlegt wurde. Ein uriges Ambiente mit gediegenem Bar-Food, dem obligatorischen Guinness und Livemusik. 20 Bridge Street Lower, Dublin 8, Tel. 016/77 95 49, www.brazenhead.com

Chez Max. Muscheln, Zwiebelsuppe und Käseplatte in französischem Ambiente zu Piaf-Klängen am Eingang zum Dublin Castle. 1 Palace Street, Dublin 2, Tel. 016/33 72 15, www.chezmax.ie

The Patriots Inn. In Kilmainham nahe dem Gefängnis und dem Irish Museum of Modern Art, gute Sandwiches. 760 South Circular Road, Kilmainham, Dublin, Tel. 016/79 95 95, www.patriotsinn.com

ÜBERNACHTEN

Avalon House. Früher ein Krankenhaus, seit 1992 ein 280-Betten-Hostel mit interessanter Architektur und gutem Service sowie günstigen Preisen. 55 Aungier Street, Dublin 2, Tel. 014/75 00 01, www.avalon-house.ie

Radisson Blu Royal Hotel. Anspruchsvolle Zimmer, hervorragende Bar, klare Linien im Design. Golden Lane, Dublin, Tel. 0180/055 74 74, www.radissonblu.com

INFORMATION

Failte Ireland. Das Hauptquartier der irischen Fremdenverkehrsbehörde. 88–95 Amiens Street, Dublin 1, Tel. 01800/24 24 73, www.failteireland.ie

Tolles Panorama und ein kühles Bier: »Gravity Bar« im Guinness Storehouse

MEHR ALS NUR BIER
Arthur Guinness' Vermächtnis

Wie die alten Guinness-Fässer gebaut wurden, sieht man im Storehouse sehr gut.

Ist Guinness »good for you?« Nun, alles eine Frage der Betrachtung. Und natürlich schallt einem dieser Slogan überall im Guinness-Storehouse, dem ehemaligen Brauhaus, das zum Museum umgebaut wurde, entgegen. Was die Marketingstrategie oft überdeckt: Guinness tut tatsächlich Gutes. Schon seit über 250 Jahren ist das soziale Engagement der Familie für Bürger und Angestellte wegweisend.

Am St. James's Gate ist von Weitem zu sehen, was hier im Vordergrund steht: Guinness. 1759 hatte Arthur Guinness (1725–1803) die St. James's Gate Brewery gegründet und sich für 9000 Jahre das Gelände gepachtet. Hybris oder vorausschauendes Unternehmertum? Das steht jedem frei zu beurteilen – der Besuch des Guinness-Storehouse ist aber ein Muss bei jedem Dublin-Besuch. Es wurde 2006 eröffnet, zog bisher 13 Millionen Besucher an und wurde 2015 zum beliebtesten Touristenziel Europas gewählt.

Die zum Diageo-Konzern gehörende Brauerei ist eine der größten der Welt, jährlich produziert man auf dem 26 Hektar großen Areal am St. James's Gate rund 2,5 Millionen Pints des dunklen Bieres, das so sehr für Irland steht wie grüne Wiesen und die Harfe. In den 1930er-Jahren arbeiteten bis zu 5000 Menschen für die Brauerei. Guinness hatte eine eigene Eisenbahn, mit der die Fässer zum Fluss gebracht wurden, wo sie über den Seehafen mit der eigenen Flotte verschifft wurden. Heute arbeiten rund 2000 Menschen für Guinness, ein Großteil im Storehouse, das in seinem entkernten Inneren die Form eines sieben Stockwerke hohen Guinness-Glases hat: Würde man es mit Bier füllen, passten 14,3 Millionen Pints hinein. Die Präsentation ist mit Liebe zum Detail. Das wohlige Gefühl, Guinness sei gut für einen, hat man spätestens in der »Gravity Bar«, ein Pint schlürfend und auf die Skyline Dublins blickend.

Gesellschaftliches Engagement

Guinness steht aber nicht nur für Bier, sondern auch für gesellschaftliches Engagement. Firmengründer Arthur Guinness spendete einen Großteil seines Vermögens für die Armen in Dublin. Sein Enkel Benjamin finanzierte die Restaurierung der St. Patrick's Cathedral Mitte des 19. Jahrhunderts, dessen Sohn Arthur Edward stiftete den Park St. Stephen's Green in der Innenstadt Dublins. Guinness hatte als eine der ersten Firmen Irlands eine Altersvorsorge für seine Arbeiter und baute schon 1872 günstige Mietwohnungen. 1890 wurde der Guinness Trust gegründet, eine Stiftung, die in London und Dublin Häuser baut, in denen ärmere Bürger günstigen Wohnraum bekommen. 2009 wurde ein weiterer Fonds ins Leben gerufen, der bisher sieben Millionen Euro weltweit an verschiedene karitative Organisationen ausgezahlt hat. Dass Guinness etwas Besonderes ist, wissen übrigens nicht nur die Iren. In Malaysia, neben Schwarzafrika einer der Hauptabsatzmärkte der Brauerei, gilt es vor einer Taufe als gutes Omen, den Täufling mit Guinness zu beträufeln, auf dass er Kraft und Ausdauer habe.

23 Northside
Im Herzen der Revolution

In jeder Stadt gibt es Viertel, die sich gegenseitig necken. In Dublin markiert die Grenze der Liffey – die Grenze zwischen reichem Süden mit dem Regierungsviertel, georgianischen Häuserzeilen und dem Park St. Stephen's Green. Und dem Norden, wo der Bürgerkrieg tobte, die Arbeiter wohnten und wohnen und der erst in den vergangenen Jahren rund um die O'Connell Street zur Ausgeh- und Shoppingmeile wurde.

Wenn man alteingesessene Dubliner so hört, möchte man fast glauben, die Rivalität zwischen Northside und Southside wäre so stark wie die zwischen den Fußballvereinen in Nürnberg und Fürth oder Gelsenkirchen und Dortmund. Dem Touristen sollte es egal sein. Wenn er sich nur im Süden aufhielte, würde er im Norden nämlich wirklich etwas verpassen. Und umgekehrt. Wo kann man sich im Herzen der irischen Revolution

Wahrzeichen und Treffpunkt: die O'Connell-Statue

GUT ZU WISSEN

LEPRECHAUNS BRAUCHEN KEIN MUSEUM

Gegen einen Leprechaun an sich ist nichts einzuwenden. Die kleinen, mythischen Kobolde mit dem roten Haar sind in Irland allgegenwärtig – nicht wenige Menschen sind selbst stocknüchtern von ihrer Existenz überzeugt. Warum man deswegen aber gleich ein Museum für die Leprechauns erfinden musste, bleibt ein Rätsel. Einen Besuch ist es jedenfalls nicht wert, zumal die Ansammlung von Banalitäten an der Ecke Jervis/Abbey Street auch noch mit gesalzenen 10 Euro Eintritt aufwartet.

Northside

umschauen und trotzdem schick einkaufen und essen gehen? Genau, das geht nur in der O'Connell Street, von der Dubliner Touristenwerbung gerne als breitester Boulevard Europas bezeichnet. Es ist wohl eher die breiteste Straße Irlands, immerhin bis zu 49 Meter. Aber auch die wohl geschichtsträchtigste, auf die man sich unbedingt einlassen sollte, wenn man den jahrhundertelangen Kampf der Iren um ihre Unabhängigkeit verstehen will. Der *Spire*, die 120 Meter hohe und vier Millionen Euro teure Stahlnadel in der Mitte des Boulevards, spielt dabei keine Rolle. Sie wurde Anfang des 21. Jahrhunderts gebaut, bis 1966 stand dort ein Denkmal für den britischen Seehelden Lord Nelson. Das sprengte die Irish Republican Army aber bei einem Anschlag während des Bürgerkriegs.

Womit man sich schon mitten in der gewalttätigen Geschichte der O'Connell Street befindet. Sie ist mit Anschlägen, Bomben, Tod und Leid gepflastert. Auf halbem Weg zwischen der O'Connell-Brücke und dem *Spire* steht auf der linken Seite das General Post Office. Ein durchaus beeindruckendes Gebäude mit Tempelfassade, das man aber unbeachtet lässt, wenn man seine Geschichte nicht kennt. Auf den Stufen des Hauses proklamierte am Ostermontag 1916 Patrick Pearse die irische Unabhängigkeit von England. Es folgte eine der schlimmsten Wochen der irischen Geschichte, denn die englische Krone ließ den Aufstand blutig niederschlagen, große Teile der Gegend um die O'Connell Street wurden bombardiert, es gab weit über 100 Tote. Die Anführer des Aufstandes wurden verhaftet, 14 von ihnen im Kilmainham Gaol hingerichtet, Sympathisanten der Freiheitsbewegungen im Gefängnis gefoltert – ein historischer Fehler, denn die Stimmung im Volk drehte sich radikal. Es folgte ein sechs Jahre dauernder Bürgerkrieg zwischen Unionisten und Freiheitskämp-

Nicht verpassen

DIE PLAKETTE FÜR FATHER PAT NOISE

Das Erfinden von Geschichten hat in Dublin Tradition, kein Wunder bei vier Literaturnobelpreisträgern. Doch die Geschichte der Plakette von Father Pat Noise übertrifft alles. Auf der O'Connell-Brücke, in Richtung Northside links, ist in die Brüstung eine bronzene Plakette eingelassen. In Gedenken an den Priester Pat Noise, der hier angeblich 1916 während des Osteraufstandes unter verdächtigen Umständen sein Leben im Kampf um die irische Unabhängigkeit ließ. Die Geschichte ist erstunken und erlogen, aber extrem witzig: 2004 wurde die Plakette heimlich angebracht, von der Stadtverwaltung aber erst 2006 bemerkt, als eine Zeitung berichtete. Bis zur Jahrtausendwende war hier die Steuerung der Milleniums-Uhr angebracht. Man wollte sie entfernen, es gab Proteste der deutlich humorvolleren Bürger, die Plakette blieb.

O'Connell Bridge. Laufrichtung Norden, links an der Brüstung, Dublin

PHOENIX PARK

Einfach gut!

Sieben Quadratkilometer groß ist die grüne Lunge Dublins, der Phoenix Park im Osten. Als Papst Johannes Paul II. 1979 nach Irland kam, feierte er mit einer Million Iren hier einen Gottesdienst. Ursprünglich gehörte der Park zum Karmeliterkloster in Kilmainham, war ein komplett mit einer Mauer eingegrenztes Jagdrevier der englischen Gouverneure. Am besten mietet man sich am Haupteingang ein Fahrrad und erkundet das weitläufige Gelände, das allerhand zu bieten hat: Eine wilde Hirschherde, die mehr die Autos als die Jäger zu fürchten hat, die aus dem 18. Jahrhundert stammenden Residenzen des irischen Präsidenten und des amerikanischen Botschafters, den Dubliner Zoo und jede Menge lauschige Plätze, wo man sich bei schönem Wetter einen netten Tag machen kann – in einer grünen Oase inmitten des hektischen Dubliner Stadtlebens.

Phoenix Park Visitor Center.
Mai–Okt. tgl. 10–17.45, Nov.–April Mi–So 9.30–17.30 Uhr,
www.phoenixpark.ie

fern, der erst 1923 endgültig beendet wurde und in dem mehr als 4000 Menschen ihr Leben ließen sowie unzählige mehr verletzt wurden. Am Ende des Bürgerkriegs wurde die Provinz Ulster als Nordirland Teil Großbritanniens. Der Rest Irlands löste sich von der jahrhundertelangen Bevormundung durch England und gründete die Republic of Ireland.

Die Wunden sind in der irischen Gesellschaft vernarbt, verheilt wohl eher noch nicht. Das sieht man symbolisch auch am O'Connell-Monument, das dem irischen Freiheitskämpfer Daniel O'Connell gewidmet ist. Er war ab 1841 der erste katholische Bürgermeister Dublins und kämpfte gemeinsam mit Charles Stewart Parnell unter dem Motto »Irisches Land für die Iren« für die Selbstverwaltung. Unter anderem gründete er die Gaelic Athletic Association mit, die auch heute noch weit mehr ist als eine der größten Amateursport-Vereinigungen der Welt. Es lässt einen schaudern, wenn man die unterhalb der Bronzestatue von O'Connell aufgestellten Bronze-Engel genau anschaut und in ihnen zahllose Einschusslöcher sieht. Die stammen aus dem Jahr 1916 und wurden bis heute nie ausgebessert.

Die meisten Touristen gehen achtlos vorbei, es gibt ja auch so genug zu sehen entlang des mittlerweile wahrlich einer Prachtstraße gleichenden Boulevards. Dank eines großen Bauprogramms in den vergangenen Jahren wurden viele Häuser saniert, siedelten sich große Geschäfte und Kaufhäuser an. Und es entstanden kleine Schätze, wie der Cab Driver's Shrine am Ende der O'Connell Street vor dem Parnell-Memorial. Dort ist die große Sammelstelle der Taxen und auf einem Granitsockel wacht eine bunt bemalte Jesus-Statue, wettergeschützt unter Plexiglas, über Fahrer und natürlich auch Fahrgäste.

Von den Docklands bis zum Nationalmuseum

Die Northside hat natürlich noch viel mehr zu bieten als die Einkaufspaläste rund um die O'Connell Street. Allerdings sollte man gut zu Fuß sein, um die weitläufige Gegend zu erkunden. Einen Streifzug wert sind sicher die Docklands im Osten Richtung Meer. Dort zeigt sich Dublin als mondäne Großstadt, die Kapital anzieht und entsprechend modern und weltoffen auftritt, mit vielen glänzenden Bürofassaden und dem neuen Kongresszentrum neben der markanten Samuel-Beckett-Brücke. Die ist dem großen Dubliner Schriftsteller und Nobelpreisträger gewidmet und wegen ihrer Harfenform ein beliebtes Postkartenmotiv.

Im Westen Richtung Phoenix Park, mit der Dubliner Stadtbahn LUAS schnell erreichbar, warten drei Muss-Besichtigungen. Freunde des gepflegten Grusels haben in der aus dem Jahr 1685 stammenden St. Michan's Church ihre helle Freude, dort liegt nämlich in der Krypta die Mumie eines Kreuzritters. Es soll Glück bringen, seine Hand zu berühren. Der Legende nach soll der Ritter, der wohl nur 300 Jahre alt ist und somit sicher nicht an den Kreuzzügen unter Richard Löwenherz im späten Mittelalter teilgenommen haben kann, den Dubliner Schriftsteller Bram

Oben: Gut beschützt werden die Taxifahrer Dublins von der Jesus-Statue auf der O'Connell Street.
Unten: Modernes Design zeigt die Samuel-Beckett-Brücke in den Docklands.

Stoker zur Entwicklung der Figur des Grafen Dracula inspiriert haben.

Deutlich weniger Mut braucht es zum Besuch des National Museum of Decorative Arts & History, das nur wenige hundert Meter von der St. Michan's Church in der früheren Kaserne Collins Barracks untergebracht ist, die am Rand des ehemaligen Marktviertels Smithfield liegt. 226 Jahre wurde die Kaserne ununterbrochen militärisch genutzt, bevor sie 1997 zum weitläufigen Museumskomplex umgebaut wurde. Die kostenlos zugänglichen Sammlungen zeigen Kunst, Kunsthandwerk, Porzellan, Schmuck sowie die wichtigsten archäologischen Funde der grünen Insel. Und die wohl beste Ausstellung im ganzen Land zum Thema irische Unabhängigkeit unter dem Thema »The Irish at war«.

Auf dem Weg zurück Richtung O'Connell Street lohnt es sich, durch das Arbeiterviertel rund um die ehemalige Jameson's-Destillerie zu streifen. Whiskey wird in Dublin schon lange nicht mehr gebrannt, der Ursprung der größten irischen Destillerie, die seit Mitte des 19. Jahrhunderts in Midleton in der Grafschaft Cork produziert, liegt aber in Dublin. Vielleicht ist ein kleiner Schluck in Gedenken an die irischen Freiheitskämpfer am Ende des Tages gar nicht so schlecht, wenn man mit offenen Augen die O'Connell Street entlanggegangen ist.

Oben: Die Ursprünge der Old Jameson's Destillery kann man im Smithfield Village besuchen.
Unten: Sehenswert und kostenlos: das Nationalmuseum Irlands

Infos und Adressen

SEHENSWÜRDIGKEITEN

National Museum of Decorative Arts & History.
Di–Sa 10–17, So 14–17 Uhr, Eintritt frei, Collins
Barracks, Benburb Street, Dublin 7,
www.museum.ie

Old Jameson's Distillery. Tgl. 10.30–18 Uhr,
18 Euro inkl. Whiskey-Probe, Kinder 9, Familien
35, Bow Street, Smithfield Village, Dublin 7,
Tel. 018/07 23 55, www.jamesonwhiskey.com

ESSEN UND TRINKEN

The Church. In der ehemaligen Kirche heiratete
im 18. Jahrhundert Arthur Guinness, heute ist sie
eine der beliebtesten Dubliner Party-Locations mit
Bar, Restaurant und Club. Mary Street/Jervis
Street, Dublin 1, Tel. 018/28 01 02,
www.thechurch.ie

Grand Central Bar. Gründerzeit-Gebäude, modernes Inneres, gutes Bar-Food und leckere Cocktails – und das direkt an der O'Connell Street.
10–11 O'Connell Street, Dublin 1,
Tel. 018/72 86 58

Nicht zu übersehen ist der Eingang zur Old
Jameson's Destillery.

»The Church« zieht Touristen und Einheimische an.

ÜBERNACHTEN

Ashling Hotel. Vier-Sterne-Haus in Bahnhofsnähe,
moderne Zimmer, sehr gutes Preis-Leistungs-Ver-
hältnis. Parkgate Street, Dublin 8,
Tel. 016/77 23 24, www.ashlinghoteldublin.ie

The Gresham. Zentraler geht's nicht mehr, direkt
an der O'Connell Street im Herzen der Stadt,
modernes Vier-Sterne-Haus in historischem Ambiente. 23 O'Connell Street Upper, Dublin 1,
Tel. 018/74 68 81,
www.gresham-hotels-dublin.com

EINKAUFEN

Jervis Center. 50 größere und kleinere Läden
laden in modernem Ambiente zum Shoppen ein.
Tgl. 9–18.30 Uhr, 125 Upper Abbey Street, Dublin 1, www.jervis.ie

INFORMATION

Dublin Visitor Center. Mo–Sa 9–17.30,
So 10–15 Uhr, O'Connell Street (gegenüber der
Brücke), Dublin 1, Tel. 018/903 24 58 3,
www.visitdublin.com

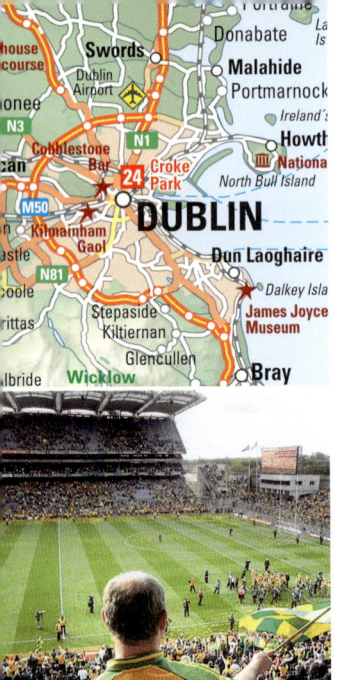

24 Gaelic Sports im Croke Park
Viel mehr als nur Sport

Zu den wirklich wunderlichen Dingen in Irland gehören die gälischen Sportarten ganz sicher dazu: Gaelic Football und Hurling gibt es nur auf der Grünen Insel, es pilgern Zehntausende zu den Spielen. Ein magischer Ort für alle Fans ist das Croke-Park-Stadion im Norden Dublins. Dort schlägt das Herz des gälischen Sports und im GAA-Museum versteht man, warum Sport und Politik untrennbar miteinander verbunden sind.

Ein Sonntag im September in Dublin. Die Stadt voll mit Sportfans, voller Vorfreude, voller Gaelic-Football-Fieber. 82 300 Zuschauer pilgern ins Croke-Park-Stadion im nördlichen Stadtteil Drumcondra. Im drittgrößten Stadion Europas steht das Finale in einem Sport an, den auf dem Kontinent fast niemand kennt. Donegal hat den Favoriten Dublin im Halbfinale besiegt, jetzt geht es gegen Mayo. Sport in jeder Form interessiert die Iren – doch wenn es um »ihre« Sportarten geht, um Gaelic Football oder Hurling, kennen sie kein Halten mehr. Aber: immer friedlich, immer mit Humor. Das Gaelic-Football-Finale gewinnt Donegal, zum ersten Mal nach gut 20 Jahren. Im Stadion gibt es Glückwünsche der gegnerischen Fans, dann trinkt man zusammen ein Guinness. Wer Irland verstehen will, kommt an den gälischen Sportarten nicht vorbei. Sie sind der Schlüssel zum Verständnis der irischen Seele. In Deutschland geht der Vater mit dem Sohn zum Fußball. In Irland bekommen Jungs wie Mädels von Kindesbeinen an einen Football oder einen Hurley, den hölzernen Schläger, den man im Hurling benutzt, in die

Oben: Donegal gewinnt das Gaelic-Football-Finale in Dublin, die Fans sind glücklich.
Unten: Die Helden der gälischen Sportarten gibt es im Museum zu sehen.

Gaelic Sports im Croke Park

Hand. Überall gibt es Sportplätze mit den charakteristischen Stangen an den Toren, die an American-Football-Tore erinnern. Gaelic Football und Hurling gibt es seit Jahrhunderten, es sind Mischungen aus Fußball, Handball und Hockey – hart, aber fair, wie die Iren.

Wichtige Rolle im Bürgerkrieg

Organisiert werden die Sportarten, die 300 000 Spieler in Irland und Nordirland als reine Amateure betreiben, von der Gaelic Athletic Association, einem der größten Amateursportverbände der Welt. Mitte des 19. Jahrhunderts verstärkte sich der Wunsch der Iren nach Unabhängigkeit von England. Damit einherging eine Rückbesinnung auf das Irische, darunter die alten gälischen Sportarten, die die Engländer verboten hatten. Michael Cusack und seine Mitstreiter gründeten 1884 die GAA, die nicht nur den Iren eine sportliche Betätigung bot, sondern auch politisch war. Nach dem ersten Geschäftsführer Thomas Croke (1824–1902) ist das Stadion auch benannt, in dem seit 1896 das All-Ireland-Finale im Gaelic Football und Hurling gespielt wird. Seit 1998 gibt es dort das GAA-Museum, das eine Schatztruhe für Sportfans ist, die auch für Politik einen Blick haben. Vor allem die Interaktivität des Museums beeindruckt, in dem Kinder auf ihre Kosten kommen. Auch die Rolle der GAA bei der leidvollen irischen Trennung von England wird aufgearbeitet. Im Osteraufstand 1916 und im folgenden Bürgerkrieg kämpfte die GAA für die irische Unabhängigkeit. So ist es zu verstehen, dass man bis 2007 »englische« Sportarten wie Fußball nicht im Croke Park stattfinden ließ. Und was den »heiligen« Rasen betrifft, kennen die Iren kein Pardon: Queen Elizabeth II. wurde es 2010 verboten, den Rasen zu betreten. Der sei nur für Sportler. Irische Sportler.

Infos und Adressen

SEHENSWÜRDIGKEITEN
Croke Park Stadium und GAA-Museum. Interessante Stadiontour, auch auf dem Dach möglich. Mo–Sa 9.30–17 Uhr, Juli/Aug. bis 18 Uhr, 7 Euro, mit Stadionführung 14 Euro, Tel. 018/19 23 23, www.crokepark.ie

ESSEN UND TRINKEN
The Red Parrot. Ein typischer Sport-Pub in einem roten Backsteingebäude, große Bierauswahl, leckeres Bar-Food und jede Menge Sportfans zum Diskutieren. 57–58 Lower Dorset Street, Dublin 1, Tel. 018/55 50 53

ÜBERNACHTEN
The Croke Park Hotel. Ein schönes, modernes Vier-Sterne-Haus, direkt neben dem Stadion mit Blick darauf, im Innenhof stylischer Biergarten mit »Sideline Bistro«. Jones' Road, Dublin 3, Tel. 018/71 44 44, www.crokeparkhoteldublin.com

Irischen Stolz repräsentiert dieses Trikot aus den 1930er-Jahren.

25 Southside und Temple Bar
Vom Mittelalter zur Spaßgesellschaft

Wo im Mittelalter reges Markttreiben herrschte und heute stolz die Geschichte der irischen Rockband U2 erzählt wird, liegt das Herz Dublins. Der Temple Bar District, direkt ans Südufer des Liffey angrenzend, zieht gerade die Touristen in Scharen an, die zahlreichen Galerien sind gefüllt mit Kunstinteressierten und rund um die Christ-Church-Kathedrale kommen alle Geschichtsfans auf ihre Kosten. Ganz so, wie man sich Stadtleben in einer Großstadt vorstellt.

Zumindest das Kopfsteinpflaster lässt darauf schließen, dass man sich hier in einem der ältesten Teile Dublins befindet. Das Gewusel und das meist junge Spaßpublikum vor allem am Wochenende lassen jedenfalls nicht erahnen, dass Temple Bar jahrhundertealte Wurzeln hat und einst der

Oben: Treffpunkt des Partyvolks ist der Temple Bar District.
Unten: Legendär ist die Stratocaster-Gitarre des berühmten Sängers Rory Gallagher.

GUT ZU WISSEN

GESALZENE PREISE
Natürlich, wenn man jung ist und Party machen will, haben die Pubs, Bars und Restaurants in der Temple Bar Street magische Anziehungskraft. Doch die Einheimischen meiden die Gegend zu Recht wegen der Getränkepreise, die in Irland sowieso gesalzen sind und in Temple Bar noch zusätzlich gepfeffert werden. Der Trubel ist gerade am Wochenende enorm, deswegen sollte man sich lieber ein anderes Viertel zum Ausgehen suchen – Dublin ist wahrlich groß genug.

Southside und Temple Bar

Kern Dublins war, aus dem sich die größte Stadt der irischen Insel entwickelte. Im 17. Jahrhundert begann das Wachstum Dublins über seine ursprünglichen Grenzen nahe der Christ-Church-Kathedrale hinaus. Im heutigen Temple Bar District, beginnend am Liffey bis zur Dame Street, wohnten früher Handwerker und Händler. Als der Parlamentssitz nach dem Zweiten Weltkrieg schließlich verlegt wurde weg vom Dublin Castle, entwickelte sich das Viertel zunächst in Richtung Rotlichtmeile. Sir William Temple, ab 1609 als Dekan des Trinity Colleges Namensgeber des Viertels, hätte sich im Grab umgedreht, wenn er dies noch erlebt hätte. Und sein Haus mit Garten sofort verkauft.

Das heruntergekommene Viertel sollte in den 1960er-Jahren zu einem Busbahnhof umgebaut werden. Zum Glück wurde dieser Kahlschlag für die Stadtarchitektur gestoppt, sodass sich heute ein quirliges Viertel entwickelt hat, in dem nicht nur der abendliche, überbordende Pub-Betrieb heraussticht, sondern vor allem die vielen Kunstgalerien und -zentren, die tagsüber intellektuelles Publikum anziehen. Rund um den Meeting House Square im Herzen von Temple Bar gibt es mit dem National Photographic Archive oder den Temple Bar Gallery & Studios jede Menge Inspiration. Dazu ist die Gegend für Musikfans ein Eldorado. An der Ecke Meeting House Square und Essex Street muss man nur den Kopf ein wenig heben, um an der roten Backsteinwand des Gebäudes eine ungewöhnliche Entdeckung zu machen: In etwa drei Metern Höhe hängt eine Kopie der berühmten Stratocaster-Gitarre, auf der einst der begnadete irische Blues-Musiker Rory Gallagher (1948–1995) spielte. Nur wenige Meter weiter auf der rechten Seite sinken Fans von Bono und The Edge auf die Knie – die Chefs der irischen Rockband U2 besitzen das noble »Clarence Hotel« und sind hier auch des Öfteren anzutreffen.

Nicht verpassen

TOM UND JERRY IN DER ORGEL

Die Krypta der Christ-Church-Kathedrale ist aus mehreren Gründen ein Muss: Ihrer atemberaubenden Architektur wegen, schließlich tragen die Rundbögen aus dem 12. Jahrhundert heute noch die Last der Kirche über sich. Dazu der umfangreiche Kirchenschatz und ein Schaukasten mit einer mumifizierten Katze und einer Ratte, die lokale Berühmtheiten wurden: Tom und Jerry. In den 1860er-Jahren wurden die Mumien bei der Renovierung der Orgel in einer der größeren Pfeifen steckend gefunden. Die Legende besagt, dass die Katze die Ratte jagte, sich diese in der Orgelpfeife versteckte, die Katze hinterhersauste und damit das Todesurteil für beide fällte. Dass die Orgelpfeife viele Jahre nicht funktionierte, fiel erst bei der Renovierung auf. Und nachdem die Dubliner mit Spitznamen schnell bei der Hand sind, wurden die beiden Unglücks-Mumien im 20. Jahrhundert zu Tom und Jerry, wie in der gleichnamigen Zeichentrickserie. Und natürlich ausgestellt.

Christ-Church-Kathedrale. April–Sept. Mo–Sa 9.30–19, So 12.30–14.30, 16.30–19, Okt. Mo–Sa 9–18, So 12.30–14.30, 16.30–18, Nov.–Feb. Mo–Sa 9.30-17, So 12.30–14.30, März Mo–Sa 9–18, So 12.30–14.30, 16.30–18 Uhr, 6,50 Euro, Christ Church Place, Dublin, www.christchurchcathedral.ie/

Eintauchen ins Mittelalter

Westlich vom Clarence Hotel, ein wenig den Berg hinauf, steht ein Dreigestirn, das nicht nur für Geschichtsinteressierte ein Muss ist. Dublinia, Christ-Church-Kathedrale und St. Audeon's Church. Beginnen sollte man das Mittelalter-Abenteuer in St. Audeon's. Nicht verwirren lassen, dass es zwei St. Audeon's-Kirchen gibt. Aufgrund der lutherischen Kirchenspaltung sind die beiden nebeneinanderliegenden Kirchen beide dem normannischen Heiligen aus Rouen gewidmet.

Die ältere und kleinere St. Audeon's-Kirche direkt an der High Street ist die einzige erhaltene Pfarrkirche der Stadt aus dem 12. Jahrhundert. Sie gehört der irisch-anglikanischen Kirche, während die gleich daneben stehende größere St. Audeon's aus dem Jahr 1847 ein katholisches Gotteshaus ist.

Im Museum im Dublinia-Gebäude, das über einen Treppengang mit der Kathedrale verbunden ist, wird die Zeitreise ins Mittelalter perfekt orchestriert. Die Wikinger, das Marktleben, ein Stadtmodell von früher – und Kinder dürfen alles ausprobieren. Die Christ Church ließ Normannenführer Richard Strongbow 1172 im romanisch-gotischen Übergangsstil auf den Resten einer hölzernen Wikingerkirche bauen. Die anglikanische Kirche mit den schönen Bodenfliesen steht auch symbolisch für den Griff Englands nach Irland. Henry VIII. ließ in der ersten Hälfte des 16. Jahrhunderts den Bischofsstab von St. Patrick öffentlich verbrennen, die wichtigste Reliquie der damals katholischen Kirche.

Im Keller wartet die nächste Überraschung: Eine wunderbare Krypta, zu Zeiten Cromwells ein überdachter Markt mit Läden, heute die sehenswerte Ausstellung des Kirchenschatzes. Mittendrin ein stylisches Café – Mittelalter und moderne Spaßgesellschaft, das passt zusammen.

Oben: Typischer Straßenzug in der Dubliner Innenstadt
Mitte: Dahinter wartet ein Top-Museum: der Eingang zum Dublinia
Unten: Nicht nur der Adler ist einen Blick wert: die Christ Church Cathedral

Infos und Adressen

SEHENSWÜRDIGKEITEN

Dublinia. Museum zur mittelalterlichen Geschichte Dublins in der ehemaligen Synodenhalle der Christ-Church-Kathedrale, gerade für Kinder ein Paradies. März–Sept. tgl. 10–18.30, Okt.–Feb. tgl. 10–17.30 Uhr, Erwachsene 9,50, Kinder 6, Familien 25 Euro, St. Michael's Hill, Christ Church, Dublin 8, Tel. 016/79 46 11, www.dublinia.ie

ESSEN UND TRINKEN

The Norseman. Künstler und solche, die glauben, Künstler zu sein, treffen sich hier, im Sommer gerne auch draußen vor dem Pub. 29 Essex Street, Dublin 2, www.thenorseman.ie

Fitzsimons Hotel und Bar. Nur eine Ecke vom Temple-Bar-Trubel entfernt, gediegenes Essen, mit Zimmern in den oberen Stockwerken. 21–22 Wellington Quay, Temple Bar, Dublin 2, Tel. 016/77 93 15, www.fitzsimonshotel.com

Stag's Head. Ein wenig außerhalb des Temple-Bar-Trubels, 1770 gebaut, 1895 umgebaut, seither so belassen, urtümliches und echtes Pub-Erlebnis. 1 Dame Court, Dublin 2, Tel. 016/79 36 87

ÜBERNACHTEN

Abigail's Hostel. Für den knappen Geldbeutel, ein schönes, sonniges Hostel, in dem jeder sogar sein

U2-Fans gehen hier auf die Knie: Das »Clarence Hotel« gehört der Rockband.

eigenes Bad hat, 7–9 Aston Quay, Dublin 2, Tel. 016/77 93 00, www.abigailshostel.com

Clarence Hotel. Fünf-Sterne-Haus der Oberklasse mit Glamourfaktor: Es gehört der Band U2, deswegen trifft man auch öfters Prominente. 6–8 Wellington Quay, Dublin 2, Tel. 014/07 08 00, www.theclarence.ie

AKTIVITÄTEN

Sandemans New Dublin Tour. Interessante Touren durch die Stadt mit lokalen Führern, denen man grundsätzlich nur das zahlt, was einem die Tour wert war. Beginn tgl. 11, 14 Uhr, Treffpunkt City Hall, Dame Street, Dublin 2, www.neweuropetours.eu

Dublin im Mittelalter hautnah erfahren kann man im Dublinia.

26 Trinity College
Kunstgenuss und Shopping-Hits

Regieren und studieren, flanieren und shoppen. Das georgianische Dublin bietet dieses ungleiche Duett rund um das Trinity College und den Stadtpark St. Stephen's Green par excellence. Hier bieten sich lange Bummel geradezu an, um das Leben in der pulsierenden irischen Metropole so richtig zu genießen und aufzusaugen. Vor allem in der Einkaufsstraße Grafton Street gibt es praktisch nichts, was es nicht gibt. Und auch Nachteulen kommen auf ihre Kosten.

Die jahrhundertelange englische Regentschaft über Irland, die erst zwischen 1916 und 1922 blutig beendet wurde, ist kein Kapitel, mit dem man sich auf der Grünen Insel viele Freunde macht. Allerdings gibt es auch die eine oder andere englische Hinterlassenschaft positiver Art. Gerade in

GUT ZU WISSEN

WO SICH DER ELEFANT DEN KOPF STÖSST

Natürlich, man sollte nicht zu sehr meckern, wenn etwas kostenlos ist. Dennoch kann man sich den Besuch des Zoologischen Museums auf dem Campus des Trinity Colleges sparen. Die vollgestopften Räume wirken, als seien Exponate relativ willkürlich aus dem Natural History Museum hier ausgestellt worden, dabei ist es eine eigene Sammlung – von Insekten bis zum Elefantenskelett, das an die Decke stößt. Leider leidet das Museum unter der lieblosen Präsentation, sodass man am Merrion Square deutlich besser beraten ist.

Oben: Beliebter Zeitvertreib: Vögel füttern in St. Stephen's Green
Unten: Amaldo Pomodoros Kunstwerk im Trinity College lädt zum Verweilen ein.

Trinity College

Dublin findet man noch ein paar der etwas positiveren architektonischen Spuren, die die Jahrhunderte überdauert haben. Gerade die georgianische Periode, also die Zeit zwischen 1714, der Krönung von George I., bis etwa 1830, als George IV. von England starb, war prägend für die Entwicklung der Stadt. Zum einen wurde die Innenstadt damals großflächig umgestaltet, neue Straßen ebenso gebaut wie Wohnhäuser. Unter Bezugnahme auf griechische und römische Architektur sind georgianische Häuser eher klassizistisch im Antlitz, ganze Straßenzüge entstanden so. Leider hinterließ die irische Revolution Anfang des 20. Jahrhunderts tiefe Spuren am georgianischen Erbe, viele Häuser wurden zerstört. Erst Mitte der 1990er-Jahre besann sich die Dubliner Stadtregierung darauf, dass das historische Erbe auch touristisch vermarktbar ist und schützte die letzten verbliebenen Häuser. Vor allem rund um St. Stephen's Green, jenem wunderbaren, neun Hektar großen Stadtpark, den es schon seit 1635 gibt, sieht man einige glanzvolle Beispiele georgianischer Architektur.

Ebenso entscheidend für die positive Entwicklung der Stadt wie das georgianische Erbe dürfte auch die Entscheidung von Arthur Edward Guinness im Jahr 1880 gewesen sein, den Park frisch bepflanzen und gestalten zu lassen und wieder dauerhaft der Bevölkerung zur Erholung zu öffnen. Heute ist er ein Treffpunkt für Jung und Alt, für Hippies wie Yuppies, für Geschäftsleute wie Rentner, für junge Familien und Studenten. Der Haupteingang, der von dem dem Titusbogen in Rom nachempfundenen Fusilier's Arch überspannt wird, liegt direkt an der Grafton Street Dublins Einkaufsmeile Nummer eins. Nicht zu übersehen ist das St. Stephen's Green Shopping Center, das schon allein wegen seiner einem viktorianischen Bahnhof ähnlichen Stahlkonstruktion im Inneren einen Besuch wert

Nicht verpassen

SHELBOURNE HOTEL MUSEUM

So wie das »Plaza« am Central Park in New York City, steht das »Shelbourne Hotel« in Dublin gegenüber von St. Stephen's Green für Eleganz und Glamour. Gewöhnliche Mitbürger werden sich einen Aufenthalt im Hotel, in dem die irischen Staatsgäste ebenso übernachten wie früher die großen Stars, von Charlie Chaplin bis zu den Rolling Stones, nicht leisten können. Aber vielleicht einen Lunch, einen Tee oder ein Dinner im Restaurant. Denn das lohnt sich nicht nur wegen des leckeren Essens und schönen Ambientes, so kommt man auch in ein kleines Museum der Zeitgeschichte, in welchem die Hotelleitung ihr altes Gästeregister ebenso präsentiert wie Briefe von Gästen an das Hotel. Erst im Jahr 2014 ging das irische Fernsehen mit seiner neuen Serie *The Shelbourne* auf Sendung, in der hinter die Kulissen des Nobelschuppens geblickt wird.

The Shelbourne Hotel. 27 St. Stephen's Green North, Dublin 2, Tel. 016/63 45 00, www.theshelbourne.com

ist. 1988 war es bei seiner Eröffnung das größte Shoppingcenter Irlands. Viele Läden gibt es aber auch in der Fußgängerzone entlang der Grafton Street, an deren Nordende der Übergang von Shoppinglust zu Kunstgenuss mit dem Trinity College perfekt gelingt.

Den Literaturschatz nicht verpassen

Gerade im Sommer ist Irlands größte Universität, deren zwei Quadratkilometer großer Campus mitten in der Stadt liegt, ein Kleinod. Ein Besuch in der Ausstellung zum *Book of Kells*, einmal Schlendern über den historischen Campus, den Elizabeth I. 1592 einweihte, oder einfach nur im Park liegen und den Tag genießen – Trinity College, das bis 1793 nur protestantische Studenten besuchen durften, verschließt sich heute nicht elitär, es öffnet sich der Bevölkerung und den Touristen. Es ist eine kleine Zeitreise entlang der historischen Gebäude wie dem 30 Meter hohen Campanile gegenüber dem Haupteingang, durch dessen Durchgang kein echter Student laufen würde, weil das

Oben: Ein Muss beim Besuch in Dublin: die große Lesehalle im Trinity College
Unten: Kostenlos und interessant ist die Nationalgalerie in der Nassau Street.

Rundgang: Die Innenstadt von Dublin

Die Innenstadt Dublins ist schnell zu Fuß erkundbar, alles liegt nahe beieinander.

Ⓐ Bank of Ireland – Der Rundgang durch die Innenstadt beginnt am besten am Haupteingang des Trinity Colleges. Ihm gegenüber liegt ein klassizistischer Prunkbau, die heutige Bank of Ireland. Der Rundbau wurde 1729 bis 1739 von Edward Pearce als Parlament der irisch-anglikanischen Landlords gebaut. Damals wurde eine Steuer auf Fenster erhoben, weswegen das Gebäude außen komplett fensterlos ist und über das Dach Tageslicht bekommt. Von dort schlendert man über den Campus des Trinity Colleges in Richtung Berkeley Library, wo der Ausgang zur Nassau Street liegt.

Ⓑ National Gallery – An der Nassau Street über Leinster Street South bis Merrion Square. Davor lohnt sich ein Abstecher in die kostenlose Nationalgalerie, die vom großzügigen Nachlass des irischen Nobelpreisträgers George Bernard Shaw profitiert.

Ⓒ Merrion Square – Nur wenige Meter von der Nationalgalerie entfernt liegt ein unterschätzter Park. Rund um den Merrion Square finden sich noch zahlreiche schöne Beispiele georgianischer Architektur, im Park steht eine Statue von Oscar Wilde, die die Guinness-Familie errichten ließ. Am Parkausgang im Westen hält man sich links entlang der Merrion Street Upper bis zur Kreuzung mit der Merrion Row.

Ⓓ Hugenotten-Friedhof – Nur 50 Meter auf der rechten Seite, und man steht vor dem Gitter eines der ältesten Friedhöfe der Stadt, auf dem von 1693 bis 1901 französische Hugenotten, die nach Irland ausgewandert waren, beerdigt wurden.

Ⓔ St. Stephen's Green – Auf dem Weg Richtung Grafton Street lohnt es sich, durch den Park zu schlendern. Am Eingang gegenüber dem Hugenotten-Friedhof befindet sich das Wolfe-Tone-Memorial. Den Park verlässt man durch den Haupteingang an der Grafton Street.

Einfach gut!

DER TOTE EISBÄR

Irgendwie sieht es aus, als hätte der Eisbär ein drittes Auge. Auf der Stirn ist es deutlich zu sehen, das Einschussloch der Kugel, mit der Francis McClintock bei seiner kanadischen Arktis-Expedition Ende des 19. Jahrhunderts auf den Spuren des 1847 verschollenen Sir John Franklin den Bären erschoss. Der ist jetzt eines der augenfälligsten Exponate im kostenlosen Natural History Museum und macht auf krasse Art und Weise klar, dass in dem 1792 gegründeten Museum mit über 10 000 Ausstellungsstücken eben echte Tiere ausgestopft dargestellt werden. Den Sprung in die Moderne hat die Giraffe Spotticus übrigens fast schon überkompensiert: Der ausgestopfte Riese ist scheinbar in der Lage, zu twittern. Seine Tweets gibt es unter @SpotticusNH.

Natural History Museum. Di–Sa 10–17, So 14–17 Uhr, Eintritt frei, Merrion Square, Dublin 2, Tel. 016/77 74 44, www.museum.ie

Unglück für die Prüfungen brächte. Man kann sich gut vorstellen, wie es war, als Oscar Wilde Ende des 19. Jahrhunderts hier studierte, wie Bram Stoker über Graf Dracula sinnierte oder der irische Popsänger Chris de Burgh seine Lieder schrieb. Die Reihe der berühmten Absolventen der heute 17 000 Studenten großen Universität ließe sich lange fortsetzen.

Eine Berühmtheit des Filmgenres machte die größte Touristenattraktion des Trinity Colleges übrigens unsterblich. Als der amerikanische Filmregisseur Steven Spielberg den 65 Meter langen sogenannten Long Room, in dem die 250 000 wichtigsten irischen Bücher aufbewahrt werden, zum ersten Mal sah, war er so begeistert, dass er den Raum mit seinen gewaltigen Holzbögen als Vorlage für die Bibliothek der Jedi-Ritter im Epos *Krieg der Sterne* nahm. Natürlich hat Spielberg den kostbarsten Schatz des Colleges ehrfürchtig betrachtet, das einzigartige, über 1200 Jahre alte *Book of Kells*. Mehr als 500 000 Besucher kommen jedes Jahr, um die herrlich farbenfroh illustrierte Handschrift aus dem 9. Jahrhundert zu bewundern, die eines der ältesten Bücher der Welt ist und wahrscheinlich von Mönchen auf der Insel Iona vor der Westküste Schottlands gefertigt wurde. Diese flohen wegen Wikingerüberfällen 806 von Schottland nach Kells in der irischen Grafschaft Meath und nahmen ihr wertvollstes Gut natürlich mit. In Kells wurde es imposante 850 Jahre lang sorgsam aufbewahrt und ist seit Mitte des 17. Jahrhunderts dem Trinity College übereignet. Das *Book of Kells* enthält die vier Evangelien des Neuen Testaments nach der lateinischen Bibelübersetzung des Hieronymus aus dem vierten Jahrhundert. Da das Buch so wertvoll ist, wird jeden Monat nur eine Seite neu aufgeschlagen. Alle 680 Seiten bekommt man nur auf DVD zu sehen.

Infos und Adressen

SEHENSWÜRDIGKEITEN
Old Library und Book of Kells. Die berühmteste und wichtigste Ausstellung auf dem Gelände des Trinity Colleges. Mai–Sept. Mo–Sa 8.30–17, So 9.30–17, Okt.–Apr. Mo–Sa 9.30–17, So 12.30–16.30, Trinity College, College Street, Dublin, www.tcd.ie

ESSEN UND TRINKEN
Bewley's. Ein Muss in der Grafton Street ist Irlands größtes Kaffeehaus mit den schönen Glasfenstern, im Oriental Room im Obergeschoss gibt es Kleintheater und Comedy. 78 Grafton Street, Dublin 2, Tel. 018/16 06 00, www.bewleys.com

Café-en-Seine. Mit Paris hat das Bistro in der Dawson Street nichts zu tun, dafür gibt es in dem Jahrhundertwende-Bau Kaffee, Kuchen und warme Gerichte und später am Abend auch mal Livemusik. 40 Dawson Street, Dublin 2, Tel. 016/77 45 67, www.cafeenseine.ie

ÜBERNACHTEN
The Fitzwilliam Hotel. Vier-Sterne-plus-Haus direkt neben St. Stephen's Green in bester Lage im Herzen der Stadt. St. Stephen's Green, Dublin 2, Tel. 014/78 70 00, www.fitzwilliamhoteldublin.com

Shoppingparadies St. Stephen's Green Shopping Center

Ein Kleinod mit großer Historie ist »Number 31« in Dublins Süden.

Number 31. Der Architekt Sam Stephenson hat Dublin nicht immer zum Positiven verändert, doch sein Privathaus im Stil der 1960er-Jahre ist ein extravagantes Kleinod mit 21 Zimmern und einem preisgekrönten Frühstück. 31 Leeson Close, Dublin 2, Tel. 016/76 50 11, www.number31.ie

EINKAUFEN
St. Stephen's Green Shopping Center. Bei ihrer Eröffnung 1988 Irlands größte Mall mit über 100 Geschäften, besonders beeindruckend das viktorianische Innere. Mo–Mi 9–19, Do 9–21, Fr–Sa 9–19, So 11–18 Uhr, Stephens Green West, Dublin 2, www.stephensgreen.com

INFORMATION
Dublin Visitor Center. Mo–Sa 9–17.30, So 10.30–15 Uhr, Suffolk Street, Dublin 2, Tel. 018/903 24 583, www.dublinvisitorcenter.ie

27 Dublin Writers
Die Stadt der Schriftsteller

Es ist schon erstaunlich, wie eine Stadt von der Größe Dublins mit gerade einmal 500 000 Einwohnern gleich vier Literaturnobelpreisträger hervorbringen konnte, dazu noch viele Schriftsteller mehr, aus deren Federn Weltliteratur floss. Dass Dublin so viele Dichter wie Leser hat, ist nur ein Gerücht. Aber die Dublin Writers sind allgegenwärtig – bei Führungen, im Museum oder im James Joyce Center.

Einer der ganz großen irischen Schriftsteller ist George Bernard Shaw.

Es gibt in Irland ein wunderbares Sprichwort, das die Affinität zur Dichtkunst treffend beschreibt: »Never let the truth get in the way of a good story«, »Lass nie die Wahrheit einer guten Geschichte im Weg stehen«. Das gilt vor allem für die in den Pubs Dublins ausgeprägte Tratsch- und Klatschkultur, aber natürlich auch für die Fantasie der vielen berühmten Schriftsteller, die über Jahrhunderte das Bild der Stadt geprägt haben. Und deren Einfluss heute noch zu spüren ist. Gerade am 16. Juni, dem »Bloom's Day«. Leopold Bloom ist die Hauptfigur in James Joyces Roman *Ulysses*, der 24 Stunden im Leben Blooms in Dublins Straßen beschreibt. Gekleidet wie Anfang des 20. Jahrhunderts finden sich Tausende Joyce-Enthusiasten jedes Jahr am 16. Juni in Dublin ein, um auf den Spuren Blooms durch die Stadt zu ziehen. Gerade mit *Ulysses* revolutionierte Joyce die Romankunst des beginnenden 20. Jahrhunderts, indem er die literarischen Techniken Bewusstseinsstrom und innerer Monolog erstmals konsequent anwandte. Nicht nur für Joycianer ist der Besuch des James Joyce Center in der North Great Georges Street sowie des Dublin Writers Museum am North Parnell Square ein Muss.

Dublin Writers

Beide Häuser sind Schatztruhen für Literaturfans, vollgestopft mit Briefen, Manuskripten und Anekdoten. Das Joyce Center zum Beispiel war einst die Tanzschule von Denis Maginni, der in *Ulysses* als Tanzprofessor auftaucht. Ebenfalls dort zu sehen ist die Eingangstür von No. 7 Eccles Street, die fiktionale Heimat von Leopold Bloom. Heute ist in der Eccles Street ein modernes Krankenhaus. Als das Haus abgerissen werden sollte, rettete die Joyce-Gesellschaft die alte Holztür und baute sie im Hof des Literaturzentrums auf.

Viel mehr als nur Literatur

Joyce ist der aus Sicht der Literaturkritik wohl wichtigste Schriftsteller Dublins, einen Nobelpreis bekam er jedoch nie. Das gelang aber gleich vier anderen Dublinern. Der Lyriker William Butler Yeats war 1923 der Erste. Es folgte der Dramatiker George Bernard Shaw (1925), dem außerdem das Kunststück gelang, 1939 einen Oscar zu ergattern für das Drehbuch von *Pygmalion*. 1969 wurde Samuel Beckett, der Theaterfans vor allem durch *Warten auf Godot* bekannt ist, und 1995 Seamus Heaney der Literaturnobelpreis verliehen.

Genannt seien weitere drei, die maßgeblichen Einfluss auf die Weltliteratur hatten: Jonathan Swift mit seiner Gesellschaftskritik *Gullivers Reisen*, der wunderbare Oscar Wilde und Bram Stoker, der die Figur des Grafen Dracula erfand. Die lange literarische Tradition Dublins wird heute nicht nur touristisch genutzt bei den »Literary Pub Crawls«, bei denen Schauspieler Schmankerl aus dem teils wilden Leben der Herren Schreiberlinge erzählen, sondern beinhaltet auch die gezielte Förderung des Nachwuchses. Der Booker-Preis ist der wichtigste Buchpreis der englischsprachigen Welt und das UNESCO-Prädikat »City of Literature« hat man sich wahrlich redlich verdient.

Infos und Adressen

SEHENSWÜRDIGKEITEN
Dublin Writers Museum. Mo–Sa 10–17, So 11–17 Uhr, 7,50 Euro, 18 North Parnell Square, Dublin, www.writersmuseum.com

Garden of Remembrance. Gegenüber dem Writers Museum erinnert das 1966 eingeweihte Denkmal an alle Opfer der irischen Revolution von 1916. April–Sep. tgl. 8.30–18, Okt–März 9.30–16, Parnell Square East, Dublin, Tel. 018/21 30 21

James Joyce Center. Okt.–März Di–Sa 12–17, April–Sept. Mo–Sa 10–17, So 12–17 Uhr, 4,50 Euro, 35 North Great Georges Street, Dublin, www.jamesjoyce.ie

ESSEN UND TRINKEN
Chapter One. Edelrestaurant im Keller des Dublin Writers Museum mit Michelin-Stern für den gehobenen Anspruch. 18–19 North Parnell Square, Dublin, Tel. 018/73 22 66, www.chapteronerestaurant.com

ÜBERNACHTEN
Maldron Hotel. Modernes Boutique-Hotel im Herzen der Innenstadt mit akzeptablen Preisen. Parnell Square West, Dublin, Tel. 018/71 68 00, www.maldronhotels.com

Das Bürgerkriegsdenkmal im Garden of Remembrance

DER WESTEN

28 Limerick
Im Wandel der Zeit

An den Gezeiten sieht man gleich, woran man ist. Die schroffen Felsen bei Ebbe im Shannon zeigen Limerick rau und unwirtlich. So, wie die Vorurteile über die sechstgrößte Stadt Irlands glauben machen. Doch die Flut überspült alles, das Wasser glitzert in der Sonne, der Shannon und die neue Uferpromenade werden zum Postkartenidyll. Limerick ist im Wandel von der Arbeitermetropole zum kulturinteressierten Tor zur Shannon-Region.

Es gibt zwei Dinge, mit denen man Bürger aus Limerick so richtig auf die Palme bringt: Einen Limerick zitieren, jene meist dümmlichen Fünfzeiler, die vor allem durch den Engländer Edward Lear in seinem 1843 erschienenen *Book of Nonsense* bekannt wurden. Oder über die Drogenkriminalität schwadronieren. Beides hat natürlich einen wahren Kern, doch das Limerick, das 2014 Irlands Kul-

GUT ZU WISSEN

NUR EIN KURZAUFENTHALT

Manchmal ist es besser, Werbeslogans keinen Glauben zu schenken. Einen Ausflug in die 2600-Einwohner-Siedlung Adare kann man sich vor allem im Sommer sparen. Die viel befahrene Bundesstraße N21 teilt den Ort, zusammen mit Hundertschaften von Touristen keine gute Mischung. Golfplatz und Adare Manor sind etwas für Wohlhabende, die reetgedeckten Bauernhäuser zwar nett, aber nach dem Besuch der heruntergekommenen Franziskanerabtei versteht man, dass man Adare am besten genießt, wenn man bei der Fahrt auf der N21 einfach aus dem Autofenster schaut.

S.170/171: Ein beeindruckendes steinernes Zeugnis ist der Paulnabrone-Dolmen auf dem Burren.
Oben: Toller Panoramablick auf den Shannon
Unten: Trutzige Burg und schönes Museum: King's John's Castle

Limerick

turhauptstadt war, hat heutzutage nur wenig mit den Klischees zu tun, die ihm allgemein angeheftet werden. Die 57 000-Einwohner-Stadt an der Mündung des mit rund 360 Kilometern längsten irischen Flusses Shannon ist längst ein Kleinod, das bei einem Besuch im Westen von Irland auf jeden Fall einen festen Platz im Reiseplan haben sollte. Bis in die 1990er-Jahre war die Arbeiterstadt geprägt von Armut, Arbeitslosigkeit, heruntergekommenen Industrieruinen und einem Drogenkrieg zweier rivalisierender Banden. Limerick war so, wie es der Pulitzer-Preisträger Frank McCourt (1930–2009) in seinem Roman *Die Asche meiner Mutter* aus dem Jahr 1996 beschrieb. Für die autobiografische Schilderung seiner ärmlichen Jugend wurde er vor Ort kritisiert, im Ausland aber gefeiert. Doch heute haben die Bürger von Limerick ihren Frieden mit Frank McCourt geschlossen, mittlerweile gibt es einen Spaziergang zu den Schauplätzen aus dem Roman und ein eigenes Frank-McCourt-Museum.

Den Fluss neu entdeckt

Limericks wechselvolle Geschichte reicht bis ins 9. Jahrhundert. Die Wende zum Besseren in der Neuzeit war die Gründung der Universität 1972. In den vergangenen Jahrzehnten – vor allem seit 2000 – begann ein millionenschwerer Sanierungsschub, nach dem auch Frank McCourt seine Stadt kaum wiedererkennen würde. Die Uferpromenade wurde vom Seaman's Memorial an der Shannon Bridge bis zur Thomond Bridge nahe dem King John's Castle saniert. Jetzt ist es eine Flaniermeile mit Parks und Sitzbänken zum Verweilen, um die Seele mit Blick über den Fluss baumeln zu lassen – nicht nur rund um den Zusammenfluss von Abbey River und Shannon am Arthur's Quay Park, wo die Touristen-Information angesiedelt ist. Auch in der Innenstadt hat

Nicht verpassen

LIMERICK WALKING TOURS

Wie lernt man eine Stadt am besten kennen? Zu Fuß, besonders in Limerick, das mittelalterliche und georgianische Spuren hat wie kaum eine andere Stadt in Irland. Drei Touren kann man in der Touristen-Info am Arthur's Quay Park buchen: The Georgian Quarter, The Medieval Quarter und Frank McCourt's Tour. Alle drei bieten erfrischende Einblicke durch lokale Führer, die ihr Handwerk verstehen. Nicht nur literaturinteressierten Besuchern gefällt die Frank McCourt's Tour. Der 2009 verstorbene Autor wuchs in Limerick auf, beschreibt in seinem autobiografischen Roman *Die Asche meiner Mutter* sein ärmliches Leben in einer konservativen, katholischen irischen Stadt nach dem Zweiten Weltkrieg. Auf den Spuren der McCourt-Kinder sieht man den Wandel Limericks und welch positive Entwicklung die Stadt in den vergangenen Jahrzehnten genommen hat.

Limerick City Walking Tours. 087/235 11 339, www.limerick.ie

Am Treaty Stone trafen sich 1691 William von Oranien und James II.

SPEISEN WIE IM MITTELALTER

Keine Sorge, die Schildkrötenpanzer in der prunkvollen Eingangshalle von Bunratty Castle benutzt man nicht mehr als Suppenschüssel. Die Finger sind gefragt, wie im Mittelalter, wenn man eines der beliebten mittelalterlichen Festgelage in der Burg bucht. Seit Anfang der 1960er-Jahre werden diese Gelage für Touristen angeboten, ziehen heute rund 120 000 Besucher pro Jahr nicht nur nach Bunratty, sondern auch in die benachbarten Burgen Dunguaire Castle und Knappogue Castle. Die traditionelle irische Nacht im Bunratty Folk Park wirkt mit den vielen rothaarigen Sängerinnen und Tänzerinnen ein bisschen dick aufgetragen, wer aber Feiern wie im Mittelalter möchte, ist auf Bunratty Castle richtig. Dazu gibt es interessante Infos zur Burg.

Bunratty Medieval Castle Banquet.
Tgl. 17.30, 20.45 Uhr, pro Person 57,75, Kinder bis 12 Jahre 38, bis 9 Jahre 25,35 Euro, bis 5 kostenlos, Reservierung erforderlich, Tel. 061/360 78, www.shannonheritage.com

Einfach gut!

man sich sichtlich Mühe gegeben: Der Milk Market an der Corn Market Row ist am Wochenende ein bunter, quirliger Treffpunkt für Jung und Alt mit Musik, Markttreiben und Flohmarktständen. Im bereits 1877 eröffneten People's Park am Südende der Innenstadt tummeln sich im Sommer die Familien zum Picknick und das Einkaufserlebnis kommt in der O'Connell und der Denmark Street auch nicht zu kurz. Und da gibt es die Touristenattraktion: das King John's Castle, das der englische König John I. in Auftrag gab, der 1210 mit dem Bau der Burg begann, die Fertigstellung aber nicht erlebte, da er 1216 starb. Zu Beginn des 20. Jahrhunderts verfiel die Burg, bis in die 1990er-Jahre standen im riesigen Innenhof tatsächlich noch 22 Wohnhäuser, die man aufgrund der Wohnungsnot nach dem Zweiten Weltkrieg in der verlassenen Ruine gebaut hatte. Dann begann der Abriss der Häuser, es folgten Ausgrabungen, Renovierung und Museumsbau für 5,7 Millionen Euro. Nicht nur die oftmals unwürdige Rolle der Engländer im Laufe der Jahrhunderte wird in der 2012 eröffneten, topmodernen, multimedialen, detailverliebten und vor allem für Familien mit Kindern schön gemachten Ausstellung anschaulich aufgerollt, sondern auch die Frage, wie die Menschen im Mittelalter auf dieser Burg lebten. Im Hof gibt es im Sommer ein Mittelalterdorf, in dem Schauspieler erzählen, wie das Leben damals war – natürlich mit entsprechenden Accessoires und blutigen Details, die einem Schauer über den Rücken laufen lassen. Und die unterirdischen Gänge, die bei der vorletzten Belagerung 1691 aus der Burg heraus und in die Burg hinein gebuddelt wurden, gibt es als Sahnehäubchen noch obendrauf.

Weithin sichtbar

Der Blick von den trutzigen Burgtürmen auf die Stadt ist atemberaubend, man sieht den Wandel

durch die vielen Neubauten, man sieht die alten Problemviertel, man sieht die liebliche Shannon-Landschaft Richtung Norden. Und man erkennt schnell, warum King John's Castle symbolisch für Limerick steht, diese Stadt, die frei nach Virgil gut geschult in der Kunst des Krieges ist. Man könnte fast sagen: So eine irische Burg hatte – wie die Iren selbst – im Lauf der Jahrhunderte einiges auszuhalten, alleine fünfmal wurde sie monatelang belagert. Auf der gegenüberliegenden Flussseite liegt heute der sogenannte Treaty Stone, auf dem 1691 der Vertrag zwischen William von Oranien und König James II. unterzeichnet wurde, der die Belagerung Limericks beendete und eigentlich die Rechte der irischen Katholiken bewahren sollte.

Bunratty Castle

Rund 20 Kilometer nördlich von Limerick in der Grafschaft Clare Richtung Shannon Airport liegt eine der irischen Top-Touristenattraktionen: Bunratty Castle und Folk Park. Im Sommer vor allem von amerikanischen Touristen frequentiert ist es trotzdem lohnenswert, denn es ist eine der besterhaltenen normannischen Burgen Irlands. Und in jedem Fall nicht nur für Geschichtsinteressierte eine Reise wert. Das interessante Freilichtmuseum zeigt ein irisches Dorf aus dem 19. Jahrhundert mit Gebäuden, die in allen Landesteilen

Oben: Touristen streifen durch den Bankettsaal in Bunratty Castle. **Unten:** Touristenmagnet im Westen ist Bunratty Castle im County Clare.

abgebaut, vor dem Verfall gerettet und in Bunratty wieder aufgebaut wurden. Für die Touristen wird im Sommer getöpfert, gebacken und geräuchert. Dazu gibt es die sehenswerte Burg, die nach einer jahrhundertelangen wechselvollen Geschichte eine Ruine war, bevor sie 1953 Standish Vereker, 7. Viscount Lord Gort (1888–1975), für 1000 irische Pfund kaufte und im ursprünglichen normannischen Stil restaurierte. Inklusive Einrichtung, von der Holztruhe über den Wandteppich bis zum historischen Gemälde. Lord und Lady Gort war Bunratty Castle so wichtig, dass sie 1957 eine Einladung der englischen Königin Elizabeth II. zum Mittagessen ausschlugen und lieber mit 400 Gästen die lange geplante Einweihung feierten. Eine Entscheidung, die ihm zu Hause viel Respekt eingebracht hat.

Zwölf Kilometer südwestlich von Limerick an der N21 liegt das Dorf Adare, das der Earl of Dunraven im 19. Jahrhundert als eine Art Musterdorf baute. Er war ein Protestant, der zum Katholizismus konvertierte. Gerade im Sommer wimmelt es vor Touristen, angezogen von den reetgedeckten Bauernhäusern sowie dem Park des Landsitzes Adare Manor, in dem sich ein mondänes Fünf-Sterne-Hotel befindet sowie ein spektakulärer Golfplatz, bei dem man mit Blick auf mittelalterliche Kirchenruinen abschlagen und einlochen darf.

Oben: Ein putziger Esel im Bunratty Folk Park
Unten: In voller Blüte steht dieses Cottage in Limerick.

Infos und Adressen

SEHENSWÜRDIGKEITEN

Bunratty Castle und Folk Park. Normannische Burg mit Freilichtmuseum rund 20 Kilometer nördlich von Limerick. Tgl. 9–17.30 Uhr (letzter Einlass 16 Uhr), 24.–26. Dez. geschl., Erwachsene 11,55, Kinder ab 6 Jahre 8,95 Euro, Tel. 061/36 07 88, www.shannonheritage.com

King John's Castle. Burg in Limerick. Jan–Feb 9.30–17, März-April 9.30–17.30, Mai 9.30–18, Juni–Aug 9.30–18.30, Sept 9.30–18, Okt–Dez 9.30–17 Uhr, 24.–26. Dez. geschl., Erwachsene 10,50, Kinder ab 5 Jahre 6,30 Euro, Tel. 061/71 12 00, www.shannonheritage.com

ESSEN UND TRINKEN

Café Noir. Seit 2008 gelingt es Pat O'Sullivan, ein wenig Pariser Flair mit irischer Gemütlichkeit und Sandwichkultur zu kombinieren. Robert Street, Limerick, Tel. 061/41 15 22, www.cafenoir.ie

1826. Reetgedecktes Dach, weiß gekalkte Wände, kleiner Garten davor und Drei-Gänge-Menüs der gehobenen Küche drinnen. Wade Murphy und seine Frau Elaine verstehen es, zu vernünftigen Preisen mit hochwertiger Küche zu überzeugen. Main Street, Adare, Tel. 061/39 60 04, www.1826adare.ie

The Old Quarter Gastro Pub. Im Zentrum Limericks, perfekte Location von Frühstück über Mittagessen bis Abendessen, dazu ein schöner Biergarten. Übernachtung im angeschlossenen Boutique-Hotel möglich. Ellen Street, Limerick, Tel. 061/40 11 90, www.theoldquarter.ie

ÜBERNACHTEN

Clayton Hotel Limerick. Das höchste irische Hotel mit 16 Stockwerken, ein Vier-Sterne-Haus zu günstigen Preisen mit atemberaubendem Blick auf Limerick, den Shannon und die Umgebung. Steamboat Quay, Limerick, Tel. 061/44 41 00, www.claytonhotellimerick.com

AKTIVITÄTEN

Thomond Park Experience. Limerick ist die Rugby-Metropole Irlands, der Thomond Park das Stadion, in dem die Erfolge gefeiert werden. Lohnenswerte Stadiontour und Museum, Erwachsene 5, Kinder 3 Euro, Tel. 061/42 11 00, www.thomondpark.ie

INFORMATION

Tourismusbüro. Mo–Sa 9–17 Uhr, 20 O'Connell Street,, Limerick, Tel. 061/31 75 22, www.discoverireland.ie

Ein Geheimtipp für Gourmets ist das »1826« in Adare.

29 Shannon-Kreuzfahrt
Im Takt des Dieselmotors

Die meisten Irlandbesucher entdecken das Land entlang der Küste. Und vergessen dabei die Midlands. In Irlands sanft gewelltem Zentrum findet sich eine weitläufige Seenplatte, die sich bis in den Norden ausdehnt. Verbunden durch den Shannon und seine Nebenarme erstreckt sich dort Europas größtes Binnengewässer für Hobbykapitäne. Seit Jahren wächst hier die Flotte der Hausboote, die in den Sommermonaten Irlands längsten Fluss, den Shannon, unsicher machen. Einen Führerschein braucht es dazu nicht.

Eine Hausbootfahrt ist lustig, eine Hausbootfahrt ist schön, eine Hausbootfahrt kann aber auch ganz schön chaotisch geraten. Davon erzählen die bunten T-Shirts im Souvenirshop von Banagher.

GUT ZU WISSEN

STEUERN LEICHT GEMACHT

Wer im Besitz eines Bootsführerscheins ist, braucht jetzt nicht weiter lesen. Für alle anderen gilt: Wer sich eines der größeren Hausboote ab drei Personen anmietet, sollte unbedingt darauf achten, dass das Schiff mit einem Seitenstrahlruder (»thruster«) ausgestattet ist. Das Ruder ermöglicht es dem Skipper, per Knopfdruck vom Steuer aus das Boot seitlich zu steuern. Beim An- und Ablegemanöver in der Schleuse bedeutet das, einfach das Boot in die Schleuse treiben lassen und dann per Knopfdruck mit einer Seitenbewegung am Kai anlegen. Wer diese feine Erfindung nicht hat, darf kräftig vor- und rückwärts Gas geben, kurbeln oder auf die Hilfe freundlicher Menschen hoffen, die vom Kai aus das Tau annehmen.

Oben: Vom Shannon aus anzusteuern ist die imposante Klosteranlage Clonmacnoise.
Unten: In den Schleusenanlagen müssen Bootskapitäne besonders aufpassen.

Shannon-Kreuzfahrt

Auf denen sieht man kleine, bunte Menschen mit panischem Gesichtsausdruck von Bord springen und darüber den Spruch aufgedruckt: »I just survived a cruise on the Shannon!« (»Ich hab gerade eine Bootsfahrt auf dem Shannon überlebt«). Ganz so schlimm ist es natürlich nicht. Für das Manövrieren der schwimmenden Ferienwohnung benötigen Hobbykapitäne in Irland keinen Führerschein. Vielmehr gute Nerven zu Beginn (bis das Handling klappt) und vor allem »bags of time« – Zeit. Eine Woche braucht es schon für die grandiose Landschaft, für die unzähligen kleinen Dörfer, Schleusen, Kirchen und Denkmäler, an denen man behäbig entlangschippert. Oder um einfach in einem der gemütlichen Pubs um Portumna, Banagher oder Athlone Lachsforellen vom Grill zu essen, dazu den Smalltalk mit anderen gestandenen Flussbären beim »pint of Guinness« zu suchen, während der Blick in der Abenddämmerung zum Boot am Fluss schweift.

Bester Startpunkt ist Banagher

Üblicherweise landen die Hausbootkapitäne am Flughafen Shannon, wo sie dann vom Bootsanbieter abgeholt werden oder man sich einen Leihwagen mietet und selbst zu den kleinen Starthäfen entlang des Shannon startet. Zu empfehlen ist die Route vom Süden in den Norden und zurück zu fahren, da so die Transferzeiten gering gehalten werden. Die Marina, die dem Airport am nächsten liegt, ist bei Portumna, einem verschlafenen Nest am äußersten Nordende des Lough Derg. Dort hat auch der Marktführer für Hausboote in Irland, die Emerald Star mit ihren grün-weißen Booten eine ihrer Startpunkt-Marinas. Die zweite liegt 20 Stunden Fahrzeit mit dem Hausboot weiter im Norden bei Carrick-on-Shannon. Der beste Startpunkt allerdings liegt ungefähr zehn Kilometer

Nicht verpassen

ZU BESUCH IN ENTENHAUSEN

Am oberen Ende des Lough Ree, kurz bevor sich der See wieder zum Fluss verengt und weiter Richtung Lanesborough fließt, liegt gut versteckt eine malerische, winzige Marina. Deren Besuch lohnt sich aus mehreren Gründen, aber so gut wie alle Hausboote tuckern hier vorbei. Ein Riesenfehler! Allerdings muss man schon ein bisschen genauer hinsehen, um den Eingang in den Kanal zu finden, ohne Fernglas geht gar nichts: Nach der sechsten roten Markierungsboje auf dem See links halten in Richtung Blackbrink Bay. Dahinter verbirgt sich ein enger Kanal, der zu Irlands vergessenen Welten führt. Die Atmosphäre ist unwirklich, weltabgeschieden, das Wasser glasklar und lädt zum Fischen ein. Am Ende des Kanälchens liegt Lecarrow Harbour mit ein paar wenigen Einwohnern und unzähligen Enten, die dem Ankömmling auf Futter hoffend entgegenstürzen. Einen kurzen Spaziergang vom Hafen entfernt liegt das »Yew Tree Restaurant and Pub«, urgemütlich, superleckeres Essen und allemal wert, hier entspannt über Nacht zu liegen.

Lecarrow. Roscommon, Tel. 90/666 12 55, www.theyewtreeroscommon.com

Einfach gut!

Viele Iren haben die grüne Insel verlassen, um in der Welt ihr Glück zu suchen. Einigen gelang es. Einer davon war der Tenor John McCormack aus Athlone, der von Irland aus zu einem der bedeutendsten Sänger Anfang des 20. Jahrhunderts wurde. McCormack sang an allen bedeutenden Opernhäusern in Europa und Amerika. Er wurde zu einem der ersten Popstars der Oper, dessen großer Rivale Enrico Caruso war. Der aus bitterarmen Verhältnissen stammende Sänger spendete regelmäßig große Summen seiner Konzerteinnahmen für wohltätige Zwecke in Irland und auch der katholischen Kirche, was ihn bis heute in Irland populär macht. Wer nun das Museum von Athlone besucht, der wird dort nicht nur Bilder und die Biografie des Welttenors finden, sondern auch Schellackplatten, auf denen seine Stimme verewigt ist. Auf Nachfrage ist das Personal gerne bereit, diese Platten auf einem Uralt-Grammophon wieder zum Leben zu erwecken – ein akustisch zwar schwer zu verstehender, aber unglaublich spannender Rückblick in längst verblichene Zeiten.

Visitor Centre Athlone. März–Mai, Sept.–Okt. Di–Sa 10.30–17.30, So 11.30–17.30 Uhr, Juni–Aug. Mo–Sa 10–18, So 11–18 Uhr , Erwachsene 8, Studenten/Rentner 6, Kinder 4 Euro, Castle Street, Athlone, Tel. 090/644 21 30, www.athlonecastle.ie

weiter nördlich beim Flecken Banagher, wo mit Carrickcraft und Silverline Cruisers gleich zwei Hausboot-Anbieter ihre Marinas haben. Carrickcraft hat im Jahr 2014 mit Waveline Cruisers fusioniert und bietet etwas in die Jahre gekommene Boote zu preiswerten Konditionen. Die Boote der Silverline Cruises sind etwas teurer, dafür moderner in der Ausstattung und mit behaglicher Einrichtung. Die sehr ausführliche Einführung für Boots-Neulinge erfolgt auf einem hohen Standard. Nach der Begrüßung gibt es erst einmal eine Filmstunde. In dem atmosphärisch stimmungsvollen Beitrag werden nicht nur die landschaftlichen Schönheiten der Region angepriesen. Auch handfeste Regeln auf dem Boot werden Anfängern bildlich erklärt. Grundsätzlich gilt, dass der Skipper immer mit Navigationskarte fahren muss, in der Untiefen und Strömungen verzeichnet sind. Weiterhin, dass Fahren in der Nacht ebenso verboten ist wie unter Alkoholeinfluss. Begegnen sich zwei Boote auf dem Fluss, dann hat der Kapitän Vorfahrt, der flussabwärts mit der Strömung unterwegs ist. Ansonsten gilt es, den Kühlschrank auszuschalten, wenn man über Nacht vor Anker liegt. Batterie und Starter für den Dieselmotor werden es einem am nächsten Morgen danken. Danach geht es auf das Boot zur Praxiseinweisung und schnell wird klar, dass die eigentliche Herausforderung dieser Reise die An- und Ablegemanöver sind, aber das Boot ist mit zehn Fendern außen herum auch gut gepolstert. Geht einer unterwegs verloren, kostet das allerdings happige 75 Euro. In Banagher ist nichts los, die hohe Arbeitslosigkeit und die Wirtschaftskrise haben das Dörfchen ziemlich entvölkert. Gleich neben dem Hafeneingang verbreitet das halb zerfallene »Shannon Harbour Hotel« Geisterstadt-Stimmung. Gottlob ist der moderne Supermarkt »Super Value« am Ortsende nicht nur bestens eingerichtet. Die Kassierer transportieren den

Rundgang Shannon–Kreuzfahrt

Eine Shannon-Kreuzfahrt braucht Zeit. Allein die Einführung und das Überwinden der Schleusen dauert seine Zeit. Eine Woche ist das Minimum.

Ⓐ Portumna – In dem Städtchen am Nordzipfel des Lough Derg, dem größten der drei Shannon-Seen, können eine Klosterruine aus dem 13. Jahrhundert und ein Burg aus dem 17. Jahrhundert direkt am Hafen besichtigt werden.

Ⓑ Banagher – Idealer Startpunkt für eine Shannon-Kreuzfahrt und zur Proviantaufnahme. Wer am Abend dort ankert, findet auf der linken Straßenseite mit »J.J. Hough's Singing Pub« einen der urigsten und schrägsten Pubs von ganz Irland.

Ⓒ Shannon Bridge – Unterhalb der Brücke herrscht starke Strömung, die das Anlegen nicht einfach macht. Erwähnenswert ist hier »Kileens Pub« und ansonsten bietet sich der Stopp an, um Proviant im Supermarkt aufzunehmen.

Ⓓ Clonmacnoise – Historischer Höhepunkt einer jeden Shannon-Kreuzfahrt. Im Besucherzentrum gibt es ein gemütliches Café. Eine Nacht vor Anker in dem kleinen Hafen ist wegen starker Strömung und starker Winde nicht empfehlenswert.

Ⓔ Athlone – Der Ort ist nicht nur Irlands Mitte, ein Ankerplatz im Hafen ist bei den Hausbootkapitänen heiß begehrt. Ein Sicherheitsbeamter beaufsichtigt die Anlegestelle bis Mitternacht. Für den Service muss man allerdings auch 12 Euro bezahlen.

Ⓕ Lecarrow Harbour – Augen auf am nördlichen Ende des Lough Ree: In der Ferne, am westlichen Ufer versteckt, zeigen vier grün-rote Pfosten die Flussmündung zu einem malerischen Hafen an. Wer Irlands vergessene Welten sucht, wird hier mit Sicherheit fündig.

Ⓖ Carrick-on-Shannon – Die Kleinstadt nennt sich »Cruising Capital of Ireland« und ist nach Portumna der zweite Heimathafen des Hausbootver-

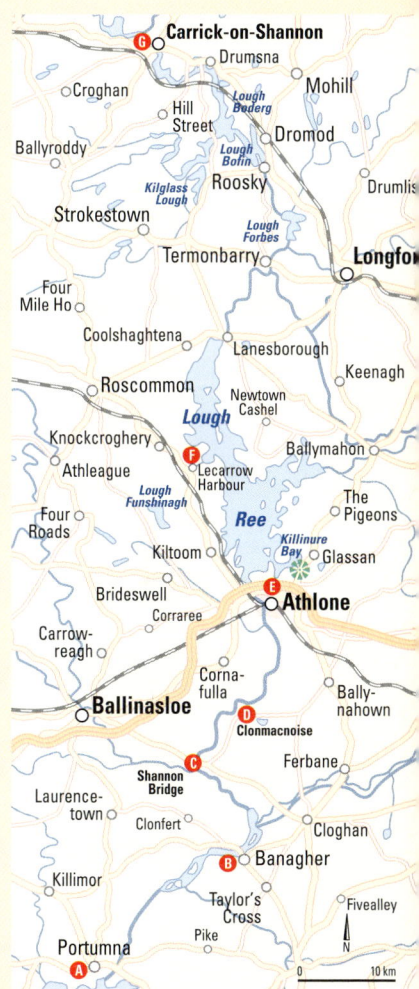

leihers »Emerald Star«. Ansonsten gibt es einige schöne Pubs, Rundumversorgung für Boote und Hausbootkapitäne und Volksfeststimmung in den Sommermonaten.

**RUSTIKAL,
SCHRÄG,
MITREISSEND**

Geheimtipp

Ganz ehrlich, Pubs gibt es in Irland wie Sand am Meer, aber ganz sicher keines wie »J.J. Hough's Singing Pub« in Banagher. Normalerweise würde man an dem kleinen, roten, efeuumrankten Gebäude am Abend achtlos vorüber gehen, wären da nicht die irischen Folk-Töne, die aus Tür und Fenster auf die Straße dringen. Die Atmosphäre drinnen aber ist unglaublich. Die Gäste sitzen dicht gedrängt auf kleinen Holzhockern oder Fässern, das uralte Klavier rechts an der Wand klingt, wie es ausschaut – total verstimmt. Die alte Lady mit dem Dutt aus grauen Haaren auf dem Kopf singt so schräg, wie das Klavier klingt. Und trotzdem sucht die Stimmung in dem Pub ihresgleichen. Im Sommer treffen sich hier die Freizeitadmirale der Hausboote aus aller Welt, die Stimmung ist international, überbordend fröhlich, relaxed. Schickimicki geht anders. Im Winter treffen sich hier Iren aus dem ganzen Land, um am Abend tradionell Irish Folk vor dem offenen Kamin zu zelebrieren.

J.J. Hough's Singing Pub. Main Street, Banagher, Tel. 057/915 18 93

ganzen Proviant für die Bootsfahrer auch direkt hinunter in den Hafen. Ist der ganze Kram an Bord verstaut, kann das Flussabenteuer starten. Gleich hinter Banagher tuckert das Boot an den Panoramen vorbei, die nun die Tage an Bord prägen werden. Sattgrüne Wiesen und sanfte Hügel, die bis ans Wasser heranreichen. Am Ufer grasen Kühe oder waten durch das Schilf. Die Ansammlungen von Schafen sind etwas zurückhaltender und bleiben im Hintergrund. Dafür erschrecken sie sich schön beim Einsatz der quäkenden Schiffshupe und stieben in alle Windrichtungen auseinander, während die Rindviecher nur großäugig glotzen. Von Banagher geht die Tour über Shannon Bridge in Richtung Athlone, dem wirtschaftlichen Zentrum der Midlands.

Durch die Schleuse ins Wirtschaftszentrum

Wie zwei riesige Skelettfinger ragen plötzlich zwei halbverfallene, steinerne Rundtürme zwischen den Wiesen in der Ferne auf, dann die Ruine einer Burg und eine Kapelle: Clonmacnoise. Der Legende nach soll hier auf dem verwitterten Friedhof der Heilige Ciaran begraben sein, der das Kloster im Jahr 548 gegründet hat. Heute steht der mystische Ort in der Hitliste der irischen Kulturdenkmäler ganz oben. Vorsicht beim Anlegen im kleinen Hafen, Strömung und Winde sind hier extrem stark. Vor Athlone gibt es dann die erste Bewährungsprobe für den Hobbykapitän. Das Hausboot muss in der Schleuse am Wehr von Athlone erst sieben Meter nach oben gehoben werden, bevor man in die kleine Stadt einschippern kann. Aber alles ganz relaxed, die Schleuser nehmen die Bootstaue mit Haken auf und winden sie oben um die Poller. In 15 Minuten ist die ganze Aktion vorbei und das Bötchen nach oben gehievt.

Im Hafen von Athlone lässt es sich gut anlegen und noch besser leben. Zahlreiche kleine und große Restaurants für jede Brieftasche warten auf die Flussbären und Smutjes. Allerdings sollte man rechtzeitig da sein. Im Hochsommer sind die Ankerplätze heiß begehrt und die Fragen auf das Wesentliche beschränkt: Wie legen wir professionell an, ohne zum abendlichen Unterhaltungsprogramm grillender Holländer im Hafen zu werden? (Antwort: möglichst früh). Wann müssen die Guinness-Vorräte an Bord aufgefüllt werden? (Antwort: heute). Was könnte einen motivieren, je wieder zu arbeiten? (Antwort: nichts). Die nächste Etappe zeigt, wie weitläufig die Shannon-Region ist. Es gilt den Lough Ree zu überqueren, einen See, der teilweise so weit auseinandergezogen ist, dass keine Ufer mehr zu sehen sind und die Hausboote bei Starkwind und entsprechendem Wellengang ganz schön durchgeschüttelt werden. Drei Stunden muss man für die Durchquerung ansetzen, allerdings sollte man sich vor dem Start über die Wetterbedingungen auf dem See kundig machen. Der Hafenmeister von Athlone ist gut informiert. Wer beim nächsten Stopp in Lanesborough

Oben: Auf dem Boot kann man die Abendstimmung am Shannon ganz besonders genießen.
Unten: Einblick: ein Rundturm in der weitläufigen Klosteranlage Clomacnoise

183

Wasser oder Proviant aufnehmen möchte oder den Hafen in der Dämmerung anläuft, sollte anlegen. Wer nicht, fährt am besten weiter bis zur Marina, die nur 20 Minuten zu Fuß entfernt liegt. Dann besser den Fluss zügig weiter hoch in den Norden Richtung Roosky tuckern und dort die kleine Schleuse überwinden. Nur wenige Kilometer weiter findet sich gegenüber dem Lough Bofin das Dörflein Dromod mit einem schnuckeligen kleinen Hafen, der bestens ausgestattet ist und zum Anlegen einlädt. Von hier lassen sich dann auch die letzten fünf Stunden Fahrtzeit in den Norden, über den historischen Jamestown-Kanal in Richtung Carrick-on-Shannon, bequem bewältigen. Spätestens hier ist der Wendepunkt der Reise erreicht, wenn die Tour eine Woche dauern soll. Immerhin muss die ganze Strecke auch wieder zurückgefahren werden. Das Besondere einer Hausbootfahrt auf dem Shannon sind nicht spektakuläre, wilde Panoramen oder historische Sehenswürdigkeiten (abgesehen von Clonmacnoise), wie sie entlang der Küstenrouten oder in den Hauptstädten zu finden sind. Das Spektakuläre einer Fahrt auf dem Shannon ist das Hausboot selbst. Dazu der Fluss, die Seen, die sie umgebenden Wiesen und die unaufgeregte Tierwelt. Das Universum, in dem man von Stadt zu Stadt jettet, sich auf Autobahnen fortbewegt oder in Zimmern schläft, gegen die nicht behutsam die Wellen schlagen oder glucksen, scheint unwirklich weit entfernt. Die Welt wird klein beim täglichen Flussleben im Takt des Dieselmotors.

Oben: »Schiff ahoi!« heißt es auf dem Shannon, auf dem gerade im Sommer Hunderte Boote fahren. **Unten:** Der versteckte Kanal führt zum Lecarrow Harbour.

Infos und Adressen

SEHENSWÜRDIGKEITEN

Athlone Castle. Dort ist das Museum untergebracht, mit gut aufbereiteten, spannenden Informationen über die Scharmützel in der Geschichte. März–Mai, Sept.–Okt. Di–Sa 10.30–17.30, So 11.30–17.30 Uhr, Juni–Aug. Mo–Sa 10–18, So 11–18 Uhr, Erwachsene 8, Studenten/Rentner 6, Kinder 4 Euro, Castle Street, Athlone, Tel. 090/644 21 30, www.athlonecastle.ie

ESSEN UND TRINKEN.

Kin Khao Thai. Warum in Irland einen Thai empfehlen? Weil das Essen sensationell ist und an der Außenwand für die gesammelten Preise fast kein Platz mehr ist. 1 Abbey Lane, Athlone, Tel. 090/649 88 05, www.kinkhao.ie

Sean's Bar. Angeblich laut Guinness-Buch der Rekorde der älteste Pub Europas. Urgemütliche dunkle Holztheke und im Sommer schöner Biergarten an der Flussmündung. Main Street, Athlone, Tel. 090/649 23 58

ÜBERNACHTEN

Radisson Blue Athlone. Direkt an der Marina liegt das moderne Fünf-Sterne Hotel und wer dem

Lohnt einen kleinen Landausflug: das Museum in Athlone Castle

Hausbootleben einmal entfliehen will, ist hier richtig. Northgate Street, Athlone, Tel. 090/644 26 00, www.radissonblue.ie

INFORMATION

Visitor Centre Athlone. März–Mai, Sept.–Okt. Di–Sa 10.30–17.30, So 11.30–17.30 Uhr, Juni–Aug. Mo–Sa 10–18, So 11–18 Uhr, Erwachsene 8, Studenten/Rentner 6, Kinder 4 Euro, Castle Street, Athlone, Tel. 090/644 21 30, www.athlonecastle.ie

Willkommen im Hafen von Lecarrow, wo man die Vorräte aufstocken kann.

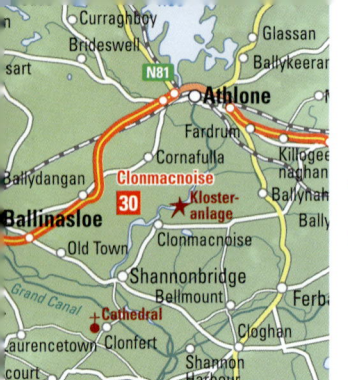

30 Clonmacnoise
Vom Heiligen Ciarán und dem Staatserbe

Malerisch in die Region des Shannon eingebettet, zählt die historische Klostersiedlung heute zu den bedeutendsten Kulturstätten Irlands. Egal, ob die Anreise über Land via Athlone oder über den Fluss mit einem Hausboot erfolgt – ein Besuch der Klosteranlage mit ihren unzähligen Hochkreuzen, Rundtürmen und Grabsteinen gehört zu den Höhepunkten einer jeden Irland-Rundreise.

So recht mag man das heute nicht mehr glauben, aber im 6. Jahrhundert war Clonmacnoise das wichtigste Handelszentrum von Irland. Hier traf die bedeutendste Ost-Weststraße des alten Irlands auf den Fluss Shannon, die Hauptverkehrsverbindung von Nord nach Süd. Genau hier, am Kreuzungspunkt, befand sich das ökonomische Herz. Ein idealer Ort voll pulsierenden Lebens und wirtschaftlicher Aktivitäten im Altertum. Grundeigentümer war damals der König von Tar, der dem Heiligen Ciarán im Jahr 545 den Auftrag zur Gründung einer Klostersiedlung gab. Dem Heiligen blieb nur wenig Zeit, die Früchte seines Werkes zu genießen. Ciarán starb nur sieben Monate nach der Gründung an der Pest. Am 9. September findet eine Wallfahrt zum Gedenken an sein Wirken statt.

Oben: Friedhofskreuze alteingesessener Familien in Clonmacnoise
Unten: Schon vor 1500 Jahren war Clonmacnoise am Shannon besiedelt.

Clonmacnoise aber schwang sich in den nächsten Jahrhunderten zum handwerklichen, intellektuellen und geistlichen Zentrum Irlands auf. Ab dem 9. Jahrhundert wurden auch unliebsame Zeitgenossen auf das Idyll aufmerksam. War bislang der Shannon als Wasserstraße einer der großen Vor-

Clonmacnoise

teile der Siedlung, so nutzten ihn jetzt die Wikinger für Überfälle. Später kamen die Normannen, die das Kloster plünderten. Im Jahr 1552 hatten dann die Engländer ihren Auftritt und wollten das Kloster erobern, was mehr als 100 Jahre nicht gelang. Erst als Cromwell in Irland einfiel, fiel auch das Kloster um 1665.

Eine Messe mit dem Papst

Heute ist die weitläufige Ruine mit mehr als 250 Grabmälern kulturelles Staatserbe. Empfehlenswert ist der Besuch des kleinen Kinos im Besucherzentrum, wo in einer mehrsprachigen Ton-Bild-Show in 20 Minuten die Geschichte der Anlage erzählt wird. Im Besucherzentrum finden sich auch die Originale der drei bedeutendsten Hochkreuze der Klosterruine, darunter das Hauptkreuz Cross of the Scriptures. Im Freien trotzen dagegen originalgetreue Kopien dem irischen Wetter. Den berühmtesten Besuch hatte die Gedenkstätte im Jahr 1979, als Papst Johannes Paul II. eine Messe hielt, zu der Hunderttausende Gläubige aus der ganzen Welt pilgerten.

Viele Wege führen nach Clonmacnoise. Zum einem in Frühjahr und Sommer mit Bussen von Athlone aus, von wo sich auch die Fahrt mit dem Leihwagen anbietet, oder die Anreise über die R444 von Shannon Bridge. Spektakulär ist die Alternative mit dem Boot. Schon kilometerweit sieht man vom Fluss aus den 20 Meter hohen Rundturm O'Rourke's Tower als Wahrzeichen aufragen. Direkt unter der Klosteranlage findet sich auch eine Bootsanlegestelle. Nur, wer hier mit dem Hausboot anlegen will, sollte das unbedingt gegen die Strömung machen, um so das Boot langsam steuern zu können. Mit der Strömung wird die Angelegenheit ein heikles Unterfangen, mit hohem Unterhaltungswert.

SEHENSWÜRDIGKEITEN

Clonmacnoise. Nov.–15. März 10–17.30, 16. März–15. Mai 10–18, 16. Mai–15. Sept. 9–19, 16. Sept.–31. Okt. 10–18 Uhr, 25.12. geschlossen, Clonmacnoise, Shannon Bridge, Athlone, Tel. 090/967 41 95

Tullamore-Dew-Destillerie. Man erfährt hier alles über einen der bekanntesten Whiskeys des Landes und kann auch die verschiedenen Sorten testen. Mo–Sa 9–18, So 11.30–17 Uhr, Bury Quay, Tullamore, Tel. 057/932 50 15, www.tullamoredew.com

ESSEN UND TRINKEN.

The Left Bank Bistro. Kleines, modernes Bistro im Zentrum von Athlone mit vernünftigen Preisen. Die asiatische Ente mit fünf Gewürzen sollte probiert werden. High Street, Athlone, Tel. 090/649 44 46, www.theleftbankbistro.com

ÜBERNACHTEN

Hotel Sheraton Athlone. Das gut ausgestattete Fünf-Sterne-Hotel verfügt über zwölf Stockwerke mit teilweise beeindruckendem Panoramablick auf die Midlands. Gleeson Street, Athlone, Tel. 090/645 10 60, www.sheratonathlonehotel.com

INFORMATION

Heritage Centre Clonmacnoise. 1. Nov.–15. März 10–17.30, 15. März–31. Mai 10–18, 1. Juni–31. Aug. 9–18.30, 1. Sept.–31. Okt. 10–18 Uhr, 25./26. Dez. geschlossen, Shannon Bridge, Athlone, Tel. 090/967 42 73, www.heritageireland.ie/en/clonmacnoise/

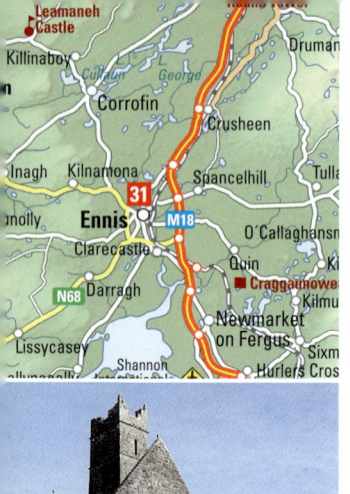

31 Ennis
Die Hauptstadt des Singing County

Nein, in Ennis bleibt man keine Woche. Dran vorbeizufahren, wäre aber eine Sünde. Nachts lockt eine ebenso spannende wie traditionsreiche Musikszene, abends ein verträumter Spaziergang am River Fergus und tagsüber hat Ennis eines der größten Klöster Irlands zu bieten. Zudem ist Ennis idealer Ausgangspunkt für einen Tagesausflug in den Burren und zu den Cliffs of Moher.

Wer aus dem Südwesten kommt und den Stadtverkehr von Limerick scheut, lenkt spätestens bei Abbeyfeale nach links und gondelt das Landsträßchen R524 nach Tarbert hoch. Dort fährt alle halbe Stunde eine Fähre rüber nach Killimer. Die Fahrt über den Shannon hat ihren ganz besonderen Reiz: Ja, es gibt schönere Blicke von Bord eines Schiffes als auf Öltanks im Dunst – aber es ist halt der hier schon recht breite Shannon, den wir da überqueren. Und schon sind wir im County Clare. Über die N68 ist's ein Katzensprung nach Ennis.

Das Städtchen verleugnet elegant seine gut 20 000 Einwohner: Kuschelig schmiegen sich die schmalen, mittelalterlich geprägten Gassen der Altstadt zwischen dem ehemaligen Franziskanerkloster Ennis Abbey sowie der Kirche St. Peter & Paul an den sanft zum River Fergus abfallenden Hang. Mittendrin im Wirrwarr der verwinkelten Sträßchen, durch die sich größtenteils leider auch die Autos zwängen müssen, thront an der Kreuzung Abbey Street/Connell Street in beeindruckender Höhe das Standbild von Daniel O'Connell

Oben: Ein Ort der Ruhe: das verfallene Franziskanerkloster Quin Abbey vor der Stadt
Unten: In den zum River Fergus abfallenden Gassen herrscht ganztags Betriebsamkeit.

Ennis

auf einer Säule; der Freiheitsheld des
County wurde 1828 als erster Katholik
zum Abgeordneten ins Londoner Unter-
haus gewählt. Nachts, wenn die Säule fast
schon ein bisschen zu hell ausgeleuchtet ist,
geht's rund in Ennis. Es wimmelt nur so von kleinen Pubs mit Livemusik. Wen wundert's: Clare gilt
als das »Singing County« Irlands – und Ennis ist
seine Hauptstadt.

Ein musikalisches Bekenntnis zur Insel

Während vielerorts verwässerter Folk-Pop oder
Country & Western zum Guinness erklingen, steht
Ennis noch für traditionellen Irish Folk. Das heißt:
viel Geige sowie Mandoline, Metall- und Querflö-
te, (Knopf-)Akkordeon, Holzrahmentrommel und
gelegentlich auch die Harfe. Besungen wird die
Liebe: die erfüllte, lieber fast noch die unerfüllte
zur Auserwählten – und selbstverständlich die
eine große Liebe, die zur Grünen Insel. Politisch
wird's in den meisten Songs, der Konflikt mit England ist ein immer wiederkehrendes Thema. Wenn
es aggressiver wird, irisch-national, dann wird gerade Irish Rebel Folk gespielt – Geschmackssache.
Einmal im Jahr, Ende Mai, werden die Stadt und
ihre Pubs zum Mekka Tausender Profi- und Ama-
teurmusiker – beim »An Fleadh Nua«, einem der
bedeutendsten Folk-Festivals der Insel. Das fand
anfangs noch in Dublin statt. 1974, als sich vom
kleinen, an der Westküste gelegenen Doolin aus
die neue Retro-Folkbewegung auf das ganze
County ausgebreitet hatte, wurde es, der Authentizität wegen, hierher verlegt. Womit inzwischen
in Ennis zwei Großveranstaltungen beheimatet
sind: Im November steht das »Guinness Traditional
Music Festival« ebenfalls im Zeichen der Fiddler.
Ganzjährig gibt es Konzerte im »Glór«, einem über
500 Zuhörer fassenden, modernen Zweckbau.

QUIN ABBEY – DIE ABTEI, DIE KEINE IST

Ennis bietet eher was für die Ohren, ein Kloster und eine Säule sind als Aufwärmprogramm für das abendliche Folk-Konzert dünn. Ein Viertelstündchen mit dem Auto über die R469 versteckt sich jedoch ein magischer Ort: Weniger das Dörfchen Quin, als vielmehr an dessen Rand das verfallene Franziskanerkloster Quin Abbey. Der vom Volksmund geprägte Name des Bauwerkes indes ist irreführend, denn in Quin stand nie eine echte Abtei. Dem Kirchenhistoriker ist das Kloster darum auch als Quin Friary geläufig. Es wurde um 1430 auf der Ruine einer vom MacNamara-Clan zerstörten Normannenburg aus dem 13. Jahrhundert erbaut, 1541 machte der englische König Henry VIII. im Zuge seiner anglikanischen Kirchenreform dem Klosterleben ein Ende. Doch lebten Franziskanermönche zum Teil heimlich noch bis ins späte 17. Jahrhundert in der verfallenden Anlage. Sie dürften es ähnlich ruhig gehabt haben wie der Besucher heute: Quin Abbey ist ein Ort der inneren Einkehr. Vor der Außenmauer steht eine Madonnenstatue, als wachte sie über die vielen windschiefen Gräber, die das Gebäude umgeben. Ein bisschen Gänsehaut, ein bisschen Schwermut – der uralte Friedhof hat eine seltsame Anziehungskraft. Wer mag hier begraben liegen? Der kleine Spaziergang ist auch ein mystischer durch das Mittelalter.

Quin Abbey. Ortsmitte Quin von der R469 abbiegen, direkt am Ufer des Rine.

Es sind nicht die großen Stars des Irish Folk wie die Dubliners oder die Chieftains, die hier für gewöhnlich auftreten, sondern die durchaus respektable regionale Szene.

Spazierengehen am Fluss

Ennis ist, auch dank des nahe gelegenen Shannon Airports, eine quirlige, geschäftige Stadt, aber dennoch keine übermäßig laute. Beidseitig begleiten den River Fergus hübsche Spazierwege – nicht nur an lauen Sommerabenden lässt es sich dort ungestört und in Gedanken versunken flanieren. Tagsüber lohnt es sich, die Abbey Street bis zum Ende zu gehen: Zur Ennis Abbey, beziehungsweise dem, was von dem 1242 von König Thomond Donough O'Brien gegründeten Franziskanerkloster, das einst zu den größten Irlands zählte, übrig ist. Die Ruine ist in ihren Grundmauern noch sehr gut erhalten. Vor allem der Chor und die Reste des Kreuzgangs bieten bei Sonnenschein abwechslungsreiche Schattenspiele. Mehrfach erweitert barg das Kloster, in dem heute zahlreiche wunderschöne Sarkophage ausgestellt sind, eine bedeutende Schule für junge Adelige und angehende Kleriker. Im 16. Jahrhundert noch unter der Protektion des irischen Königs Murrough O'Brien, der die Lehensherrschaft von Henry VIII. anerkannte, der allgemeinen Auflösung katholischer Klöster entgangen, wurde die Friary im 17. Jahrhundert von den nur noch wenigen verbliebenen Mönchen dann doch endgültig aufgegeben.

Das Städtchen mit seinen vielen georgianischen Häusern ist aber auch ein trefflicher Ausgangspunkt für die touristischen Höhepunkte der Region wie die spektakulären Cliffs of Moher oder die unwirtlich daherkommende Karstlandschaft des Burren. Beide Ausflüge lassen sich zu einer eintägigen Rundtour gestalten.

Oben: Entlang des River Fergus ziehen sich beidseits hübsche Spazierwege.
Unten: Stadt der Kunst: Über ganz Ennis verteilt stehen zahlreiche Bronzeskulpturen.

Infos und Adressen

SEHENSWÜRDIGKEITEN

Ennis Abbey. Ehemaliges Franziskanerkloster. Ostern–Sept. tägl. 10–18, Okt. 10–17 Uhr, Erwachsene 5 Euro, Kinder 3 Euro, Abbey Street, Ennis, Tel. 065/682 91 00

ESSEN UND TRINKEN

Brogans. Ältester Familienbetrieb der Stadt. Die Betreiber des gemütlichen Pubs legen Wert auf frische Zutaten aus der Region. Livemusik. 24 O'Connell Street, Ennis, Tel. 065/682 94 80

Seasons 52. Sehr stylisches Restaurant mit einer umfangreichen Geflügelauswahl sowie zahlreichen vegetarischen Speisen. 76 Parnell Street, Ennis, Tel. 065/684 84 77

ÜBERNACHTEN

Old Ground Hotel**.** Das Herrenhaus aus dem 18. Jahrhundert liegt nur wenige Schritte vom Ausgehviertel entfernt. Doppelzimmer ab 95 Euro. Ecke O'Connell Street/Station Road, Ennis, Tel. 065/682 81 27, www.flynnhotels.com

Rowan Tree Hostel. Die idyllisch am Fluss gelegene Unterkunft wurde 2009 bis 2012 viermal in Folge zum besten Hostel Irlands gewählt und wurde 2014 zur Wahl zum besten Hostel der Welt nominiert. An sonnigen Tagen sitzt es sich entspannt auf der direkt am River Fergus liegenden Terrasse. Doppelzimmer ab 49 Euro. Harmony Row, Ennis, Tel. 065/686 86 87, www.rowantreehostel.ie

EINKAUFEN

Custy's. Instrumente, CDs, Schallplatten – hier gibt es alles rund den traditionellen Irish Folk. Legendär sind die Sessions, wenn Musiker aus der Region auftauchen. Cooke's Lane, Ennis, Tel. 065/682 17 27, www.custysmusic.com

VERANSTALTUNGEN

Glór. Neben den vielen Irish-Folk-Konzerten bietet das Kulturzentrum Kunstausstellungen und Lehrgänge beispielsweise für traditionelle Tänze – auch für Touristen. Friar's Walk, Ennis, Tel. 065/684 31 03, www.glor.ie

INFORMATION

Touristen Information. April–Mai und Okt. Mo–Sa 9.30–13 und 14–17.30, Juni–Sept. tgl. 9.30–17.30, Nov.–März Mo–Fr 19–13 und 14–17.30 Uhr, Ecke Arthur's Row/O'Connell Square, Ennis, Tel. 065/682 83 66, www.visitennis.com

Das Kloster Quin Abbey liegt idyllisch in einer Natur- und Gartenlandschaft.

SONGS DER TRAUER
Trunkenheit und Lebensfreude

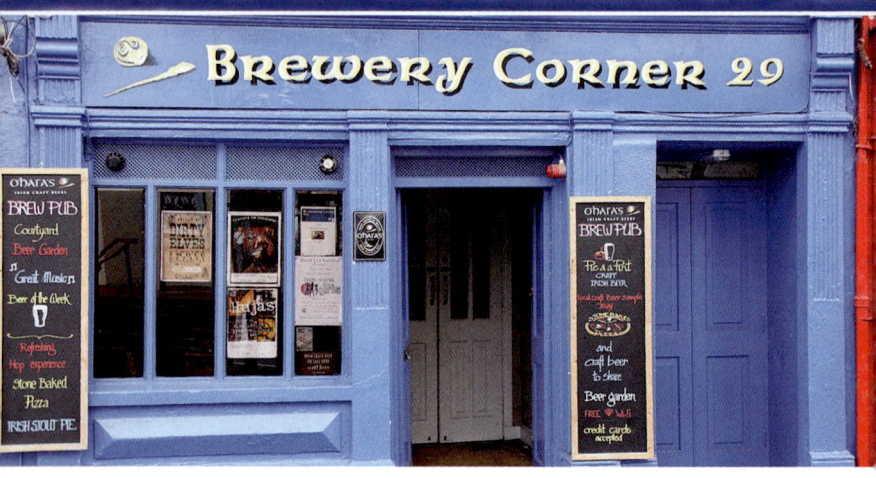

Hier spielt die Musik: In nahezu jedem Pub gibt's abends Irish Folk.

Iren und die Musik: Kaum ein Pub ohne Live-Musik-Abende, Stepptanz als i-Tüpfelchen und dann diese Fülle an Weltstars – wie schafft es eine Nation mit knapp fünf Millionen Einwohnern nur, die internationale Musikszene derart nachhaltig zu beeinflussen? Eine Antwort liefert sicherlich Irlands leidgetränkte Geschichte, die den idealen Nährboden für die Melancholie des traditionellen Folk bildet. Und U2? Die sind eben einfach nur gut.

Natürlich ist es die tragische, von der Unterdrückung durch England bestimmte irische Geschichte, die sich bis heute in der traditionellen Musik der Grünen Insel widerspiegelt. In einer Musik, wie sie an den Abenden in den Pubs immer wieder gerne stimmungsvoll zelebriert wird, mit Songs der Trauer, Vertreibung, Trunkenheit und Sehnsucht. Es ist ihre Intensität und Authentizität, die irische Folklore zu einem Exportschlager hat werden lassen. Bereits Mitte der 1960er-Jahre brachten die Dubliners und die Chieftains die Volksweisen der Insel in dezent folkig rockigem Gewand nach Europa und Nordamerika.

In den 1970ern schafften es die Kelly Family von Straßenmusikern zum viel gebuchten Live Act, um Mitte der 1990er in nächster Generation schließlich den kommerziellen Durchbruch zu packen

und Top-Ten-Hits (wie die gefühlt ewige Nummer eins »An Angel«) am Fließband zu liefern. Die Pogues hatten zwischendurch dem Folk eine Punknote verpasst und damit weltweit härteren Bands aus dem Rock- und Metal-Bereich Tür und Tor geöffnet: Ruppiges Geigenspiel , Flöten-Stakkato und Polkarhythmen klingen immer noch gut zu harten Gitarren.

Irish Traditional Music

Pop und harter Rock sind derweil den traditionsverbundenen Musikern der Insel eher fremd. Sie sprechen auch nicht vom Irish Folk, sondern lieber von Irish Traditional Music, die sich im 17. Jahrhundert aus rhythmischen Gesangsstücken entwickelt hat, zunächst allenfalls von Klatschen oder Steppen begleitet. In den Pubs – insbesondere im Westen der Insel mit den Zentren Ennis, Doolin und Clifden – haben sich auch junge Gruppen und Solisten wieder einem althergebrachte Instrumentarium verschrieben: Geige, Mandoline, Flöte, Akkordeon und Holzrahmentrommel. Akzentuiert ist auch die Harfe, das Wahrzeichen Irlands – doch welcher Pub hat schon Platz für ein so großes Instrument? Gesungen wird von (unerfüllter) Liebe. Oder vom gepflegten Umtrunk mit Freunden. Aber auch vom nicht enden wollenden Konflikt mit diesen verflixten Engländern. Ja, da darf es auch patriotisch werden.

Bands mit Weltruhm

Politisch ja, Patriotismus nein: Das gilt für irische Weltstars wie die Alternativ-Rocker U2, die Indie-Band The Cranberries oder Stimmwunder Sinéad O'Connor, die sich allesamt leidenschaftlich für Friede und Toleranz einsetzen. Ebenfalls in der musikalischen Champions League verwalten das Erbe des Singer-Songwriters Van Morrison, oder der verstorbenen Bluesrock-Legenden Rory Gallagher und Gary Moore ganz unterschiedliche Künstler: Pop-Barde Chris de Burgh, die Geschwister-Combo The Corrs oder Enya. Letztere ist die Schwester dreier Bandmitglieder der Folkrocker Clannad und wurde mit der 9/11-Hymne »Only Time« weltberühmt. Ihr Vater Leo Brennan führt im hohen Norden der Insel einen Pub, in dem sich die regionale Szene die Klinke in die Hand gibt.

Weitaus relevanter für den Irish Folk ist die Stadt Ennis mit ihrem jährlich Ende Mai stattfindenden Folk-Festival An Fleadh Nua, der größten Veranstaltung für traditionelle irische Musik. Im November folgt das Fiddler-Treffen Guinness Traditional Music Festival. Oder Sligo mit dem Folk, Root and Indie Festival im Oktober. Und natürlich Dublin mit seinem Temple Bar TradFest im Januar, bei dem seit 2006 immer wieder auch die Szenestars der Vergnügungsmeile vorbeischauen.

32 The Burren
Ein steiniger Weg

Lust auf Stein? Na, dann: einmal rund um den Burren oder auch mitten hindurch. Der Burren hat seinen Namen vom gälischen Wort »bhoireann« – das heißt steinig und benennt rund 40 x 25 Kilometer pure Mondlandschaft. Karstig. Hier wächst nichts. Falsch: Ein bisschen näher hingeschaut in das Schattenspiel zwischen den endlosen Steinplatten mit den tiefen, zum Teil wie mit dem Lineal gezogenen Längsrillen, und es offenbart sich ein Dorado für Botaniker.

Oben: Der Paulnabrone-Dolmen ist mit über 5000 Jahren das älteste Keilgrab Irlands.
Unten: Furchen über Furchen haben die Gletscher in den Steinpanzer gezogen.

Vor 15 000 Jahren haben zurückziehende Gletscher ihre Spuren in den weichen Sandstein gezogen. In nord-südlicher Richtung zeugen markante Furchen von dieser Bewegung – ebenso wie ein für den Besucher unsichtbares unterirdisches Labyrinth aus Bachläufen und Seen. Dieses Wasser stammt aus den oberirdischen Seen, die sich nach starken Regenfällen in den Senken bilden und dann unter dem Felspanzer versickern. Das wenige Wasser sorgt im Mai und Juni für eine seltsame Blütenpracht inmitten der Einöde. Der Küstenwind streute wie von Geisterhand zunächst Samen arktischer, später auch mediterraner und alpiner Pflanzen in die Furchen. Heute sind der bis in den Sommer blühende Enzian und die Silberwurz bunte Einsprengel im landläufigen irischen Steinbrech mit seinen weißen Blüten. Bizarr ragen kahle Felsmassive aus den Hochebenen zwischen Ennis, Kinvarra und den Cliffs of Moher: Vor 5000 Jahren rodeten Siedler die letzten Wälder und verschafften der Erosion in der einstmals so fruchtbaren und üppig bewachsenen Region so freie Bahn.

The Burren

Nicht verpassen

Der Paulnabrone-Dolmen, ein Megalithgrab auf etwa halber Strecke zwischen
Kilfenora und Ballyvaughn, rechts der
R480, ist heute noch Zeugnis dieser Bewohner. Er ist, datiert auf etwa 3500 v. Chr., der älteste dokumentierte Dolmen Irlands. Die Bauweise
entspricht einem sogenannten Keilgrab, das heißt,
die Höhe nimmt vom westlichen zum östlichen
Rand der knapp vier Meter langen Deckplatte hin
ab. 1986 mussten, nachdem sich in einem der
senkrechten Trägersteine Risse gebildet hatten,
Restaurierungsarbeiten vorgenommen werden.
Ursprünglich war der komplette Dolmen von einer
Erdkuppel bedeckt, die jedoch nach und nach den
Witterungseinflüssen zum Opfer gefallen ist. Ganz
ist der ursprüngliche Zweck der Megalithen noch
nicht geklärt. Neben der Grabthese hält sich auch
die einer prähistorischen Sonnenuhr.

Außergewöhnlicher Blick auf die Aran Islands

Der komplette Burren mit seinen 320 Quadratkilometern lässt sich zwar trefflich mit dem Auto erkunden, intensiver geht's mit dem Fahrrad oder zu
Fuß. »The Burren Way« heißt der knapp 120 Kilometer lange Rundweg, der auch an den Cliffs of
Moher vorbeiführt. Auch für geübte Wanderer
empfehlen sich mindestens vier Zwischenüber-
nachtungen, vielleicht eine davon in Ballyvaughan
mit Blick auf die gleichnamige Bay. In dem pittoresken Fleckchen mit dem bunten Yachthafen gibt
es genügend urgemütliche Lokale, in denen es
sich prima von den Anstrengungen des Tages er-
holen lässt. Denn: Unweit erhebt sich westlich der
gut 400 Meter hohe Gleninagh Mountain, der den
weniger Fußfaulen atemberaubende Ausblicke auf
den Burren verschafft. »Blackhead Loop« heißt der
24 Kilometer lange Rundweg. Doch sind wir ehrlich: Vom Parkplatz Fanore Beach an der Küsten-

BÄREN IN DER AILLWEE CAVE

Im Sommer des Jahres 1944 ging der Bauer Jacko McGann mit seinem Hund spazie-ren, bis der plötzlich ausbüxte. Auf der Suche nach seinem Tier stieß der Landwirt auf eine Öffnung im Gestein und entdeckte eine Höhle. Knapp 30 Jahre später, kurz vor seinem Tod, erzählte McGann Nachbarn davon. Die Aillwee Cave wurde erforscht und ist seit 1976 als einzige Höhle des Burren der Öffentlichkeit zugänglich. Der etwa 1,3 Kilometer lange und 500 Meter tief in den Berg führende Hauptstollen er-schließt unter anderem einen der größ-ten Höhlensäle der Welt. Unscheinbar und doch hoch interessant: Eine an-hand von Knochenfunden als Schlaf-platz eines Bären identifizierte Mulde -- Bären gelten in Irland seit über 1000 Jahren als ausgestorben. Impo-sant sind auch die bis zu 8000 Jahre alten Stalagmiten und Stalaktiten so-wie ein unterirdischer Wasserfall.

Aillwee Cave. 35-minütige Führung tgl. 10 bis 17.30, im Aug. letzte Füh-rung um 18.30 Uhr, Erwachsene 18 inklusive Greifvogelschau (nur Höhle 12), Kinder 10 (5,50) Euro, Tel. 065/707 70 36, www.aillweecare.ie

Oben: Wo der Burren ins Meer stürzt, verläuft die spektakuläre Küstenstraße am Black Head.
Unten: In den Furchen des Burren wachsen einheimische und exotische Blumen.

straße R477 muss es nicht zwingend die große Runde sein – der Weg über die Fanore Bridge und entlang des Caher River kürzt die nicht sehr schwere Wanderung um ein durchaus verzichtbares Drittel ab. Gegen den Uhrzeigersinn immer den lila Pfeilen nach – und spätestens nach vier Stunden sollte der nördlichste Punkt erreicht sein: Oberhalb des Black Head, wo ein angerosteter Leuchtturm die Galway-Bucht bewacht, tut sich ein gigantisches Panorama auf, im Westen bis rüber zu den Aran Islands.

Und wenn auch von der knappen Stunde bis runter zum Parkplatz die Füße müde sind: Bloß nicht gleich ins Auto steigen. Eine kleine Öffnung im Mäuerchen führt ans Ufer – über von Wind und Wasser glatt gewaschene Kalksteinplatten. Nirgends sind die Längsrillen geometrischer als hier. Am Ende des Tages, in der tief stehenden Sonne, wird der Burren, der übersetzt »großer Stein« heißt, über Hunderte von Metern zu einem prächtigen Fotomotiv, durch das kaum mal ein Mensch huscht. Denn hier fahren sie zügig vorbei, die Busse der von mehreren Veranstaltern angebotenen Burren-Tour. Zwischen Lemanagh Castle und Ballyvaughan stoppen sie – durchaus berechtigt – unter anderem am Caher Connell Stone Fort (5./6. Jh.) oder am Ballyalban Earthen Ring Fort (8./9. Jh.), den stummen Zeugen keltischer Kultur.

Infos und Adressen

SEHENSWÜRDIGKEITEN

Doolin Cave. Die mit 6,50 Metern längsten Stalaktiten der Insel in einer imposanten unterirdischen Welt. Individuelle Besichtigung ausschließlich nach Voranmeldung, 15 Euro, Tel. 065/707 57 61, www.doolincave.ie

The Burren Perfumery and Floral Center. Interessante Einblicke in die Herstellung von Parfüm ausschließlich aus Pflanzen. Tel. 065/708 91 02, www.burrenperfumery.com

ESSEN UND TRINKEN

Bofey Quinns. Traditioneller, uriger Pub in Corofin. Ganzjährig jeden Mittwoch und Samstag Livemusik, Main Street, Corofin, Tel. 065/683 73 21, www.bofeyquinns.weebly.com

L'Arco. Preisgekröntes, schnuckeliges italienisches Restaurant. Main Street, Ballyvaughan, Tel. 065/708 39 00, www.burrenrestaurant.com

ÜBERNACHTEN

Burren Breeze. Strategisch sehr günstig gelegenes Bed&Breakfast in Lisdoonvarna, Irlands einzigem Kurort. Zimmer modern ausgestattet mit WLAN und Kaffeeküche. Doppelzimmer 68 Euro. The Woodcross, Lisdoonvarna, Tel. 065/707 42 63, www.burrenbreeze.com

Fürstlich schläft es sich in den Himmelbetten des romantischen Hotels »Gregans Castle«.

Gregans Castle Hotel. Romantisches Vier-Sterne-Hotel mit einem schönen Garten. Das Hotel wurde 2012 für seine luxuriöse Atmosphäre ausgezeichnet, das Restaurant ist bekannt für seine Ziegenkäse-Ravioli. Doppelzimmer ab 199 Euro. Corkscrew Hill, Ballyvaughan Tel. 065/707 70 05, www.gregans.ie

INFORMATION

Burren Centre. März–Mai und Sept.–Okt. tgl. 10–17, Juni–Aug. 9.30–17.30 Uhr, Main Street, Kilfenora, Tel. 065/708 81 02, www.theburrencentre.ie

Von außen nicht wirklich eine Burg: das »Gregans Castle« bei Ballyvaughan

33 Cliffs of Moher
Senkrecht in den Atlantik

Hat die Grüne Insel klassische Stop-and-go-Sehenswürdigkeiten? Ja. Es sind diese atemberaubenden Steilklippen, die Cliffs of Moher, Irlands Naturdenkmal Nummer eins. Busse über Busse halten auf dem Parkplatz in der unscheinbaren Hügellandschaft am südwestlichen Rand des Burren und sie spucken Tausende Rundreisetouristen aus. Foto und weiter. Ein Fehler.

Sie sind ein Wunder der Natur. 230 Meter sind es vom O'Brien's Tower, dem 1835 fertiggestellten Leucht- und Aussichtsturm und höchsten Punkt der Cliffs of Moher, hinunter ins tosende Meer. Über eine Gesamtlänge von acht Kilometern stürzt die Küste senkrecht ab. Unermüdlich hat der Atlantik bizarre Formen in die Sandstein- und Schieferschichten geschrubbt. In den Furchen nisten Seevögel, 30 000 sollen es sein: Papageientaucher, Dreizehenmöwen, Dohlen, Trottellummen, Eissturmvögel und sogar einige Falken gehen hier auf die Jagd. Ein kleines bisschen gefährlich ist das selbst für die flinken Tiere, denn immer wieder brechen größere Felsbrocken ins Meer. Frei von Risiko sind die Wege am Rand der Klippen, die schon Kulisse einiger Harry-Potter-Filme (u.a. *Harry Potter und der Halbblutprinz*) waren, auch für den Menschen nicht: Sei es auf einer ausgedehnten Wanderung oder auch nur bei einem kleinen Spaziergang vom Visitor Center aus. Zwar sind die Strecken mit einem hüfthohen Geländer gesichert, die ausgetretenen Trampelpfade jenseits der Balustrade, zum Teil schwindelerregend nahe am Abgrund, verraten aber die Neugier nach noch spektakuläreren Fotomotiven.

Oben: Immer schön hinter der Brüstung bleiben: Die Klippen sind nicht ungefährlich.
Unten: Trotz der Steilküste nebenan ein begehrtes Fotomotiv: der O'Brien's Tower
Rechts: Im Visitor Center gibt es eine 3-D-Animation.

Cliffs of Moher

Ein Viertelstündchen weiter nördlich, über einen befestigten Weg zu erreichen, ragt der O'Brien's Tower in den Himmel. 1835 wurde sein Bau von einem liberalen und etwas exzentrischen Politiker des County Clare in Auftrag gegeben. Cornelius O'Brien verdankten die Einwohner der Region so manche Einrichtung, weshalb ihm schnell der Ruf anhing, ziemlich alles im Umkreis geschaffen zu haben mit Ausnahme der Klippen. Heute eignen sich die Mauern des Türmchens prima, um sich bei einer kleinen Rast anzulehnen.

Spannung am Abgrund

Noch idyllischer ist es freilich an einem weiter südlich gelegenen Turm, dem in den Napoleonischen Kriegen errichteten Moher Tower, am Hag's Head, wo schon die Kelten ein Fort errichtet hatten. Moher O'Ruan sagten die Leute hier zu dessen Überbleibsel, Ruans zerfallenes Fort – so bekamen die Klippen ihren Namen. Nicht, dass das Gemäuer besonders hübsch wäre, es ist die wilde Landschaft, die fasziniert. Doch die eineinhalb Stunden wandern (einfach) zum Hag's Head scheuen die meisten. Und verpassen einen Pfad, auf dem einem immer wieder mal das Herz stehen bleibt. Allzu übermütige Wanderer, die bäuchlings zum Rand robben für das Bild ihres Lebens und selbiges dabei riskieren, vergessen, dass hier oben heftige Böen aufkommen können. Weniger verantwortungslos und dennoch nicht ohne: der Abstieg am Hag's Head an den Fuß der Klippen – festes Schuhwerk vorausgesetzt. Mindestens eine Windjacke sollte im Gepäck haben, wer sich die Cliffs of Moher von der Seeseite aus ansehen möchte. Ab Liscannor oder Doolin schaukeln mehrmals täglich Boote an der Küste entlang. Noch komfortabler: ein Rundflug für 60 Euro über die Aran Islands mit einer kleinen Maschine vom Connemara Regional Airport aus.

Infos und Adressen

ESSEN UND TRINKEN
Barrtra Seafood Restaurant. Schnuckeliges Fischrestaurant mit kleinen Tischen entlang der Wintergarten-Verglasung. Schöner Blick über die Bucht von Lahinch, südlich der Cliffs of Moher. Miltown Malbay Road, Lahinch, Tel. 065/708 12 80

ÜBERNACHTEN
Moher Lodge. Komfortables Vier-Sterne-B&B mit hellen, freundlichen Zimmern. Direkt an der R478. Ballard Road, Liscannor, Tel. 065/708 12 69, www.cliffsofmoher-ireland.com

AKTIVITÄTEN
Cliff Cruises. Bootsfahrten am Fuße der Cliffs of Moher bieten mehrere Linien an. Ab Doolin ist die Fahrt am kürzesten. Die Schiffe legen um 12, 13, 14, 15, 16 und 17.15 Uhr ab. 35 Euro, Tel. 065/707 55 55, www.obrienline.com

INFORMATION
Visitor Center. Vom direkt an der R478 liegenden, kostenpflichtigen Parkplatz (6 Euro) über die Straße und 100 Meter Richtung Klippen. 6 Euro, 2 Euro zusätzlich für den O'Brien's Tower. Tel. 065/708 61 41, www.cliffsofmoher.ie

34 Aran Islands
Die Inseln der Ruhe

Bags of time, sagt der Ire. Jede Menge Zeit haben. Fürwahr: Ob Inishmore, Inishman oder Inisheer – egal auf welcher der drei Inseln, eilig hat's hier wahrscheinlich keiner. Warum auch? Auf den Arans, wo noch vorwiegend Gälisch gesprochen wird, ist Termindruck ein Fremdwort. Pünktlich ist hier nur die Fähre – ab und zu. Landwirtschaft und Fischerei sorgen immerhin für ein bisschen Bevölkerung. Der Rest der kargen und doch faszinierenden Landschaft gehört den Wanderern und Radlern – nicht den sportlich ambitionierten Kilometerfressern, nein, den stillen Genießern. Mit viel Zeit für kleine Details am Wegesrand.

GUT ZU WISSEN

LIEBER NATUR ALS FILMKLASSIKER

1934 wurde die Film-Doku *Man of Aran* des amerikanischen Regisseurs Robert Flaherty mit dem Großen Preis von Venedig ausgezeichnet. Der Kampf der Inselbewohner mit dem Meer und den Stürmen erinnert an Hemingways *Der alte Mann und das Meer:* Die Schwarz-Weiß-Bilder sind intensiv, romantisieren nicht – obwohl die effektheischend integrierte Hai-Jagd Anfang des 20. Jahrhunderts keine Rolle mehr spielte. Dem Tagestouristen stellt sich jedenfalls die Frage, ob er die atemberaubende Natur draußen wirklich eintauschen sollte gegen diesen pathetischen Filmklassiker drinnen. Vorgeführt wird der 77-minütige *Man of Aran* im Aran's Heritage Center (10 bis 17 Uhr, im August bis 19 Uhr), das in der alten Küstenwache von Kilronan untergebracht ist.

Oben: Von Doolin aus starten regelmäßig Boote hinüber zu den Aran Islands.
Unten: Halbes Fort: Der Rest von Dun Aenghus auf Inishmore scheint ins Meer gestürzt zu sein.

Aran Islands

Muscheln müssen schwimmen. Nein, nicht in Knoblauchsoße. Natürlich in Guinness, diesem Gebräu, von dem die Iren träumen, dass es ihre ganze Insel umspülen möge. Im »Ti Joe Watty's«, einer musikbeseelten, rustikalen Kneipe in Kilronan gibt's exzellente Muscheln – Guinness sowieso. Und auf den massiven Bänken des kleinen Biergartens schmeckt's noch besser. Die maritimen Leckereien und die leichte Brise tun richtig gut nach dem Tag auf dem Mountainbike. Wäre eines dieser neuen Dinger mit Elektrounterstützung vielleicht doch besser gewesen? Ach wo. Wer auf die Aran Islands kommt, hat Zeit – Zeit für das Beste. Selbst Inishmore, mit gut 3000 Hektar und rund 850, überwiegend in Kilronan lebenden Einwohnern die Hauptinsel des Archipels, lässt sich auch auf einem herkömmlichen Drahtesel ohne Hudelei in einem Tag erforschen.

Das Schiff auf der Klippe

Unübersehbar sind sie, von den Cliffs of Moher aus, von Galway oder dem Südwesten Connemaras: diese drei Felsplateaus im Atlantik, eine Dreiviertel-Bootsstunde vom Festland entfernt, egal ob nun vom Hafen in Doolin oder Rossaveel. Allen gemein ist die dünne Besiedlung, das raue Klima und die wilde, kratzige Landschaft, die geologisch eine Fortsetzung des Burren ist. Die beiden kleineren Inselchen sind eher etwas für den Individualisten. Inisheer ist gerade mal vier Kilometer lang und zweieinhalb breit. Der zehn Kilometer lange Rundweg, überwiegend entlang der Küste, ist hübsch angelegt und führt vorbei an einem Bilderbuch-Sandstrand mit dutzenden traditionellen Fischerbooten, einer Burgruine aus dem 16. Jahrhundert, dem Wrack eines bei einer Sturmflut 1960 auf die Klippen gespülten Frachters und an der um 1200 erbauten St.-Cavan's-Kirche (gälisch

DER ARAN-PULLOVER

Ob Raute oder Beere, Diamant oder Lebensbaum. Die Muster dieser naturfarbenen Fischerpullover sind schlicht und stehen auch gar nicht im Vordergrund. Den Aran-Pullover oder Aran Sweater macht die ungefärbte Wolle aus, aus der er gestrickt ist. Es ist eine junge Tradition, seit den 1930er-Jahren erst stricken die Frauen der Insel für eine größere Produktion. In die Welt getragen haben die rustikalen Pullis in den Sechzigern die Clancy Brothers, vier Iren, die es in den USA zu musikalischen Ehren gebracht hatten und stets im Aran Sweater auftraten. Als sie 1963 Präsident John F. Kennedy ein Lied singen durften, wollten danach in den Staaten alle diese groben Pullover. 60 bis 150 Euro kostet so ein gutes Stück – mehr als längst existierende Imitate aus Fernost, aber dafür gibt's Qualität, die den Träger oder die Trägerin ein Leben lang begleitet. Und keine Angst: Die mollig warmen Pullis, die in jeder Boutique auf allen drei Inseln hängen, schauen kratzig aus, sind es aber überhaupt nicht.

Aran Sweater Market. Auf Inishmore, Kilronan, Tel. 099/611 40, www.aransweatermarket.com

DÚN DÚCHATHAIR – DIE SCHWARZE FESTUNG

Um jedem Missverständnis vorzubeugen: Die Radtour quer über die Insel zum Dun Aonghasa (Aengus) ist wunderschön und unverzichtbar. Ausnahme: Es schüttet plötzlich ein bisschen arg, was in Irland ja mal vorkommen kann. Dann ist das Strampeln Geschmackssache und selbst eine Kutschfahrt nicht jedermanns Sache. Schon mal drüben auf Inishmore, muss der Tagesausflug aber nicht ohne ein großes Steinfort vor imposanter Kulisse stattfinden. Eine knappe halbe Stunde zu Fuß ist es nämlich nur zum Dún Dúchathair, dem Black Fort. Auf rund 1500 v. Chr. haben Archäologen aufgrund von Kunstfunden dieses Fort datiert. Ganz ehrlich: Die Ruine alleine – es ist kaum mehr als ein gewaltiger Wall übrig – macht nicht so viel her; es ist die Lage, die aus der hoch oben auf einer Felsbastion liegenden schwarzen Festung einen magischen Ort macht. Gleich auf drei Seiten ist sie von der senkrecht in den Atlantik stürzenden Steilküste natürlich beschützt. Wer sich bis zur Spitze der dreieckig angeordneten Klippen wagt, findet einen Rastplatz mit Cinemascope-Panorama. Da wird jedes Sandwich zum Sternemenü.

Auf Inishmore scheint es so viele Mauern wie Schafe zu geben.

Teampall Chaomháin). Dieser, dem heiligen Kevin von Glendalough geweihte Ort wird Jahr für Jahr vom Sand halb zugeschüttet und muss immer wieder freigeschaufelt werden für den Wallfahrtstag am 13. Juni. Kevin von Glendalough ist ein bekannter irischer Heiliger und wurde 120 Jahre alt. Er ist der Patron der Amseln und der Hauptstadt Dublin, wo er 498 geboren wurde.

Ein wenig größer, aber mit nur 150 Einwohnern nahezu menschenleer ist Inishmaan, die mittlere Insel. Die bietet vor allem Ruhe, Ruhe und nochmal Ruhe. Auch hier geht es kleinen schwarzen Täfelchen mit gelben Pfeilen nach auf einen rund zweistündigen Rundwanderweg. Zu sehen gibt es außer ein paar eher unbedeutenden frühchristlichen und prähistorischen Fundstücken deutlich weniger, mit dem über 2000 Jahre alten Steinfort Dún Chonchúir aber ein imposantes, in drei Wälle eingebettetes elliptisches Bauwerk droben auf der Klippe. Einer, der die Ruhe auf Inishmaan zu schätzen wusste, war der Schriftsteller John Millington Synge (1871–1909, *The Aran Islands, Riders to the Sea*). Der Dubliner Dramatiker zog sich um die Jahrhundertwende mehrfach auf die Insel zurück, sein Haus (Synge's Cottage) ist heute Treffpunkt gälophiler Intellektueller. Der Rest trifft sich im »Teach Ósta«, dem einzigen Pub des verträumten Eilands.

Nichts geht ohne Schafe und Ziegen

Wer sich nicht ein paar Tage mit den Aran Islands beschäftigen mag, ist freilich am besten auf Inishmore aufgehoben. Angekommen am kleinen Hafen in der malerischen Killeany-Bucht verträgt Kilronan mit seinen bunten Fischerhäuschen durchaus einen kleinen Spaziergang: hinüber zum

Rundgang: Lockere Radtour zum halben Steinfort

Gleich im Hafen von Kilronan auf Inishmore finden sich ausreichend Verleihstationen. Auf die Radler warten allenfalls seichte Anstiege auf der Route durchs Landesinnere; überhaupt keine auf der Low Road entlang der Nordküste. Ratsam ist eine Tour (etwa zwei Stunden reine Fahrzeit) im Uhrzeigersinn, damit es auf dem Rückweg sanft dahingeht.

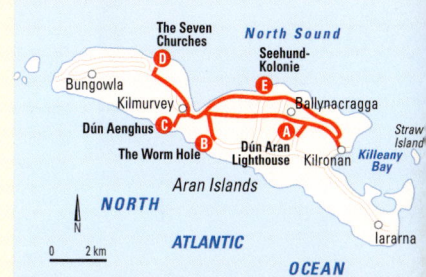

Ⓐ Dún Eochla/Dún Aran Lighthouse – Wo soll ein Leuchtturm auch anders stehen, als am höchsten Punkt der Insel? Gleich daneben liegt die Eochla-Festung, ein schlichtes Steinfort (etwa 1000 bis 1500 v. Chr.).

Ⓑ The Worm Hole – Beim Weiler Gort na gCapall zweigt ein schmaler, unbefestigter Pfad nach links ab zum Wurmloch. Zehn Minuten mit dem Rad oder wahlweise 20 Minuten zu Fuß führen an die Steilküste, an deren Fuß ein rechteckig aus dem Gestein gewaschener Pool liegt. Bei Ebbe ist es möglich, über die glatten Felsen bis zu dieser natürlichen Badewanne zu laufen. Ein schönes Schauspiel liefert die einsetzende Flut, wenn das Meer wasserfallartig über die senkrecht abfallenden Poolwände ins Becken schwemmt.

Ⓒ Dún Aenghus – Allein seine Lage macht das Dún Aonghasa, so die gälische Schreibweise, zu der Top-Attraktion auf den Aran Islands. Ebenfalls auf etwa 900 bis 1500 v. Chr. datiert, liegt die Besonderheit des Steinforts in seiner halbkreisförmigen Anordnung unmittelbar am Rand einer 50 Meter hohen, senkrechten Klippe – beinahe, als wäre es einmal rund gewesen und zur Hälfte in den Atlantik gestürzt, wofür Archäologen jedoch keinerlei Anzeichen fanden. Umgeben ist die Festung von Überbleibseln Tausender sogenannter Spanischer Reiter – einem der Abwehr von Feinden dienenden Feld messerscharfer Steine. Innerhalb der beiden bis zu fünf Meter hohen Wälle liegt eine natürliche Steinplattform, die möglicherweise den Menschen in der Bronzezeit als Opferaltar diente. Vorsicht bei der Besichtigung: Trotz der unvermittelt in die Tiefe

abfallenden Felsen wird auf Geländer verzichtet. Der letzte Kilometer zum Fort muss zu Fuß zurückgelegt werden, die Räder bleiben bei der Touristen-Information (Eintritt 3 Euro).

Ⓓ The Seven Churches – Nahe dem Örtchen Kilmurvey liegen die Reste einiger sakraler Gebäude aus dem 15. Jahrhundert. Auf dem angeschlossenen Friedhof steht ein Gedenkstein an sieben römische Heilige.

Ⓔ Seehundkolonie – In der kleinen Bucht unterhalb des Fleckens Ballynacragga stehen die Chancen gut, in der Sonne lümmelnde Seehunde beobachten zu können.

Auf der Nordseite von Inishmore tummeln sich in einer kleinen Bucht Seehunde.

Der Westen

Franzosenstrand, benannt nach einem hier mit Mann und Maus untergegangenen französischen Schiff; oder zum Denkmal für Chay Blythe und John Ridgeway und ihre irrwitzige Atlantiküberquerung per Ruderboot von 1966. Ein bisschen weiter ist es für die Fähren-Ankömmlinge auf die andere Längsseite, ans südliche Ende der Insel. Gut zwei Kilometer von Kilronan in Richtung der Flugzeuglandebahn liegt, auf dem Rücken einer Hügelkette, die ordentlich erhaltene Ruine einer höchst erstaunlichen Kirche: Teampall Bheanain (St. Benan). Die Einheimischen verkaufen sie dem Besucher gerne als die kleinste der Welt. Nun, einigen wir uns zumindest darauf: 3,7 x 1,8 Meter sind extrem winzig.

Die ganze Insel freilich ist mit gut 30 Quadratkilometern zu groß, um sie an einem Tag zu Fuß zu erkunden. Dafür hat's aber die landesüblichen »Jaunting Cars« (Pferdekutschen), kleine Busse oder Fahrräder. Lässt es das körperliche Befinden zu, empfiehlt sich eine Radtour. Inishmore ist hügelig, aber nicht bergig. Neben dem Hauptort lässt sich keine zweite größere Siedlung ausmachen. Die übers Land verstreuten kleinen Häuschen der Fischer und Bauern liegen eingebettet in endlos viele Karrees aus Trockenbaumauern, deren Zweck neben der Abgrenzung von schier endlosen Feldern auch dem Schutz vor Erosion durch den grimmig übers Felsplateau pfeifenden Wind dient. Es ist eine karge Landwirtschaft auf Inishmore: Roggen und Kartoffeln, viel mehr gedeiht nicht auf den nährstoffarmen Böden. Das macht für viele Haushalte Schafe (Wolle, Pullover) und Ziegen (Lebensmittel) unentbehrlich. Und auch die Fischer brauchen ein zweites Standbein: Sie nutzen die Strände, den kalkhaltigen Sand und den jodreichen Seetang als Dünger. Hauptabnehmer sind selbstverständlich die benachbarten Landwirte; auf den Aran Islands, wo die Welt eben doch noch etwas heiler ist als anderswo, wird Hand in Hand gearbeitet.

Oben: Ob Kneipe oder Souvenirladen, die Besitzer geben sich Mühe mit ihren Hausfassaden.
Unten: Nette Alternative zur anstrengenden Radtour: eine Kutschfahrt über die Insel

Infos und Adressen

SEHENSWÜRDIGKEITEN

Dún Aenghus. Steinfort auf Inishmore. Jan.–März, Nov./Dez. tägl. 9.30–16, April–Okt. tägl. 9.45–18 Uhr, Erwachsene 5 Euro, Kinder 3 Euro, Tel. 099/610 08

ESSEN UND TRINKEN

Pier House. Von liebevoll belegten Broten über saftige Steaks bis zu fein zubereiteten Fischplatten hat das pittoreske Restaurant direkt am Hafen von Kilronan alles zu bieten. Das Haus verfügt auch über Gästezimmer. Tel. 099/614 17

Teach Ósta. Einziger Pub auf Inishman, in dem der ehemalige Leuchtturmwärter Patrick O'Flaherty mit seiner amerikanischen Frau Meg auf Gemütlichkeit setzt: Da ist der Irish Coffee vor dem Kanonenofen an einem nieseligen Tag Pflicht. An Wochenenden Livemusik. Tel. 86/730 03

Ti Joe Watty's. Freundliches, weiß getünchtes Häuschen, dessen gemütliche Holzbänke davor auf ein Guinness im Freien einladen. Drinnen gibt es in klassischem Pub-Ambiente deftiges Bar-Food. Inishmore, Kilronan, Tel. 086/049 45 09, www.joewattys.com

ÜBERNACHTEN

Rhadarc an Chlair. Bei Brid Poil zu übernachten, ist ein bisschen wie zu Hause zu sein. Die Besitzerin des nahe der Burg gelegenen, schnuckeligen B&B mit seinen liebevoll dekorierten Zimmern

Ganz Irland auf einem einzigen Foto: Pub, Musik und Glaube

Mit Steinmauern schützen die Aran-Bauern ihre Felder vor dem rauen Wind.

weiß so ziemlich alles über die Aran Islands. Wer Glück hat, ein Zimmer im Obergeschoss zu bekommen, kann morgens – klare Sicht vorausgesetzt – mit einem Blick auf die Cliffs of Moher aufwachen. Tel. 099/750 19

AKTIVITÄTEN

Aer Arann. Die wohl abenteuerlichste Anreise auf die Aran Islands ist ein Flug mit einer der kleinen Maschinen von Aer Arann. Vom Festland gehen die Flüge ab dem Connemara Airport in Inverin (westlich von Galway). Hin- und Rückflug für Erwachsene 49 Euro, Tel. 091/59 30 34, www.aerarannislands.ie

Aran Bike Hire. Fahrradverleih unmittelbar am Hafen. Räder 10 Euro pro Tag inklusive Insel-Landkarte. Tel. 099/611 32, www.aranbikehire.com

Fährverbindungen. Fähren zu den drei Inseln gehen ab Doolin (nahe den Cliffs of Moher) oder – auf Inishmore die bessere Variante – ab Rossaveel (25 Kilometer westlich von Galway) durchschnittlich dreimal tgl. ab 8.15 Uhr, Hin- und Rückfahrt Erwachsene 25 Euro, www.aranislandsferries.com

INFORMATION

Tourismusbüro. Inishmore, Kilronan, am Pier, tgl. 11–13 und 14–17 Uhr, Tel. 099/612 63, www.aranislands.ie

35 Galway
Nachts, wenn keiner schläft

Galway ist Galway. Da gibt es in ganz Irland keine zweite Stadt, die mit dieser vergleichbar wäre. Galway pulsiert, Galway lebt. Kein Wunder: Hier stehen zwei Universitäten und knapp ein Drittel der 75 000 Einwohner sind Studenten.

Aber keine Angst: Galway ist nicht El Arenal. Hier wird weder aus Eimern getrunken, noch so viel, dass der abendliche Spaß aus dem Rahmen geraten würde. Nur: Außer dem Dubliner Temple-Bar-Bezirk hat es nirgendwo sonst in Irland so eine hohe Dichte an Pubs und Bars. Zwischen der Hafenmole und dem Eyre Square, von der Quay Street bis hoch zur Shop- und Middlestreet steppt abends der Bär. Hier liegt, wenn es langsam dunkel wird, das Reich der Buskers, der Straßenmusikanten. Auch drinnen in den Pubs wird tüchtig musiziert: selbstverständlich Irish Folk, wenngleich sich das internationale Flair der Stadt auch auf ihre Klänge niederschlägt. Und wenn es mal heiß wird im irischen Sommer, dann zieht es die Jugend hinaus nach Salthill im Westen, wo hinter den seichten Sandstränden die übliche irisch-englische Seebadatmosphäre neben weiteren Kneipen auch etliche Spielhallen auf Lager hat.

Blütezeit, Zerstörung, Aufschwung

Aber selbstverständlich hat die Stadt mit ihren normannischen Wurzeln aus dem 13. Jahrhundert mehr zu bieten als das abendliche Halligalli und die sich im Sommer im Fluss Corrib tummelnden Lachse. Auch wenn die meisten Attraktionen jüngeren Datums sind. Die englandtreuen Kaufleute,

Oben: Wuchtig: die wenig filigrane St. Nicholas Cathedral am Ufer des River Corrib
Unten: Galway ist berühmt für seine Musikszene und das muntere Nachtleben.

Infos und Adressen

denen Galway einst Reichtum verdankte, wurden nämlich Mitte des 17. Jahrhunderts vom britischen Republikaner-Anführer Oliver Cromwell vertrieben, vier Jahrzehnte später gab der englische König William von Oranien mit seinen Truppen der Stadt den Rest. Erst die Ansiedlung zweier Universitäten machte Galway wieder zur Metropole des Westens. Von der ersten, mittelalterlichen Blütezeit zeugt der Spanish Arch mit seinen zwei mächtigen Bögen – ein beinahe martialisches Stadttor direkt am Pier. Oder das Lynch's Castle an der Ecke Shop Street/Abbeygate Street: Heute residiert hier eine Bank, früher war es die namensgebende Bürgermeisterfamilie. An so ziemlich alle einschneidenden Ereignisse der Stadtgeschichte erinnernde Denkmäler finden sich am Eyre Square, in dessen Mitte der einer Stadtoase gleiche Kennedy Park liegt. Der US-amerikanische Präsident John F. Kennedy hielt 1963 eine Rede an dieser Stelle und ist seither Ehrenbürger der Stadt.

Kirchengeschichtlich ist Galway die mehrfache Eroberung durch englische Eindringlinge anzusehen. Die protestantische St. Nicholas Church mitten in der Stadt (Shop Street) hat durch allerlei Um- und Anbauten ihre normannische Struktur mit einem gestreckten Langhaus längst verloren. Und die moderne, erst 1965 fertiggestellte katholische St.-Nicholas-Kathedrale auf der anderen Seite des Flusses Corrib besticht eher durch Wucht denn filigrane Fassade. Immerhin: Drinnen trumpft das Bauwerk, dessen Kosten die Stadt Galway in eine ernste Finanzkrise gestürzt hatte, mit einem Fußboden aus grün-schwarzem Connemara-Marmor auf. Aber es muss ja nicht immer die Hochkultur sein: Treffliche Unterhaltung bietet an den Wochenenden ein Abstecher ins Galway Greyhound Stadium am Lough Atalia – egal wer gewinnt, so ein Windhundrennen ist ein Spaß für die ganze Familie.

SEHENSWÜRDIGKEITEN

Galway Cathedral. Klassische Basilika mit dominanter Kuppel. University Road, Galway, tgl. 8.30–18.30 Uhr, Tel. 091/56 35 77, www.galwaycathedral.ie

ESSEN UND TRINKEN

Oscar's. Die berühmten Austern aus der Galway Bay gibt es hier absolut erschwinglich. Upper Dominick Street, Galway, Tel. 091/58 21 80, www.oscarsbistro.ie

ÜBERNACHTEN

Kinlay House Hostel. 2014 wurde das Kinlay zum besten Hostel Irlands gewählt. Übernachtung ab 30 Euro pro Person, Ecke Marchants Road/Eyre Square, Galway, Tel. 091/56 52 44, www.kinlaygalway.ie

EINKAUFEN

Claddagh-Ring. Zwei Hände halten ein gekröntes Herz – das filigrane Schmuckstück stammt aus Claddagh. Für Einheimische ist's ein klassisches Erbstück, für (verliebte) Touristen ein nettes Mitbringsel. Rechts getragen und mit der Herzspitze vom Körper weg zeigend, weist der Ring die Trägerin als auf Partnersuche aus, an der gleichen Hand mit der Spitze zum Körper zeigend, zeugt er von einer bestehenden Liebesbeziehung. Links und zum Körper zeigend, ist er ein Trauring.

INFORMATION

Tourist Information. Sept.–Juni tgl. 9–18, Juli/Aug. 9–19.30 Uhr, Forster Street, Galway, Tel. 091/53 77 00, www.galwaycity.ie

36 Connemara
Das Märchenschloss am See

Einen Diamanten besteigen? Warum nicht. Freilich keinen Klunker, nein, den gleichnamigen Berg, den Diamond Hill. Von dort oben erschließt sich ein atemberaubendes 360-Grad-Panorama einer verwunschen wirkenden, amphibischen Landschaft, durchzogen von Hügeln und Wäldern, zerrissen von einem schier endlosen Geflecht kleiner Seen und Wasserarme – der Connemara-Nationalpark.

Nun, der Nationalpark in seinem Kern umfasst 20 Quadratkilometer, die größtenteils sehr gut über Wanderwege erschlossen sind. Doch brauchen sich die Landstriche im Osten, hin zum Loch Corrib, sowie im Westen Richtung Küste und des pittoresken Städtchens Clifden nicht zu verstecken: Die einsame Gegend, die an Fläche größte Gaeltacht-Region Irlands, vereint die Weite schwedischer Seenlandschaften mit dem romantisch-rauen Charme kanadischer Wälder. Connemara ist Natur

GUT ZU WISSEN

DRINNEN NICHT VIEL ZU SEHEN
So wundervoll Kylemore Abbey auch ist, die Besichtigung ist lediglich von außen ein absoluter Höhepunkt einer jeden Irlandreise. Auf das aufpreispflichtige Begehen des Schlosses kann getrost verzichtet werden. Mehr als ein paar mit alten Möbeln und Geschirr dekorierte Räume gibt es da nicht zu sehen. Denn auch heute geben die im Kloster verblieben Nonnen noch Musikunterricht oder halten Exerzitien ab. Deswegen bleibt der Großteil des Gebäudes den Touristen verschlossen.

Oben: Neuschwanstein? Nicht ganz, doch Kylemore Abbey ist ähnlich verspielt.
Unten: Sumpflandschaften und hohe Berge – Connemara ist eine Region der Gegensätze.

Connemara

pur – und hat mit der heutigen Benediktinerinnenabtei Kylemore Abbey auch ein richtiges Märchenschloss zu bieten.

Das geschäftige Galway im Rücken öffnet sich auf der Fahrt gen Norden ein Bilderbogen landschaftlicher Vielfalt. Trotz der breit ausgebauten Straße entlang des Lough Corrib ist die Menge entgegenkommender Autos überschaubar. Willkommen am vielleicht einzigen Fleckchen Irlands, wo sich ein Cabrio wirklich lohnen würde. Der von zahllosen Inselchen gesprenkelte See ist flankiert von großzügig angelegten Parks und bildet mit seiner üppigen Ufervegetation einen spannenden Kontrast zu den Quarzitbergen der Westküste. An seiner nördlichen Spitze liegt ein wahres Kleinod, das 200-Seelen-Dorf Cong mit einigen bunten, windschiefen Fassaden, den Ruinen einer Augustinerabtei aus dem 12. Jahrhundert und einer weltberühmten Filmkulisse: Cong war ein Drehort des Klassikers *The Quiet Man* (*Der Sieger*) mit Maureen O'Hara und John Wayne aus dem Jahr 1952. Das Quiet Man Cottage in der Circular Road ist freilich nur ein Nachbau, in dem darin befindlichen kleinen Museum finden Cineasten neben einer Originalrequisite (ein Pferdegeschirr) auch allerhand Wissenswertes zur Story über einen amerikanischen Boxer (Wayne), der sich in seiner irischen Heimat eine hübsche Frau (O'Hara) sucht und sie anschließend, sagen wir, eher rustikal behandelt – eine famose Charakterstudie.

Das Neuschwanstein der Grünen Insel

Von Cong über Maam Cross, wo die Ortsbrücke ebenfalls diesem Film als Kulisse diente, führt der Weg über die N59 westwärts durch die von Wanderern ob eines fehlenden Wegenetzes eher verschmähten Maumturk Mountains in Richtung des

ASHFORD CASTLE: FALKENJAGD FÜR JEDERMANN

Ist diese anglo-normannische Burg aus dem 13. Jahrhundert, die um 1850 von der Familie Guinness zum Stammsitz wiederaufgebaut wurde, wirklich Irlands feinste Hoteladresse? Darüber sollen sich Experten streiten. Der Tagestourist fühlt sich jedenfalls ziemlich adelig, wenn er auch nicht seine Kutsche, so doch sein Auto durch den prächtigen Park zwischen Cong und Loch Corrib und dann über die kleine Brücke zum Parkplatz lenkt. Dort warten draußen ein stilecht in Zylinder und grünes Cape gewandeter Hoteldiener, drinnen Antiquitäten, schwere Teppiche und meterhohe offene Kamine. Neben Luxuszimmern und exquisiten Speisen des deutschen Sterne-Kochs Stefan Matz hat das feudale Fünf-Sterne-Haus, in dem Bond-Darsteller Pierce Brosnan geheiratet hat und Margaret Thatcher sowie Ronald Reagan übernachtet haben, eine eigene Falknerei im Angebot: Gäste können dort auf dem Hawk Walk für 60 bis 105 Euro (je nach Gruppenstärke) einen als simulierte Jagd aufgebauten Einführungskurs buchen.

Ashford Castle. Cong, Übernachtung mit Frühstück 250 bis 700 Euro pro Person, Tel. 094/954 60 03, www.ashfordcastle.com

AUF DER SKY ROAD DEM HIMMEL SO NAH

Einfach gut!

Clifden ist voll, auch ein bisschen laut. Dafür sorgt in dem englischsprachigen 2000-Einwohner-Städtchen mitten im Gaeltacht-Gebiet schon das überproportionale Angebot an Pubs und Seafood-Restaurants. Das ist nett, aber wesentlich lohnender ist eine kleine Runde mit dem Auto um die Halbinsel. 15 Kilometer den braun »Sky-Road«-Schildern nach führt die Straße vorbei an der Clifden Bay, Kingstown Bay und Streamtown Bay zum Teil abenteuerlich steil in die Höhe. Droben hat's selbstverständlich immer den besten Ausblick auf den Atlantik und seine an dieser Stelle so zerfetzte Küste. Gut zwei Kilometer hinter Clifden steht die in den Außenmauern gut erhaltene Ruine des neogotischen Schlösschens, in dem Anfang des 19. Jahrhunderts Stadtgründer und Sheriff John d'Arcy residierte. In der Hochsaison wird es auf der Sky Road recht voll, außerhalb der Sommermonate jedoch lässt sie sich in gut vier Stunden auch prima zu Fuß bewältigen – oder für Sportliche auch mit dem Fahrrad.

eigentlichen Nationalparks, wo die Twelve Bens (auch Twelve Pins genannt), eine Bergkette mit zwölf Gipfeln, indes ein wahres Trekking-Paradies sind. Menschen leben nur wenige an diesem beinahe unberührten Fleck, dafür begegnet dem Wanderer schon mal ein halbwildes Connemara-Pony, vor dem er sich freilich nicht zu fürchten braucht – schließlich misst es keine 150 Zentimeter. Lediglich an einer Ecke, selbstverständlich einer voller natürlicher landschaftlicher Süße, drängen sich die Touristen – und der Abstecher im Kreuzungsbereich der N59 und R334 nach rechts entschädigt für eine längere Fahrt ebenso wie für ein bisschen Gedränge in der Hochsaison: Das zwischen Seeufer und dem bewaldeten Berg Duchruach eingebettete Märchenschloss Kylemore Abbey muss den Vergleich mit Schloss Neuschwanstein nicht gänzlich scheuen.

1860 bis 1867 ließ der Liverpooler Kaufmann und Politiker Mitchell Henry das prunkvolle Gebäude im viktorianischen Stil mit einer bunten Vielfalt an Zinnen und Türmchen erbauen, am Pollacappul Lake, von dessen idyllischer Lage seine Frau Margaret bei einer Ausfahrt acht Jahre zuvor hin und weg gewesen war. Parallel entstand der viktorianische Mauergarten, der heute noch zu den schönsten und größten dieser Art in ganz Irland zählt und linkerhand des Schlosses über einen 20-minütigen Fußmarsch oder per Shuttlebus zu erreichen ist. Alleinstellungsmerkmal der prächtigen Anlage: Es finden sich ausnahmslos Pflanzen, die vor 1900 in Irland existierten oder eingeführt wurden. Doch zurück zum Schloss: Mitchell Henry, der sich als Wohltäter für die ganze Region gerierte und den Lebensstandard ihrer Bewohner – mehrheitlich seine Angestellten – deutlich anhob, modernisierte ständig sein Schloss, 1893 gar mit einem eigenen Wasserkraftwerk mit Elektrizität.

Die Einrichtung blieb indes stets zwischen Zweck-
dienlichkeit und Gediegenheit angesiedelt.

Im Sommer des Jahres 1903 empfing der Schlossherr hohen Besuch: Englands König Edward VII.
gastierte zum Nachmittagstee in dem Anwesen,
dessen Kauf er in Erwägung gezogen hatte. Doch
wenige Monate später veräußerte der verarmte
Henry sein Schloss an einen befreundeten Herzog.
Dieser hatte alsbald ähnliche finanzielle Probleme
wie nachfolgende Eigentümer. Und so landete der
Prachtbau schließlich 1920 in der Obhut von Benediktinernonnen, die 1914 während des Ersten Weltkrieges aus Flandern als Flüchtlinge auf die Insel
gekommen waren – die Geburtsstunde von Kylemore Abbey. Bis 2010 beherbergten die einst herrschaftlichen Mauern auch ein Mädchen-Pensionat.
Ein paar hundert Meter weiter, am See entlang
über einen schmalen Weg zu erreichen, sind heute
noch die sterblichen Überreste der Henrys in einem
kleinen Mausoleum zu sehen. Dieses liegt etwas
versteckt hinter einer neogotischen Kirche, die Mitchell Henry nach dem frühen Tod seiner über alles
geliebten Gattin im Osten des Schlosses zwischen
1877 und 1881 in Gedenken an sie hat erbauen
lassen. Die inneren Säulen bestehen aus farbigem
Marmor der vier Provinzen Connaught (grün),
Munster (rosa), Leinster (schwarz) und Ulster (grau).
Das für gotische Verhältnisse beinahe feminin-lieb-
lich ausgekleidete Kirchlein ist ein Replikat der Kathedrale von Norwich und wurde erst 1995 nach

Oben: Die wenigen frei zugänglichen Räume in Kylemore Abbey
sind hübsch möbliert.
Unten: Farbig bemalte Fenster lassen Licht in den Kirchentrakt der
Abtei.

aufwändiger Restaurierung wieder geöffnet. Das gesamte, gut 6000 Hektar große Areal mit seinen beiden prächtigen Bauten darf mit Fug und Recht zu den schönsten Flecken Irlands gezählt werden.

Gratwanderung mit Panoramablick

Entsprechend wuselig geht es dort an einem schönen Sommertag zu. Doch entlang der N59 nur sechs Kilometer weiter westwärts warten bereits wieder Einsamkeit, Ruhe und Natur: Der 1980 auch Besuchern geöffnete Connemara-Nationalpark wurde 1976 eingerichtet, inmitten einer vor 10 000 Jahren in der letzten Eiszeit geformten Moor- und Heidelandschaft, in der sich kahle Hochebenen und saftig-grüne Täler abwechseln. Hinein geht es kurz vor Letterfrack linker Hand in einem Waldstück. Ein Parkplatz sowie das über Fauna und Flora der Region ausführlich informierende, idyllisch an einem Teich angelegte Besucherzentrum warten hier zunächst auf die Wanderer. Und selbstverständlich traumhafte Spazier- und Wanderwege, die vielleicht am saubersten angelegten ganz Irlands. Das macht den Aufstieg zum 450 Meter hohen Diamond Hill um einiges angenehmer.

Trotzdem sollte man es sich gut überlegen, welche der drei Routen es sein soll. Die mittlere, drei Kilometer lange, aber immer noch einfache

Oben: Im Sommer sind die Flächen um den Killary Harbour in Dutzende Farben getaucht.
Unten: Stege erleichtern den anfangs über Torf führenden Aufstieg zum Diamond Hill.

Connemara

Lower Diamond Hill Walk ist für Tagestouristen, die Kylemore Abbey schon
hinter sich haben, vermutlich die beste
Wahl. Den sportlich ambitionierten Wanderer zieht es freilich eher zum Gipfel. Der Upper
Diamond Hill Walk ist nur einen knappen Kilometer länger, eine Stunde mehr sollte aber eingeplant
werden: Zum einen ist die Gratwanderung etwas
knifflig, zum anderen lädt das unglaubliche Panorama von dort oben zum Verweilen ein. Gen Westen
öffnet sich die von unzähligen Inselchen und
Wasserarmen zerfetzte, an dieser Stelle flache
Atlantikküste. In der anderen Richtung senkt sich
der Blick ins Glanmore-Tal, in das der Polldirk River
eine leider nur schwer begehbare, da morastige
Schlucht gefräst hat.

Irlands einziger Fjord

Im Norden, ebenfalls mit dem bloßen Auge zu
erkennen, drängt das Meer mit mächtigem Arm
ins Landesinnere, Richtung Leenaun. Der Killary
Harbour ist eine 15 Kilometer lange und 600 Meter
breite Bucht, in der in großem Stil die Muschel-
zucht betrieben wird. Das von Bergen gesäumte
Gewässer (Killary-Fjord) ist der einzige echte Fjord
Irlands und demnach aus einem talwärts Richtung
Meer gewanderten und geschmolzenen Gletscher
entstanden. Wer die N59 nicht allzu rasant nach
Norden flitzt, sich stattdessen an dem kleinen
Parkplatz oberhalb Leenauns mit Blick auf den
Fjord eine Pause gönnt, der sieht gar Wundersames:
einen über und über mit kleinen Stofffetzen ge-
schmückten Baum – den Rag Tree. Diese Lumpen-
bäume folgen einem keltischen Wasserkult; wo
einst wertvollere Gaben an bedeutsamen Wasser-
stellen niedergelegt wurden, haben heute diese
textilen Gaben eher einen symbolischen Charakter,
verknüpft mit einem Wunsch des Spenders.
Ein skurriles Fotomotiv ist's allemal.

Tausende Stoffschleifen schmü-
cken die Wishing Trees.

213

Infos und Adressen

SEHENSWÜRDIGKEITEN

Kylemore Abbey. Benediktinerinnenabtei und Märchenschloss. Nov.–März 10–16.30, Apr.–Juni 9–18, Juli/Aug. 9–19, Sept.–Okt. 9.30–17.30 Uhr. 13 Euro. Tel. 095/520 11. www.kylemoreabbey.com

Quiet Man Cottage. Museum zum John-Wayne-Film *Quiet Man*. April–Okt. tgl. 10–16 Uhr, 5 Euro, Circular Road, Cong, Tel. 094/954 60 89

ESSEN UND TRINKEN

Mitchell's. Fischrestaurant mit urgemütlicher Wohnzimmer-Innenarchitektur. Unbedingt probieren: den Seafood Chowder (ein irischer Muschel-Fisch-Eintopf) und den fangfrischen Lachs von der irischen Westküste. Reservierung ist ratsam. Market Street, Clifden, Tel. 095/218 67, www.mitchellsrestaurantclifden.com

The Bards Den. Die Leckereien stehen tagesaktuell auf einer großen Schiefertafel: z. B. eine Chili-Chorizo-Pizza aus dem Steinofen, gebratenes Hühnchen mit süßem Chili, frischer Lachs mit Zitronensoße oder hausgemachtes Eis. Die Gästezimmer indes sind unauffälliger Durchschnitt. An der Durchfahrtstraße (N59) in Letterfrack, Tel. 095/410 42, www.bardsden.com

The Moorings Restaurant. Bruchsteinfassade und blaue Fensterläden, vier Fensterchen – schon von außen wird klar, dass das Moorings nicht viel Platz bietet. Aber dafür gibt's ja ein Obergeschoss in dem alten Gemäuer. Knarzende Holzdielen und elegantes Ledermobiliar bieten den Rahmen für bodenständige irische Küche zwischen Fisch und Eintopf. Market Street, Clifden, Tel. 095/214 27

ÜBERNACHTEN

Connemara Country Lodge. Die schmucke Stadtrandvilla mit ihren zehn Gästezimmern unterscheidet sich von außen kaum von anderen B&B-Unterkünften Clifdens. Drinnen aber sorgt der gute Geist des Hauses für unvergessliche Urlaubstage: Mary Corbett. Zum Frühstück (unbedingt die Lachsvariationen probieren) unterhält die quirlige Hausherrin ihre Gäste mit traditionellen Flötenklängen und ein

Die Juroren schauen genau hin, wenn das schönste Connemara-Pony gesucht wird.

Noch ein letzter Blick über den See auf die Benediktinerinnenabtei Kylemore Abbey

paar irischen Ständchen. Um deutsche oder französische Touristen kümmert sich Singing Mary in deren Landessprache. Doppelzimmer 70 Euro, Westport Road, Clifden, Tel. 095/211 22, www.connemaracountrylodge.com

Michaeleen's Manor. Graue Natursteinfassade außen, rustikale Einrichtung drin – dass das etwas außerhalb von Cong in Fahrtrichtung Galway gelegene Vier-Sterne-B&B ein neu gebautes Haus ist, sieht man nicht wirklich. Es steht ganz im Zeichen des John-Wayne-Klassikers *Quiet Man*, davor wurde gar eine Brücke aus der Fimkulisse rekonstruiert. Natürlich gibt's auch den Film auf DVD sowie abendliche Berieselung mit Filmmusik. Schlichte, aber gute Küche. Doppelzimmer ab 80 Euro, Lisloughrey Quay, Cong, Tel. 094/954 60 89, www.congbb.com

VERANSTALTUNGEN
Connemara Ponyshow. Jedes Jahr im August wird Clifden zum Schauplatz der größten Schau von Connemara-Ponys, einer besonderen Zücht-

tung maximal 148 Zentimeter großer, sehr robuster und für harten landwirtschaftlichen Einsatz geeigneter Ponys. Rund 400 Tiere stellen sich dabei dem Parcours und den Juroren. Für die Züchter ist's eine ernste Sache, für die Damen der Region eine prima Gelegenheit, schicke Kleider und Hüte zu präsentieren – und für Touristen ein Heidenspaß. Infos unter www.cpbs.ie

INFORMATION
Besucherzentrum Nationalpark. März–Okt. tgl. 10–17.30, Juli–Aug. 10–8.30 Uhr, östlicher Ortsausgang Letterfrack an der N59, Tel. 095/410 54 oder 076/100 25 28, www.connemaranationalpark.ie

Tourist Information Clifden. April–Sept. Mo–Sa 10–17.45, Juli–Aug. zusätzlich So 14–17 Uhr, Galway Road, Clifden, Tel. 095/211 63, www.connemara.ie

Tourist Information Cong. April–Nov. tgl. 10–18 Uhr, Abbey Street, Cong, Tel. 094/954 65 42, www.cong.mayo-ireland.ie

Im »The Moorings« empfiehlt sich ein Fensterplatz.

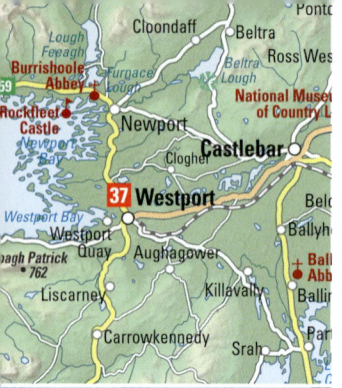

37 Westport und Croagh Patrick
Der heilige Berg der Iren

Westport ist das Nadelöhr auf dem Weg in den Nordwesten. Ein Nadelöhr, das es verdient, darin stecken zu bleiben. Die georgianische, um einen achteckigen Platz erbaute Stadt ist ein wenig beachtetes Juwel. Nicht nur wegen des in einem großzügigen Park liegenden Westport House. Denn da steht ja gleich ums Eck auch noch der heilige Berg der Iren.

Entstanden ist Westport um 1780 am Reißbrett. Lord Altamount, der Marquis von Sligo, hatte die Arbeiten bei dem renommierten Architekten James Wyatt in Auftrag gegeben. Die Lage des Hafens in der Clew Bay hatte seinerzeit enorme Bedeutung für den Handel mit Austern und Getreide, heute zeugen in der 5000-Einwohner-Stadt nur noch die verlassenen Lagerhäuser davon. Sternförmig zweigen die Straßen vom zentralen, achteckigen Platz The Octagon ab, dessen Mitte eine große St.-Patrick-Statue ziert. Die James Street führt direkt zur Flaniermeile The Mall, die sich beiderseits am Ufer des an dieser Stelle begradigten Flusses Carrowbeg erstreckt. Die gut erhaltenen georgianischen Häuserfassaden vereinen sich mit den Baumreihen zu einer malerischen Kulisse. Die Stadt sollte vor allem den Angestellten des Herrensitzes Westport House als Wohnraum und ihrer Herrschaft zum Flanieren dienen. Der deutschstämmige Architekt Richard Cassels hatte das Anwesen 1730 errichtet im Auftrag von John Browne, dem Earl of Altamont. Und zwar auf den Fundamenten des Hauses seines Großvaters Colonel John Browne und dessen Gattin Maude Burke, einer Nachfahrin der berühmt-

Oben: Beeindruckend ist das Westport House mit seinen Kunstschätzen aus aller Welt.
Unten: Eine der Skurrilitäten im Schloss ist das Wachsfigurenkabinett.

Westport und Croagh Patrick

berüchtigten irischen Piratenkönigin Grace O'Malley – im 16. Jahrhundert eine heikle Verbindung. Die Familie Browne hält das Herrenhaus noch heute, doch seit Mitte des letzten Jahrhunderts sind die Türen auch für Besucher geöffnet. Die finden im Inneren kostbare Antiquitäten, chinesisches Porzellan, wertvolle Schnitzereien, eine Wachsfigurenausstellung und eine üppige Gemäldesammlung, darunter eine *Heilige Familie* von Rubens. An den Finanzierungsmethoden der heutigen Eigentümer scheiden sich freilich die Geister: Die einen freut, dass es für Kinder in der Kellergrotte kleine Mitdenk- und Mitmachspiele gibt, die anderen nervt Klein-Disneyland im Schlosspark. Im »Pirate Adventure Park« steht Irlands größte Wasserrutsche. Kann man mögen, muss man nicht. Unvergesslich jedoch ist ein Spaziergang durch den englischen Garten hinter dem Westport House, wo von einem von Arkaden umgebenen Teich üppig begrünte Terrassen weitläufig verzweigt nach oben steigen.

Wallfahrt mit Aussicht

Zehn Kilometer westwärts direkt an der R335 geht es auf den Croagh Patrick, den heiligen Berg der Iren. Der 765 Meter hohe, völlig kahle Kegel ist das bedeutendste Pilgerziel der Insel. St. Patrick zu Ehren steigen von Murrisk Abbey, einem direkt an der Bucht gelegenen Augustinerkloster aus dem 15. Jahrhundert, am letzten Julisonntag bis zu 30 000 Gläubige hinauf zur kleinen Gipfelkapelle, die der Legende nach der Heilige Patrick erbaut haben soll, als er 441 den Berg bestiegen und oben 40 Tage gefastet habe. Mittels einer Glocke soll er Zigtausende Schlangen in den Abgrund gelockt und damit das Land von dieser Plage befreit haben. Sicher ist nur: Außerhalb der Pilgerzeit bietet der heilige Berg einen grandiosen Blick bis nach Achill Island.

SEHENSWÜRDIGKEITEN

Westport House. Prunkvolles Herrschaftshaus mit angrenzendem Freizeitpark. Eintritt für Haus und Gärten Erwachsene 13, Kinder 6,50 Euro, Mitte Feb.–Mai 10–16, Mai–Aug. 10–18, Sept./Okt. 10–16 Uhr. Pirate Adventure Park, Erwachsene 21 Euro, Kinder 16,50 Euro, Osterferien und Mai (Sonn- und Feiertage) 10–18 Uhr, Juni Mi–Fr 10–15 Uhr, Sa/So 11–18 Uhr, Juli/Aug. tgl. 11–18 Uhr, Quay Road, Tel. 098/277 66, www.westporthouse.ie

ESSEN UND TRINKEN

Quay Cottage. Bilderbuch-Häuschen mit maritimer Inneneinrichtung, am Eingang zum Westport Park gelegen. Für hungrige Gäste gibt es für knapp 40 Euro ein feudales Wild-Atlantic-Menü, weniger Hungrige sollten einmal den Mönchsfisch probieren. Quay Street, Westport, Tel. 098/506 92, www.quaycottage.com

ÜBERNACHTEN

Abbeywood House. Kann man irischer logieren als in einem ehemaligen christlichen Konvent? Für eine Nacht ist es eine Erfahrung wert, die Zimmer sind geräumig, aber spartanisch eingerichtet. Doppelzimmer 60 Euro, Vierbettzimmer 96 Euro, Newport Road, Westport, Tel. 098/254 96, www.abbeywoodhouse.com

INFORMATION

Tourist Office. Ganzjährig Mo–Fr 9–17.45 Uhr, Sa 9–16.45 Uhr, Bridge Street, Westport, Tel. 098/257 11, www.westporttourism.com

38 Achill Island
Bölls heimliche Liebe

Heinrich Böll wird sich den Platz, an dem er sein *Irisches Tagebuch* schreiben wollte, schon ganz genau ausgesucht haben. Was er auf den Achill Islands fand, waren vor allem Einsamkeit und Ruhe. Und eine abwechslungsreiche Landschaft mit stattlichen Erhebungen, schroffen Klippen, aber auch schier unendlichen Sandstränden.

Dem Autofahrer fällt es kaum auf, dass die 1888 erbaute Brücke bei Achill Sound drehbar ist und Achill Island somit nicht wirklich fix mit dem Festland verbunden ist. Und was es für eine Insel ist: die mit knapp 150 Quadratkilometern größte Irlands. Die zweieinhalbtausend Einwohner verteilen sich übersichtlich, die meisten leben in Doogort, das in seiner langgestreckten Anordnung entlang zweier traumhafter Sandstrände kaum als Dorf erkennbar ist. Und so bietet sich Doogort als erster Anlaufpunkt an, nicht mehr, nicht weniger – ein bisschen orientieren eben, wobei die detaillierte Übersichtskarte direkt am Strandparkplatz prima Dienste leistet. Eingezeichnet ist auch Bölls Cottage auf der schmalen Straße ins Landesinnere Richtung Keel, doch lohnt die Sucherei nicht wirklich: Wo einst der Schriftsteller in den 1950er-Jahren wirkte und bis kurz vor seinem Tod 1985 immer wieder in den Urlaub zurückkehrte, bringt längst die Böll-Stiftung junge Künstler im Rahmen eines Stipendiums unter. Das abgeschottete, weiße Häuschen ist nicht zu besichtigen.

Das verlassene Dorf

Weitaus lohnenswerter ist ein Stopp rund fünf Kilometer westlich von Doogort, wo das hügelige

Oben: Eine abenteuerliche Küstenstraße führt von Keel zur abgeschiedenen Keem Bay.
Unten: Vorfahrt beachten! Wo Schafe laufen, haben in Irland Autofahrer zu bremsen.

Infos und Adressen

Sträßchen, auf dem einem immer wieder Schafe die Vorfahrt nehmen, zum Deserted Village abzweigt. Im Schatten des 671 Meter hohen Slievemore hatte die Landbevölkerung in einer rund 100 Steinhäuser zählenden Siedlung gelebt, ehe die Menschen während der großen Hungersnot (1845–1849) die Gegend verließen und weiter südlich Dooagh gründeten, wo der Fischfang bessere Lebensbedingungen versprach. Heute trotzen viele Grundmauern von damals noch in erstaunlich gutem Zustand Wind und Wetter – ein Geisterdorf mit einer vor allem bei Regen und Nebel gespenstischen Atmosphäre. Ein Stückchen näher an Doogort die nächste verlassene Siedlung: The Settlement – hier waren in der 1830er-Jahren Protestanten trotz hohen finanziellen Aufwands mit ihren Reformationsvorhaben kläglich gescheitert.

In sich komplett gegensätzlich präsentiert sich die Südküste der Insel. In Keel, wo sich neben einem Campingplatz eine Handvoll schnuckeliger Hotels und Restaurants mit Seeblick finden, lädt die Trawmore Bay mit ihrem knapp vier Kilometer langen und 200 Meter breiten Sandstrand zu verträumten Spaziergängen ein – im Sommer selbstverständlich auch zum Baden. Surfer und Freunde rauerer Landschaft zieht es indes Richtung Westspitze, wo sich die Straße hinter Dooagh entlang des 688 Meter hohen und steil ins Meer abfallenden Croaghaun schwindelerregend emporschraubt – ein echtes Abenteuer. Doch der Nervenkitzel der ebenso steilen Abfahrt lohnt: Unten wartet mit der zwischen den Klippen eingebetteten Keem Bay einer der schönsten Strände Irlands. Und dahinter öffnet sich eine beeindruckende, etwa fünfstündige Wanderung: die Steilwand, sich immer an der weithin sichtbaren Funkstation orientierend, entlang bis Achill Head und über den Kamm des Croaghaun in weitem Bogen zurück zur Keem Bay.

ESSEN UND TRINKEN

Calvey's Restaurant. Den Unterschied macht die hauseigene Metzgerei. Das Angus-Sirloin-Steak und die Achill-Lamm-Rippchen sind ein Gedicht. Doch auch Vegetarier bekommen mehr als nur Salat: Sehr schmackhaft sind die fleischlosen mexikanischen Fajitas. Hauptstraße (R319) in Keel, Tel. 098/431 58, www.calveysofachill.com

ÜBERNACHTEN

Achill Cliff House Hotel. Ein wenig an die Ostsee-Bäderarchitektur erinnerndes, gemütliches Drei-Sterne-Hotel, dessen kleines, aber feines Restaurant im Wintergarten mit Atlantikblick untergebracht ist. Hühnchen mit Pilzen ist keine schlechte Alternative zu den vielen Fischgerichten. Unschlagbar: die hausgemachten Profiteroles (Windbeutel) mit Schokosoße. Doppelzimmer 90 Euro, an der Hauptstraße (R319) in Keel, Tel. 098/434 00, www.achillcliff.com

AKTIVITÄTEN

Windsurfen. Verleih von Kajaks und Surfbrettern direkt an der Trawmore Bay bei Keel. Die angegliederte Surfschule bietet auch Anfängerkurse. Tel. 086/804 70 43 und 087/237 15 06, www.achillsurf.com

INFORMATION

Tourismusbüro. David Quarter, Achill Sound, Tel. 098/207 05 und 098/204 00, www.achilltourism.com

DER NORDEN

Der Norden

39 Sligo
Die Sehnsucht des Herzens

Ab Sligo wird die Grüne Insel schmaler, die Landschaft rauer, die Population noch weniger. Als wollte sich die 20 000 Einwohner zählende Hafenstadt im Schatten des monumentalen, aber für Wanderausflüge ungeeigneten Tafelbergs Ben Bulben noch einmal aufbäumen gegen den einsamen, kalten Norden, pulsiert hier das Leben mit schnellem Schlag. Sligo ist Kunst und Musik, ist Leben in den Straßen. Sligo ist aber auch ein Mekka prähistorischen Totenkults.

Ein Name prägt die Kapitale der gleichnamigen Grafschaft: William Butler Yeats. Der Dichter, einer der bedeutendsten englischsprachigen des 20. Jahrhunderts, und Literaturnobelpreisträger von 1923 begleitet Reisende in und um Sligo auf

GUT ZU WISSEN

SURFEN IN STRANDHILL

Ein Sandstrand in der Nähe der Stadt, für deren Einwohner ist das natürlich eine feine Sache. Der Ruf, der Strandhill vorauseilt, muss jedoch an einem Tag entstanden sein, an dem alles gepasst hat: Sonne, Wind, Flut, Wellengang. Sagen wir so: Bei Durchschnittswetter ist der breite Strand eine eher triste Angelegenheit. Zubringerstraße und Promenade sind vollgestopft mit Allerwelts-Restaurants, dazwischen ein paar Glücksspieltempel – ein bisschen arg britisch-speziell. Für Surfer freilich ist Irland-Wetter ein Segen: Hat es nicht zu sehr Ebbe, lässt sich in der Brandung ein flottes Brett fahren, Strandhill zählt zu den weltweiten Top-Locations für Surfer. Aber eben nur für Surfer.

S. 220/221: Ein Fehltritt auf Slieve League und es geht 600 Meter tief ins Meer.
Oben: Schaut aus wie der Tafelberg in Kapstadt: der Ben Bulben nördlich von Sligo
Unten: Pilgerstätte für Yeats-Jünger ist sein Grabstein.

Sligo

Schritt und Tritt. Nahe Dublin geboren, verbrachte der kirchenpolitisch neutrale Protestant seine Schulferien häufig in Sligo und kehrte später regelmäßig zurück in die Gegend, die er poetisch »The Land of Heart's Desire« nannte. Politisch den irischen Nationalisten zugetan, war Yeats nach der Unabhängigkeit 1922 bis 1928 Mitglied des irischen Senats.

Im Alter von 73 Jahren verstarb der Dichter 1939 in der Nähe von Nizza, wo er zunächst begraben wurde, um später im Norden Sligos an der Kirche von Drumcliff, wo sein Großvater Pfarrer gewesen war, die letzte Ruhe zu finden. Die Inschrift des schlichten, unscheinbar zwischen Parkplatz und Gotteshaus platzierten Grabsteins (»Cast a cold Eye/On Life, on Death/Horseman, pass by«) ist ein Vers aus seinem kurz vor dem Tod verfassten Gedicht *Under Ben Bulben*. Seine Lyrik, die sich im Laufe seines Lebens von einer verträumt-mythologischen hin zu einer politisch-philosophischen gewandelt hatte, wurde später adaptiert von Musik-Größen wie den Cranberries, Angelo Branduardi, Van Morrisson oder Donovan – und sogar einigen düsteren Metal-Bands. Auch Heinrich Böll zitierte Yeats in seinem *Irischen Tagebuch*. Heute kommen die Liebhaber seiner Kunst jedes Jahr zwei Wochen im August zusammen zur »Yeats International Summer School«. Rund 200 Yeatsianer treffen sich dann zu Vorlesungen und Seminaren im Yeats Building an der Hyde Bridge. Dort sind auch Bilder des vielseitigen Künstlers ausgestellt. Auf der anderen Seite des Flusses Garavogue liegt keine 200 Meter weiter das County Museum mit u.a. zahlreichen Yeats-Bänden und Fotos der Familie.

Doch das von der Lebensmittel- und Textilindustrie geprägte Sligo hat längst nicht nur jüngere Kunstgeschichte auf Lager. Gleich die nächste Brücke führt, weiter über die Bridge Street,

Nicht verpassen

LOUGH GILL: MIT DEM BOOT AUF INISHFREE

Im Sommer zieht es die Einwohner von Sligo raus zum fünf Kilometer östlich gelegenen Lough Gill. Zugegeben, da wird es dann ein bisschen voll rund um und auf dem nur acht Meter langen und zweieinhalb Kilometer breiten See. Im Frühjahr und Herbst jedoch ist's an dem einst von Eiszeitgletschern geformten Gewässer so ruhig, so idyllisch, so erholsam. Wie Sommersprossen wirken die über 20 Inselchen im See. Vom malerisch am Ufer gelegenen Parke's Castle, einem aufwendig restaurierten Burg-Schloss aus dem frühen 17. Jh., schweift der Blick hinüber nach Innisfree, der Lieblingsinsel des Dichters William Butler Yeats. Hartgesottene nehmen eines der Boote, auf denen während einer Fahrt in die Sommerfrische Yeats-Werke rezitiert werden.

Bootstour ab Parke's Castle. Ab dem Schloss (zu besichtigen Ostern–Okt. tägl. 10–18 Uhr) an der Bootsanlegestelle, Ostern–Oktober tägl. 12.30 und 15.30 Uhr (zusätzlich 11, 13.30 und 17 Uhr nach Bedarf), 15 Euro, Tel. 087/259 88 69, www.roseofinnisfree.com

TEEGESELLSCHAFT MIT DICHTER

Einfach gut!

William Butler Yeats war verliebt in Sligos Umland – und ganz besonders in das herrschaftliche, spätgeorgianische Lissadell House 15 Kilometer nordwestlich der Stadt. Oder muss man sagen: in die Töchter der Eigentümerfamilie Gore-Booth? Eva schrieb selbst Gedichte, Constance, die 1919 die erste weibliche Ministerin in Europa war, initiierte mit Yeats das Abbey Theater in Dublin. Auch wenn sie reichlich Tee getrunken haben dürften – eine Liebesbeziehung war's aber mit keiner der beiden. Liebreizend jedoch ist das Interieur des im viktorianischen Stil eingerichteten Hauses. Und noch mehr der traumhafte Garten. Jetzt sind der Alpine Garden und der Kitchen Garden wieder das Paradies, das vor 100 Jahren den Lyriker so verzaubert haben muss.

Lisadell House. März–Okt. tgl. 10–18 Uhr, Erwachsene 14, Kinder 6 Euro, www.lissadellhouse.com

ein paar Jahrhunderte tiefer in die Stadtgeschichte: 1245 hatte Sligo erstmals größere Bedeutung erreicht, als im Zug der normannischen Invasion Maurice Fitzgerald eine Burg errichten ließ und später das Dominikanerkloster Sligo Abbey an der heutigen Abbey Street. Im 15. Jahrhundert erhielt die Kirche ihren reich verzierten steinernen Hochaltar, der einzige dieser Art in Irland. 1642 brannten jedoch Cromwells Truppen die Stadt nieder, der Feuerwalze fiel auch das Kloster zum Opfer – die Ruinen dienten später der Bevölkerung beim Wiederaufbau eine Zeitlang als Steinbruch. Doch es blieb genug stehen, dass Sligo Abbey heute noch mit dem langen Chor, den acht schmalen und sehr hohen Fenstern sowie dem prächtig erhaltenen Kreuzgang eine gewaltige Erscheinung und beeindruckende Attraktion ist. Hier eine enge Wendeltreppe nach oben, dort eine dunkle Gang nach unten, dann wieder auf ein Türmchen mit Aussicht – war ich da nicht eben schon? Langweilig wird der Rundgang jedenfalls auch für Nicht-Historiker nie.

Die sagenhafte Königin Maeve

Gewaltig und beeindruckend präsentiert sich ebenfalls der Südwesten Sligos. Nicht, dass die stadtnahen Hügelketten besonders hoch oder spektakulär geformt wären, nein. Doch die Bauwerke auf und zwischen den Erhebungen strahlen Wucht aus und sind älter als die ägyptischen Pyramiden. Schon von weitem ins Auge sticht der neben dem Ben Bulben zweite Hausberg der Stadt, der 333 Meter hohe Knocknaera, mehr noch dieser merkwürdige Knubbel auf seinem Gipfel. Das Gebilde, das aussieht wie ein alter Klingelknopf, ist – so die Legende – das Grabmal der sagenumwobenen kriegerischen Königin Maeve, die unter dem gigantischen Steinhaufen von

Rundgang: Wandern auf den Spuren von W. B. Yeats

Zeigt er den Weg? Der Metal Man, der Leuchtturm in Menschengestalt am Rosses Point, befindet sich draußen im Atlantik auf halbem Weg zu Coney Island. Er scheint dem Wanderer die Richtung zu weisen, der am – an dieser Stelle seichten und so gar nicht wilden – Ufer an dieser Frauenstatue steht und sich fragt, warum die Dame sich so sehnsüchtig nach dem Meer streckt. Nun auf! Folgen wir ihm und nehmen die zehn Kilometer in Angriff, um dieses Landspitzchen gegenüber der Drumcliff Bay bei einem kleinen Spaziergang zu erkunden. Dabei geht es stets entlang des seicht sich dem Wasser zuneigenden Ufers. Es empfiehlt sich, zwischendurch mal die Schuhe in die Hand zu nehmen und barfuß durchs Meer zu waten.

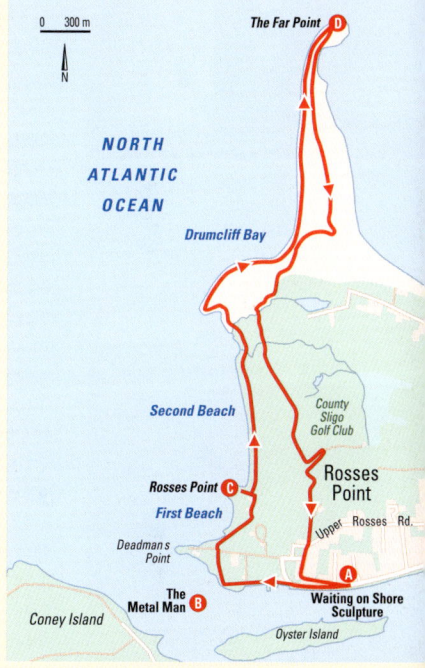

A **Waiting on Shore Sculpture** – Start und Ziel der rund zweieinhalbstündigen, leichten Wanderung ist eine Bronzeskulptur von Niall Bruton, einem ortsansässigen Bildhauer unserer Zeit, die eine dem Atlantik zugewandte Frau zeigt. Sie steht für die Hoffnung und Sehnsucht der Angehörigen der Seeleute. Sinngemäß steht auf dem Schild zu Füßen der namenlosen Schönheit: »Auf See, im Meer verloren, oder in der Abendflut, wir lieben und vermissen euch, möge Gott zu euch halten.«

B **The Metal Man** – Gegenüber der sehnenden Seemannsgattin steht draußen im Meer auf steinernem Fundament eine gusseiserne Statue des Londoner Bildhauers Thomas Kirke. Als Leuchtturm erfüllt der eiserne Mann dank eines herkömmlichen Navigationslichtes seinen Zweck, ansonsten ist's ein Gag – wenngleich ein etwas kitschiger.

C **Rosses Point** – Auf dem schmalen Sandstrand zu dieser kleinen Ausbuchtung der Halbinsel knackt es bei jedem Schritt, der Boden ist übersät von den Überresten Tausender Krabben. Ganz anders geht es nach der Biegung um den Golfplatz weiter: Auf die sattgrünen Wiesen ergießt sich ein Meer an wilden, in allen Farben blühenden Blumen.´

D **The Far Point** – An der Spitze der seichten, wasserumspülten Sandstrandzunge ist nach einer guten halben Stunde Halbzeit. Vielleicht eine mitgebrachte Brotzeit? Als Beilage gibt es gegenüber auf der anderen Seite der Drumcliff Bay die Ansicht des Lissadell House, etwas nach rechts gewandt, als Nachtisch den wohl unverbautesten Blick auf den Ben Bulben, den Hausberg Sligos, dessen Massiv dem südafrikanischen Tafelberg sehr ähnelt. Zurück geht es dann auf der anderen Seite der Halbinsel, ehe der Rundweg hinter dem Golfplatz bei Rosses Point wieder in die anfängliche Strecke mündet – oder aber nach Lust, Laune und Zeit der direkte Weg über die Upper Rosses Road genommen wird.

Der Norden

60 Metern Durchmesser und zehn Metern Höhe in voller Rüstung stehend im 1. Jahrhundert nach Christus begraben worden sein soll. Nachgeschaut hat bislang keiner, es sind einfach zu viele Steine. Auf 40 000 Tonnen wird ihr Gewicht geschätzt. Ohnehin geht die Vermutung der Experten eher in Richtung eines prähistorischen Grabes. Ob die meisten Besucher dieser Kultstätte deswegen so ehrfürchtig mit ihr umgehen? Denn während anderswo so ein Stein ein beliebtes Souvenir wäre, bringen die Wanderer eher einen Stein mit auf den Berg. Glaubt man dem netten Herrn im Besucherzentrum der nahegelegenen Megalithanlage von Carrowmore, dann soll eine Amerikanerin unlängst einen mitgenommenen Stein über den Großen Teich wieder zurückgesendet haben, samt Trinkgeld für den Postbeamten, der ihn zurück an seinen Platz legen würde. Nun, vielleicht ist das aber auch nur eine weitere Sage um dieses geheimnisumwitterte Grab.

Wesentlich sicherer als bei der Maeve-Geschichte ist sich die Forschung bei den Steingräbern von Carrowmore am Fuße des Knocknaera rund sieben Kilometer südwestlich von Sligo an der R292. Der größte megalithische Friedhof Irlands umfasst von den einstmals 100 Dolmen (Steintischen) und Ganggräbern nur noch 25, weil in den letzten beiden Jahrhunderten von hier ungeniert Kies und Sand für den Straßenbau hinweggekarrt worden ist. Die ältesten datieren möglicherweise auf 4800 v. Chr. – sagen zumindest schwedische Wissenschaftler. Sollten sie Recht haben, wären die Gräber die ältesten in Europa. Sicher datiert sind einige Dolmen auf etwa 3800 v. Chr. Ausgestattet mit einer in den wichtigsten Sprachen (auch Deutsch) liebevoll zusammengestellten Informationskarte ist die knapp einstündige Runde durch die aus den Wiesen mächtig herausragenden steinernen Denkmäler vor allem auch ein netter Spaziergang.

Oben: Wie ein Zeigefinger zum Himmel ragt die Ruine des Ballinafed Castle empor.
Unten: Die größte Ansammlung an Dolmengräbern findet sich in Carrowmore.

Infos und Adressen

SEHENSWÜRDIGKEITEN

Sligo Abbey. Ruine eines Dominikanerklosters aus dem 13. Jahrhundert. April–Okt. tgl. 10–18 Uhr, Erwachsene 5, Kinder 3 Euro, Abbey Street, Sligo, Tel. 071/914 64 06

Yeats Building. Rotes Backsteinhaus aus dem 19. Jahrhundert, in dem auch die Yeats Art Gallery untergebracht ist. Ganzjährig Di–Sa 10–17 Uhr, Douglas Hyde Bridge, Sligo, Tel. 071/914 26 93, www.yeatssociety.com

ESSEN UND TRINKEN

Lang's Bar & Restaurant. Sehr leckere Königs-krabben und ein phänomenales Pfeffersteak-Sandwich – und das Ganze entweder in der Stube am Kamin oder im Freien auf rustikalen Holzbän-ken. Und wo einst die Ladentheke einer alten Tuchhandlung stand, gibt's bei John Lang nach dem Essen noch einen Whiskey im Stehen. Di Ru-hetag, direkt an der N15 in Grange, nördlich von Sligo, Tel. 071/916 31 05

Hargadons. Sehr uriger, abenteuerlich verschach-telter Pub aus dem 19. Jahrhundert, in dem noch ein echtes Torffeuer brennt. Für die Raucher gibt es eine gemütliche Loggia zur Straße hin. Exzel-lentes und preiswertes Bar-Food. Erstaunlich große Weinauswahl. O'Connell Street, Sligo, Tel. 071/915 37 09, www.hargadons.com

ÜBERNACHTEN

Castledale. Außergewöhnliches Hotel mit Zim-mern, in denen rustikale Holzbalken auf Design-Mobiliar treffen. Traumhafter Blick über die weit-läufige Gartenanlage mit See. Doppelzimmer ab 130 Euro, Tullynagracken South, Carraroe, Sligo, Tel. 085/2068174.

Sligo City Hotel. Modernes Drei-Sterne-Hotel in bester Stadtlage. Doppelzimmer ab 70 Euro, Quay Street, Sligo, Tel. 071/914 40 00, www.sligocityhotel.com

AKTIVITÄTEN

Golfen. Der Golfplatz von Strandhill liegt unmittel-bar am Atlantik in die Dünenlandschaft eingebet-tet. Unvergesslich: ein Abschlag mit Blick auf den Ben Bulben. Für Gäste 35 Euro pro Person, 50 Euro für ein Paar. Tel. 071/916 81 88, www.strandhillgolfclub.com

INFORMATION

Tourist Information. Mo–Fr 9–18, Sa 10–16, So 10–14 Uhr, O'Connell Street, Sligo,

Irischer Genuss: Beef-Burger und Wedges, dazu ein kühles Guinness

40 Donegal
Das Tor zum Norden

Beginnt hier wirklich irisch Alaska? Gern genommen, dieser plakative Begriff: Aber trifft das auch Donegal, die nördlichste Provinz? Kalt, kahl und dunkel? Sicher nicht. Berge, Wälder, Seen und im Winter als einzige Region Irlands halbwegs schneesicher – das hat zwar was von Alaska. Vom Frühjahr bis in den Herbst präsentiert sich das weite, nur dünn besiedelte Land jedoch voller Anmut und landschaftlicher Schönheit. Das Städtchen Donegal macht da keine Ausnahme.

Alles dreht sich um ein Dreieck: »The Diamond« heißt der zentrale Platz dieser »Festung der Fremden«. So ließe sich das gälische »Dún na nGall« wohl am ehesten übersetzen. Knapp 2500 Menschen leben in der Hauptstadt der nördlichsten Grafschaft Irlands, die auch die Metropole der Tweedindustrie ist. Der Stoff ist ebenso kratzig wie edel und wird in der Region Donegal von den großen Modeschöpfern der Welt eingekauft. Schafe hat es in den Mooren und Hügeln im Umland der Stadt wahrlich ausreichend – wie Brombeeren, Fuchsien, Moos und Ginster, die Grundstoffe für die späteren Farben des hierzulande teilweise noch in Handarbeit oder mit einfachen Webstühlen hergestellten Tuchs. Der acht Meter hohe Obelisk inmitten des »Diamond« erinnert an vier Pater der 1474 gegründeten Franziskanerabtei, deren Ruinen an der Mündung des Flusses Eske in die Donegal Bay stehen – und außen herum ein alter Friedhof, dessen zahlreiche keltischen Hochkreuze im letzten (Gegen-)Licht des Tages ein schaurig-schönes Fotomotiv abgeben. Besagte Geistliche hatten im 17. Jahrhundert eine

Oben: Nicht nur im Licht der Strahler eine imposante Erscheinung: Donegal Castle
Unten: Beinahe jede irische Stadt hat ihren »Diamond«, natürlich auch Donegal.

Donegal

Chronik (*Annals of the Four Masters*) verfasst, welche die Geschichte Irlands von der Sintflut bis in die damalige Gegenwart umfasste. Kurz darauf wurde die Abtei von den Engländern zerstört, doch sind vor allem die Reste des ehemaligen Kreuzganges noch gut zu erkennen. Die marodierenden Feinde sollten aber nicht auch noch das zweite große Bauwerk der Stadt in die Hände bekommen: das etwa gleich alte Donegal Castle. Und so entschloss sich Burgherr Hugh Roe O'Donnell, seinen Besitz zu Beginn des 17. Jahrhunderts selbst anzuzünden. Die Ruine fand wenig später einen Käufer, der auf den Fundamenten ein kleines Renaissance-Schloss erbaute. Der spätere dreistöckige Anbau im jakobinischen Stil ist der Blickfang des renovierten Castle.

Von der Burg über die Brücke, die Tyrconnell Street hoch, führt der Weg dann zum Railway Heritage Center. Das ist im alten Bahnhof eingerichtet und zeugt noch von den alten Eisenbahn-Tagen. Längst führt kein Gleis mehr nach Donegal. In den alten Schuppen stehen einige seltsame Gefährte, aber auch herkömmliche Lokomotiven und Waggons. Kinderaugen dürften bei der riesigen Modellbahnanlage glänzen.

Dass das Örtchen nicht viel mehr Sehenswürdigkeiten in petto hat, versteht sich angesichts der Größe beinahe von selbst. Doch ist es umgeben von unglaublich abwechslungsreicher Landschaft. Zum Beispiel eine Tagestour in die Bluestack Mountains: Die Fahrt über die ebenso breite wie leere N15 führt in den 40 Kilometer langen und bis zu 700 Meter hohen Gebirgszug. Bei Wanderern am beliebtesten ist der Cannaween (520 m), der am ersten Junisonntag wahre Menschenmassen auf den Spuren keltischer Mythen zum Gipfel lockt; im Frühjahr und Herbst ist man hier aber allein mit sich und dem Moor.

Nicht verpassen

DAS MUSIKALISCHE SEEBAD

Wem die Strände Bundorans zu laut sind, der muss nicht auf das Flair am Meer verzichten: Acht Kilometer weiter nördlich tosen vor den Toren des 2600-Einwohner-Städtchens Ballyshannon zwar die Assroe-Wasserfälle, in den Straßen geht es jedoch beschaulich zu. Wo der Erne in den Atlantik fließt, kommt das süße Seeleben noch ohne gigantische Lichteffekte und Verstärker aus. In Bronze gegossener Sittenwächter ist die Statue der 1995 verstorbenen Gitarrenlegende Rory Gallagher an der Kreuzung Main Street/Castle Street. Dem weltberühmten Sohn zu Ehren steigt seit 1977 in dem sonst so beschaulichen Ort Ende Mai ein jährliches Rock-Festival. Dann darf's auch in Ballyshannon mal ein paar Tage etwas lauter werden. Weltberühmte Blues-Rocker wie Ex-Whitesnake-Gitarrist Bernie Marsden waren ebenso schon da wie der ehemalige Thin-Lizzy-Gitarrist Eric Bell.

Ballyshannon. Beschauliches Seebad mit jährlichem Rory-Gallagher-Tribute-Festival (www.rorygallagherfestival.com). Tourist Information, The Bridge, Tel. 087/380 88 80 2

Die Hölle auf der Insel

20 Kilometer südöstlich liegt der Lough Derg. Die mitten im See liegende Station Island ist eine Attraktion von unwirklicher Skurrilität. Auf der sich kaum aus dem Wasser erhebenden Insel stehen zwei Kirchen aus dem 7. Jahrhundert und ein Hospiz. Ursprung der Bauten ist das Purgatorium des Heiligen Patrick, die Hölle, die ihm im 5. Jahrhundert während einer 40-tägigen Fastenzeit in einer Höhle erschienen war. Selbstverständlich war es ihm gelungen, das Böse zu vertreiben. Und das wiederum ist der Grund, warum zwischen dem 1. Juni und Mitte August der Lough Derg plötzlich gar nicht mehr so einsam zwischen den Hügeln glänzt. Dann pilgern rund 35 000 tief gläubige Katholiken hierher, dann leistet das Motörchen des kleinen Kutters, der sie zur Insel bringt, Schwerstarbeit. Die Höhle suchen Touristen jedoch vergebens: Cromwell wollte dem »Unfug« im Kampf gegen Irland und seine Katholiken ein Ende setzen und hat die Vertiefung kurzerhand zuschütten lassen.

Ein bisschen Trubel

Genug von Stadtbummel und Klöstern? Vom Wandern? Einfach mal in der Sonne liegen, entlang einer Seebadpromenade flanieren? 25 Kilometer südlich von Donegal gibt's ein hübsches Fleckchen – wenngleich ein nicht ganz ruhiges: Denn in Bundoran tanzen nicht erst in der Nacht die Puppen. Ein bisschen Blackpool, ein bisschen Las Vegas: Rutschenparadiese für Kinder, Stimmungskneipen für die Eltern – im Sommer ist das Örtchen immer rammelvoll. Aber: Im Frühjahr oder Herbst hat der weitläufige Tullan Beach nicht nur wegen der bei Surfern beliebten, sensationellen Brandung seinen Charme. Dann hat es die nötige Ruhe für einen gediegenen Promenadenbummel.

Oben: Magischer See: In der Mitte des Lough Derg liegt auf einer Insel ein Kloster.
Unten: Als wollte die Spitze des Kirchturms den Himmel berühren: Church of Ireland

Infos und Adressen

SEHENSWÜRDIGKEITEN

Donegal Castle. Burganlage aus dem 15. Jahrhundert. Einstündige Führung, Ostern–Mitte Sept. tgl. 10–18, Mitte Sept.–Ostern tgl. 9.30–16.30 Uhr, Erwachsene 5, Kinder 3 Euro, Castle Street, Donegal, Tel. 074/972 24 05, donegalcastle@opw.ie

Railway Heritage Center. Eisenbahnmuseum. Mo–Fr 10–17 Uhr, Erwachsene 5, Familienticket 15 Euro, Railway Road, Donegal, Tel. 074/972 26 55, www.donegalrailway.com

ESSEN UND TRINKEN

Old Castle Bar & Restaurant. Ist das noch ein Haus oder selbst schon eine kleine Burg? In mittelalterlichem Gemäuer verbirgt sich neben der Eckbar ein schummriges Restaurant, das neben dem üblichen Bar- und Seafood vor allem mit seinen Steaks punktet. Bridge Street, Donegal, Tel. 074/972 12 62, www.oldcastlebar.com

ÜBERNACHTEN

Central Hotel. Liebenswertes Drei-Sterne-Hotel direkt am zentralen Platz der Stadt. Ein Piano in der im Tiffanystil verglasten Empfangshalle, die geschwungene Treppe rauf zur Galerie – willkommen. Und in der einer Kombüse nachempfundenen, maritimen Restaurant-Bar gibt es schlichte

Um den »Diamond« erklingt jeden Abend Livemusik.

irische Küche, fein gemacht. Unbedingt probieren: den Guinness-Pie. Doppelzimmer ab 109 Euro, The Diamond, Donegal, Tel. 074/972 10 27, www.centralhoteldonegal.com

AKTIVITÄTEN

Waterbus. Gesellige Bootstouren in die Donegal Bay. Mehrfach tgl. Abfahrt, aktuelle Uhrzeiten an der Anlegestelle, Quay Street, Donegal, Tel. 074/972 36 66, www.donegalbaywaterbus.com

INFORMATION

Tourist Information. Ganzjährig Mo–Sa 9.30–17.30 Uhr, Tel. 074/972 11 48,

In der malerischen Donegal Bay tummeln sich kleinere und größere Schiffe.

41 Slieve League
Ritt auf der steinernen Rasierklinge

Der grauhaarige alte Mann in Teelin hebt den Finger: Nicht bei Regen und Sturm, schon gar nicht bei Nebel – der Berg sei gefährlich für ungeübte Wanderer. Nun: Es regnet und stürmt an Irlands rauer Atlantikküste aber schon bisweilen. Deswegen die Klippen von Slieve League, die mit 600 Metern zu Europas höchsten zählen, sausen lassen? Keine Angst, das muss nicht sein: Mit dem Auto geht's ein gutes Stück sicher hinauf. Und wenn dann doch die Sonne scheint, steht auch der spektakulären Gratwanderung nichts mehr im Weg.

Auch wenn sich jeder Meter lohnt, ein bisschen knifflig ist's, so hoch hinaus zu wollen. Das fängt bei der Anfahrt an: Gelegentlich ist schon mal ein wendendes Auto auszumachen in Carrick; das braune Täfelchen, das da schüchtern Richtung Klippen weist, geht unter im Schilderwald an der Hauptstraßenecke. Dann das Sträßchen Richtung Meer: Nun, es gibt breitere, es gibt ebenere. Irgendwann kommen dann aber doch die paar Häuser von Teelin und da gilt es, die richtige Abzweigung zu nehmen – kurioserweise nicht die zu Slieve League, sondern zu Bunglass/Cliffs. Dann die höllisch steilen, recht ordentlich ausgebauten Serpentinen nach oben, an einem unbedingt wieder zu verschließenden Gatter vorbei und endlich: ein Parkplatz. Der den Fußfaulen schon das Paradies eröffnet. Hat das Quarzitmassiv, das sich da rechter Hand aus dem Atlantik stemmt, keinen Wolkenhut auf, ist der Blick frei auf den höchsten Gipfel, von dem die Wand nicht ganz senkrecht,

Über 600 Meter fallen die Klippen von Slieve League in den Atlantik.

Slieve League

aber dennoch atemberaubend steil hinab ins Meer fällt. Fototouristen können an dieser Stelle ihr Glück schon kaum fassen.

Gegen diesen – schon in höchstem Maße lohnenswerten – Ausflug mag der alte Grauhaarige selbst bei schlechter Witterung nichts einzuwenden haben. Bei guter freilich ist der Weg nach oben und hinüber zum Slieve-League-Gipfel ein Muss. Die ersten paar Hundert Meter führen zwar schon bedenklich nahe am Abgrund entlang, doch die großen Trittsteine sollten selbst Menschen mit Höhenangst ausreichend Sicherheit vermitteln. Nach einer halben Stunde ist mit dem Eagle's Nest eine schöne Aussichtsplattform erreicht, ehe es deutlich weniger spektakulär über Wiesen und Heide sogar erstmal wieder etwas bergab geht.

Echter Mann oder alter Mann?

Bis zu einer Gabelung, an der sich die Frage stellt: echter Mann oder alter Mann? Nur erstere dürfen jetzt den One Man's Path nehmen und auch die nur mit Bergschuhen. Denn jetzt geht es auf eine Gratwanderung. Der Weg ist hier auf einem knapp 50 Meter langen Stück nur noch 40 Zentimeter breit. Links geht es im Falle eines Fehltritts direkt ins Meer, rechts dürften die paar Grad weniger an Neigung einen wohl tödlichen Sturz in den Bergsee kaum verhindern. Trittsicherheit vorausgesetzt, ist das ein Nervenkitzel, der wohl ein Leben lang in Erinnerung bleibt. Nach zwei Stunden ist der Gipfel des Slieve League erreicht. Ein halbes Stündchen länger dauert die landseitige Umgehung dieses Husarenritts – das Ziel ist dasselbe, nur kommt man eben deutlich älter an (Old Man's Path). Zurück zum Parkplatz empfiehlt sich die softe Variante, denn bergab ist die steinerne Rasierklinge allein schon wegen der Blickrichtung nach unten eine Spur zu teuflisch.

Infos und Adressen

SEHENSWÜRDIGKEITEN

Slieve League. Hier gibt es nichts als die Klippen. Aber es gibt einen Plan B: per Boot. Abfahrt im Hafen von Killybegs, Information am Hafen, Tel. 074/973 23 46, www.killybegs.ie

ESSEN UND TRINKEN

The Rusty. In der letzten Siedlung direkt vor dem Klippenparkplatz päppelt Tony Donegan die erschöpften Wanderer mit einer zünftigen Mahlzeit und einem Pint Guinness wieder auf. Teelin, Tel. 074/973 91 01

ÜBERNACHTEN

Slieve League Lodge. Einfache Unterkunft, aber sauber und für eine Klippenwanderung in bester Lage. Übernachtung pro Person ab 20 Euro, Main Street, Carrick, Tel. 074/973 99 73, www.slieveleaguelodge.com

INFORMATION

Tourist Information. Im Kulturzentrum Aisleann Cill Cartha. Unregelmäßige Öffnungszeiten, Wochenende geschlossen, Main Street, Kilcar, Tel. 087/654 89 52, www.kilcar.online.com

Nur für das geschulte Auge: der gälisch-englische Schilderwald

42 Glenveagh-Nationalpark
Eine bunte Oase in den grauen Bergen

Steht die Sonne tief, wirft ein Zwerg auch lange Schatten. Und im flachen Land wird aus einer durchschnittlichen Erhebung ein Bergriese. 750 Meter versprechen nicht zwingend schwindelerregende Gipfelstürme, doch in seiner exponierten Lage hat der Errigal Mountain durchaus etwas Majestätisches an sich. Doch so klein die Gegend von oben betrachtet auch wird: Der Glenveagh-Nationalpark sticht heraus und in ihm diese blühende Oase rund um den Lough Beagh, an dessen Ufer mitten im Niemandsland ein wundervolles Schloss steht.

Ist das ein Vulkan? Nein, natürlich nicht. Auch wenn die markante Kegelform des Quarzitmassivs den Schluss nahelegt. Die eiszeitlichen Gletscher haben ganze Arbeit geleistet und den Errigal Mountain blitzblank kahl geschliffen. Wer Donegal sehen will, der muss da hoch. Zwei Wege führen dabei zum Ziel: Der eindeutig spektakulärere ist der knapp zweistündige Grataufstieg, der in Dunlewey gleich hinter dem schnuckeligen »McGeady's Pub« beginnt; der etwas komfortablere, eine halbe Stunde länger dauernde startet direkt an der R251 etwa drei Kilometer südöstlich der Ortschaft an der einzigen Brücke der Gegend.

Im Westen des dominanten Errigal Mountain, gut zehn Kilometer die R251 entlang, liegt die vielleicht seltsamste Oase Irlands: Mitten in der kargen Moor- und Heidelandschaft des Glenveagh-Nationalparks, der 1986 eröffnet wurde und mit 10 000

Oben: Lustschlösschen in künstlicher Oase: das Glenveagh Castle am Lough Beagh
Unten: Beinahe toskanisch mutet der Blick von der Schlossterrasse an.

Glenveagh-Nationalpark

Hektar der größte des Landes ist, öffnet sich entlang des Lough Beagh ein wahres Paradies voll landschaftlicher Schönheit.

Dass Mitte des 19. Jahrhunderts Lord John George Adair seiner Bauern überdrüssig war und sie letztlich vertrieb, mag damals ein Fluch gewesen sein und ist heute Segen zugleich. Die Einsamkeit dieses Tals fußt darauf; das unwirklich am Seeufer stehende Märchenschloss des Feudalherren ist stummer Zeitzeuge und eine in der Einöde unerwartete Sehenswürdigkeit zugleich.

Das Schloss und der subtropische Park drumherum scheinen einer Märchenwelt entsprungen. Vom Visitor Center führt ein Bus, sinnvoller jedoch eine gut halbstündige Wanderung zum viktorianisch-protzigen Glenveagh Castle. Das ist recht nett möbliert, wenngleich die kunterbunt zusammengewürfelten Ausstellungsstücke größtenteils dem irischstämmigen US-Amerikaner Henry McIlhenny zu verdanken sind, der das Gebäude erwarb und in der ersten Hälfte des 20. Jahrhunderts auch einige Jahre hier lebte, ehe er sein Eigentum dem Staat vermachte.

Mediterranes Flair

Weitaus mehr Beachtung verdient aber die Gartenanlage, die englisches Parkidyll mit strukturierten, französischen und mediterran-italienischen Gärten elegant verbindet – nicht nur der romantisch platzierte Swimmingpool auf der Seeterrasse des Schlosses war das Werk von Lady Cornelia Adair. Zur Erschaffung dieses Paradieses mussten Tausende Tonnen bester Humus aufs schroffe Gestein gekarrt werden. Abseits der direkten Route zweigen immer wieder kleine Wege ab, der interessanteste führt ans Ende des Lough Beagh zu einem kleinen Wasserfall.

Nicht verpassen

PAPA LEO UND SEINE MUSIKALISCHEN KINDER

Warum nach Crolly? Und warum da in diesen von außen so unscheinbaren Pub? Musikliebhaber haben die Antwort: Inhaber Leo Brennan ist der Papa dreier Bandmitglieder von Clannad, den weit über Irland hinaus bekannten Folkrockern. Und er hat noch eine Tochter: New-Age-Ikone Enya, die mit *Orinoco Flow* und der 9/11-Hymne *Only Time* Welthits hatte. Für alle anderen: Neben viel Livemusik – die Freitags-Sessions sind legendär – gibt's bei Leo wirklich leckeres Bar-Food. Sonntags kommen auch die Spätaufsteher auf ihre Kosten: Zwischen 13 und 16 Uhr gibt's für 18,50 Euro vier Gänge. Fürs Kulinarische ist Bartley Brennan verantwortlich, noch ein Leo-Sohn, der inzwischen den Pub schmeißt. Wer Glück hat, erlebt die musikalische Familie live, denn ab und an schauen die Kinder vorbei und musizieren auch in der Ecke mit dem offenen Kamin und dem schwarzen, betagten Piano.

Leo's Tavern. Meenaleck, Crolly, Tel. 074/954 81 43, www.leostavern.com

Um den Nationalpark haben sich etliche Künstler niedergelassen.

Oben: Das unscheinbare Glebe House beherbergt eine ansehnliche Kunstgalerie.
Unten: Entspannung nach einer Tagestour: angeln auf dem Lough Gartan

Ein anderer, zwischen Visitor Center und Schloss steil den Berg nach oben weisender, endet am Lough Gartan. Der kann es an Liebreiz mit dem tiefschwarzen Gewässer aufnehmen. Dafür wartet auch hier Überraschendes: Am Nordwestufer des Sees steht die Glebe Gallery, ein weinrot getünchter Würfel, der früher mal ein klitzekleines Kloster war – nicht weiter spektakulär. Wenn da nicht drinnen ein echter Picasso schlummern würde. Der Maler Derek Hill (1916–2000) hat an diesem entlegenen Ort vor den Toren Church Hills eine skurrile Sammlung zusammengetragen. Neben besagtem Picasso hängen zwischen weltweitem Kitsch an quietschbunten Wänden auch Werke von Renoir, Kokoschka und Yeats – aber auch umstrittene Bilder der Autodidakten von Tory Island, jener Insel ganz im Norden, wo sich inzwischen die Mehrheit der Einwohner an naiver Kunst versucht.

Infos und Adressen

SEHENSWÜRDIGKEITEN

Glebe House. Kunstgalerie in einem Herrenhaus von 1828 direkt am Lough Gartan. Ostern und Ende Mai–Okt. 11–18.30 Uhr, Freitag Ruhetag, Erwachsene 5, Kinder 3 Euro, Churchhill, Tel. 074/913 70 71

Glenveagh Castle. Schloss mit großer Gartenanlage. Führung März–Okt. tgl. 9.15–17.30, Nov–Feb 9.15–16.45 Uhr, Erwachsene 7, Kinder 5 Euro, Gartenführung auf Anfrage, Tel. 076/100 25 51

ESSEN UND TRINKEN

McGeady's Lounge Bar. Müde vom Wandern? Hungrig auch? Im »McGeady's«, das mit seinem drollig-bunten Eck-Anbau an der Hauptstraße kaum zu übersehen ist, regiert die rustikal-einfache irische Küche – aber alles ist frisch gemacht. Moneybeg, Dunlewey, Tel. 074/953 14 05

ÜBERNACHTEN

Mountain View B&B. Zweckmäßig eingerichtete Zimmer, Frühstück serviert Susan Alexander im Wintergarten mit Blick auf den Bilderbuchgarten. Doppelzimmer 60 Euro, direkt an der R250, Churchhill, Tel. 074/913 70 60, www.mountainviewdonegal.com

Das Glenveagh Castle mit Park

AKTIVITÄTEN

Fintown Railway. Einzige noch existente Bahnstrecke der Grafschaft Donegal. Über zehn Kilometer hin und zurück, etwa eine Stunde lang führt entlang des landschaftlich grandiosen Lough Fin heute die Museumsbahn. Juni–Sept. (bis 14.9.) Mo–Mi 11–16, So 13–17, Juli–Aug. Mo–Sa 11–16, So 13–17 Uhr, Erwachsene 8, Kinder 5 Euro, Fintown, Tel. 074/954 62 80, www.antraen.com

INFORMATION

Visitor Center. März–Oktober 9.15–17.30, Okt.– März 9–17 Uhr, Busfahrt zum Schloss einfach 1,50, hin und zurück 3 Euro, Tel. 076/100 25 37, www.glenveaghnationalpark.ie

Die Museumsbahn der Fintown Railway rattert durch die beeindruckende Natur.

43 Inishowen
Malin Head: Im Norden ganz oben

Nirgends in Irland ist es im Sommer länger hell als an Malin Head. Mit weißen Steinen haben die Menschen am nördlichsten Zipfel der Republik noch einmal den Namen ihres Landes oder ihrer Lieben in den Strand buchstabiert. Und dann ist da erst einmal nur noch die raue See. Hier oben pfeift der Wind das ganze Jahr, hier regnet's ein paar Liter mehr – und doch: Die zum Nordkap gehörende Halbinsel Inishowen ist ein sehr, sehr leckeres Filetstückchen.

Westlich der Lough Swilly, östlich der Lough Foyle und im Süden schrammt die nordirische Grenze vorbei – Inishowen hat mehr von einer echten Insel denn einer halben. Und vielleicht auch deshalb ein Inselrundkurs, den »Inishowen 100 Scenic Drive«. 100 Meilen sind lang, doch einerseits ist die Route mit dem Auto ob der abwechslungsreichen Landschaft enorm kurzweilig, andererseits lässt sie sich hie und da auch ein Stückchen abkürzen. Im Uhrzeigersinn fahrend gilt der erste Pflichtstopp dem Seebad Buncrana. Dort planschen im Sommer bevorzugt Nordiren und Schotten vor dem traumhaft schönen, fünf Kilometer langen Sandstrand. Ein paar Meter weiter draußen im Lough Swilly trifft sich die Anglergemeinde – Reisende inklusive. Auch wenn das Örtchen selbst nicht unbedingt eine elegante Schönheit ist, die Strandpromenade vom Fährhafen, vorbei am Leuchtturm, hoch zur Castle Bridge lädt zu einem hübschen Spaziergang ein. Auf der anderen Seite der 60 Meter langen Brücke, die in sechs Bögen die Mündung des Crana River überspannt, stehen

Auch die nördlichste Halbinsel hat einen Leuchtturm: Inishowen Head Lighthouse

gleich zwei Burgruinen: das Buncrana Castle aus dem 18. Jahrhundert und das drei Jahrhunderte ältere O'Doherty's Castle.

Nun führen zwar nach Carndonagh nicht alle Wege, das mit knapp 2000 Einwohnern zweitgrößte Dorf der größten irischen Halbinsel ist aber auch nicht Rom. Die Direttissima über die R238/244 ist aber defintiv die langweiligere Variante als die Küstenroute über Dunree mit seinem nicht uninteressanten Militärmuseum. Die teils abenteuerlich schmale Straße schraubt sich nämlich urplötzlich ganz gewaltig, mit bis zu 30 Prozent Steigung, nach oben. Droben auf der Passhöhe Gap of Mamore gibt es dafür gratis ein fantastisches Panorama auf die Westküste bei Dunaff und die von unzähligen Bachläufen durchzogenen Berge. Gebaut wurde das Sträßchen einst im Auftrag der Polizei: In dieser abgelegenen Ecke soll es nämlich bis ins frühe 20. Jahrhundert von Schwarzbrennern nur so gewimmelt haben. Ohne Schnäpschen, dafür mit etwas Geduld, geht es von Dunaff Head über Ballyliffin auch irgendwann nach Carndonagh. Dort steht ungefähr 400 Meter westlich der von weitem schon ins Auge fallenden, monumentalen, Mitte des letzten Jahrhunderts erbauten Church of the Sacred Heart unmittelbar an der R238 die größte Sehenswürdigkeiten des Ortes unter einem schützenden Dach: das St.-Patrick-Hochkreuz aus dem späten 7. Jahrhundert. Es ist eines der ältesten des Landes, doch trotz starker Verwitterung ist das typische, filigrane Ornament-Flechtwerk noch gut ausgeprägt zu erkennen.

So einsam und so kriegerisch

Das »Ende der Welt« ist Malin Head nicht, aber der nördlichste Punkt des irischen Festlandes. Ab hier hat es erst einmal für lange Zeit nur eines:

FIVE FINGERS STRAND

Warum heißt dieser Strand nur so? Und warum gilt er als der schönste von Inishowen? Nun, letzteres ist schnell beantwortet. Auf dem Weg zum Malin Head links runter von der R242 wird schnell klar: Dieses idyllische Fleckchen liegt mitten in den mehrere Meter hohen Dünen. Ein Wunder, dass die Iren einen da mit dem Auto das kleine Sträßlein hin fahren lassen. Nichts stört hier sonst das Rauschen des Meeres. Gut und gerne 50 Meter breit ist der seichte Sandstrand, der den Sonnenanbetern und Spaziergängern gehört. Baden ist wegen der starken Strömung zu gefährlich. Aber warum jetzt das mit den fünf Fingern? Ein paar Meter weiter nach links, weg von der Steinformation rechter Hand, löst sich das Rätsel: Wie menschliche Gliedmaßen ragen neben dem Berg fünf Felsen aus dem Atlantik. Ach, hätte es an diesem traumhaften Platz doch nur eine kleine Strandbar. Oder besser doch nicht?

Der Norden

Wasser. Und das peitscht hier zumeist heftig gegen die wild zerklüfteten Felsen, über die an den bewachsenen Stellen ein paar abenteuerliche Trampelpfade führen. Bis runter zu dem riesigen, steinernen »Eire«-Schriftzug. Damit hatten die Iren im Zweiten Weltkrieg deutschen Fliegerstaffeln signalisieren wollen, dass hier keineswegs die britische Ulster-Küste läge. Aus der gleichen Zeit stammen die hässlichen Bunker der irischen Armee, deren Anblick eine unbehagliche Gänsehaut erzeugt. Direkt daneben erhebt sich der Admirality Tower, der 1805 als Wachturm erbaut worden war und zum Ende des Jahrhunderts als Signalturm für die Transatlantikschifffahrt genutzt wurde. So einsam, so kriegerisch – Malin Head hat einen ganz eigenen Charme, der einen nachdenklich verweilen lässt.

Badespaß, Passhöhe und das »Ende der Welt« – nach so viel Aufregung vielleicht noch ein bisschen Entspannung? Gerne doch, am besten im Küstendorf Moville. Hier am Lough Foyle wehte einst der Duft der großen weiten Welt, heute riecht's hier eher nach Meeresgetier. Macht aber nichts: Wo im 19. Jahrhundert noch die Transatlantikkreuzer festmachten, lockt der angestaubte Carrickarory Pier, an dem noch ein paar Fischerboote im Wasser dümpeln, heute zu einem Spaziergang in die Vergangenheit. Hier sind also die Herrschaften Richtung Amerika aufgebrochen ...

Im August ist dann doch plötzlich was los in dem verträumten Nest: Das Angler-Festival ist ein ähnlich buntes Treiben wie die Bootsregatta, bei der unter all den Booten aus der ganzen Welt auch immer ein paar historische dabei sind. Ab September bleibt dann wieder der Blick auf die keinen Kilometer entfernte nordirische Küste. Oder die Fahrt nach Süden Richtung Muff auf der Panorama-Küstenstraße.

Oben: Da hier oben alles das nördlichste ist, hier das nördlichste Fort: Grianan of Aileach
Mitte: Bei Malin Head hört Irland auf und beginnt die Weite des nördlichen Atlantiks.
Unten: Kann man romantischer wohnen als im Frewin House?

Infos und Adressen

SEHENSWÜRDIGKEITEN

Grianan of Aileach. Im 19. Jahrhundert authentisch restauriertes Steinfort aus der Zeit etwa 1000 v. Chr., das auf der Kuppe des Greenan Mountain liegt. An der N13 von Newtown nach Bridge End auf halber Strecke an einer einzeln stehenden, runden Kirche rechts abbiegen Richtung nordirische Grenze.

ESSEN UND TRINKEN

Farren's Bar. Seit 1825 bewirtet die Familie Farren diesen grau getünchten, unscheinbaren Pub, der doch ein unschlagbares Alleinstellungsmerkmal hat: Er ist, zwischen dem Ort Malin und Malin Head in der Flur gelegen, der nördlichste Irlands. Slievebane, Malin, Tel. 074/937 01 28

McGrory's. Drei Räume mit Bewirtung gibt es in dem Hotelbetrieb: das Restaurant, in dem der Muschelteller die Spezialität ist; die gemütliche Front Bar, in der die Fotos allerhand irische Musikprominenz auf Wandbildern verewigen; den Backroom mit der Bühne, auf der die Herrschaften regelmäßig aufspielen. Culdaff, Tel. 074/937 91 04, www.mcgrorys.ie

ÜBERNACHTEN

Frewin House. Das verwunschene Häuschen liegt zwar auf der anderen Seite des Lough Swilly, doch wer auf Inishowen unterwegs ist, sollte ohnehin einen Schlenker rüber zum Fanad Head mit seinem pittoresken Leuchtturm machen. Und dann bei Regina Coyle Halt machen. Neben einem klasse Frühstück serviert sie den Gästen Tee am offenen Kamin – das Ganze hat was von Rosamunde Pilcher. Übernachtung mit Frühstück ab 60 Euro, Frewin, Ramelton, Tel. 074/915 12 46, www.freewinhouse.com

EINKAUFEN

Fruit of the Loom. Lagerverkauf der weltbekannten T-Shirt-Fabrik im Ortsteil Lisfannon, Main Street, Buncrana, Tel. 074/936 32 66

INFORMATION

Tourist Information Buncrana. Railway Road, Buncrana, Tel. 074/936 26 00

Tourist Information Letterkenny. Mo–Fr 9–17, Sa 10–16 Uhr, Blaney Road, Letterkenny, Tel. 074/912 11 60

Noch nördlicher lässt sich kein irisches Bier mehr bestellen als bei »Farren's«.

NORDIRLAND

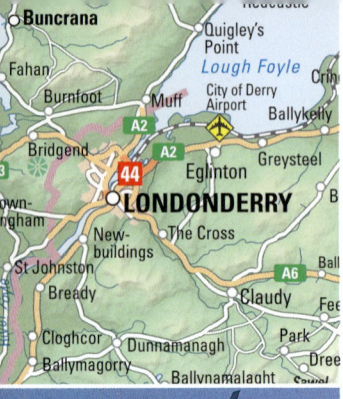

44 (London-)Derry
Stadt mit zwei Gesichtern

In der Abendsonne spiegelt sich an der Peace Bridge die Silhouette des Rathauses im River Foyle. Derry liegt so friedlich da. Endlich. Freundschaft zwischen Katholiken und Protestanten ist möglich, wo 1999 noch die Gewalt aufgeflammt war. Drei Jahrzehnte voller Hass hatten Derry zerrissen – die Stadt der »Troubles«.

Zaghaft schlich sich die Normalität zu Beginn des neuen Jahrtausends in die 85 000-Einwohner-Metropole des nordirischen Nordens. Dass die alles andere als selbstverständlich ist, werden Derrys Gäste an jeder Ecke gewahr. Insbesondere der gut eineinhalb Kilometer lange Rundgang auf der historischen Stadtmauer von 1614 offenbart die dunkelsten Kapitel der jüngeren Geschichte Derrys. Von den Protestanten, die hier im Gegensatz zum restlichen Nordirland klar in der Minderheit sind, wird die Stadt übrigens Londonderry ge-

S. 242/243: Hinter Derrys Stadtmauer lugt St. Columb's Cathedral hervor.
Oben: Die Peace Bridge steht seit 2011 für den Frieden in der Stadt.
Unten: Sechs Tore führen durch die mächtige Stadtmauer in den Altstadtkern.

GUT ZU WISSEN

GEHSTEIGE KLAPPEN ZEITIG HOCH

Keine zehn Kilometer raus aus der Republik Irland und man fühlt sich wie in Großbritannien. Hier gehört das gemütliche Feierabend-Bierchen nicht mehr wirklich zum traditionellen Stadtleben. Kaum dass die Geschäfte spätestens um 19 Uhr schließen, werden die Gehsteige hochgeklappt. Eine nette Alternative zum Kneipenbesuch nach der Besichtigungstour ist daher ein Spaziergang über die Peace Bridge, die 2011 erbaute, von der EU geförderte, 235 Meter lange und spektakulär über den River Foyle geschwungene Brücke.

Rundgang: Sechs Tore und eine lange Geschichte

Als das anderswo in Europa längst nicht mehr üblich war, sorgten die Stadtväter Derrys 1614 noch für ein geschlossenes Mauer-Viereck zum Schutz der Einwohner. Das hatte anfangs noch je ein Tor auf jeder Seite, inzwischen sind zwei weitere (New Gate, Castle Gate) dazugekommen.

Ⓐ Tower Museum – An der Guildhall, rechts vom Shipquay Gate liegt einer der Aufgänge zum Mauerrundgang. Das Museum in der Ecke eignet sich prima zum Start, denn drinnen wird auch ein Film zu den »Troubles« gezeigt.

Ⓑ First Presbyterian Church – Draußen monumentale Säulen, drinnen holzgetäfelte Decke; die 1780 auf den Mauern des Gebäudes von 1690 errichtete Kirche ist ein herrlicher Rückzugsort. Der presbyterianische Glaube entstand in Schottland und fußt auf der calvinistischen Lehre der uneingeschränkten Souveränität Gottes.

Ⓒ Bogside – Katholisches Viertel, in dem die »Troubles« begannen. In der Rossvilel Street stehen

Mahnmale, die an die dunklen Jahre des Bürgerkriegs erinnern: das Bloody Sunday Memorial für die Toten von 1972 und das H Block Monument in Gedenken an die 1981 im H-Block des Long-Kesh-Gefängnisses verstorbenen republikanischen Bürgerrechtler um Bobby Sands.

Ⓓ Verbal Arts Centre – In dem ehemaligen Schulhaus nahe dem Bishop's Gate, wo das von massiven Zäunen und Kameras umgebene Gerichtsgebäude die Bürgerkriegsbilder lebendig werden lässt, dreht sich alles um die Kunst des Erzählens. Über Kopfhörer können die Besucher renommierten Erzählern des Landes lauschen.

Ⓔ Saint Columb's Cathedral – Nach der Reformation war diese protestantische Kirche 1633 die erste in Großbritannien. Die Motive der Fensterverglasung, die im Zuge der Erweiterung 1887 hinzukamen, erinnern an die Belagerung Ende des 17. Jahrhunderts, als 10 000 Menschen starben.

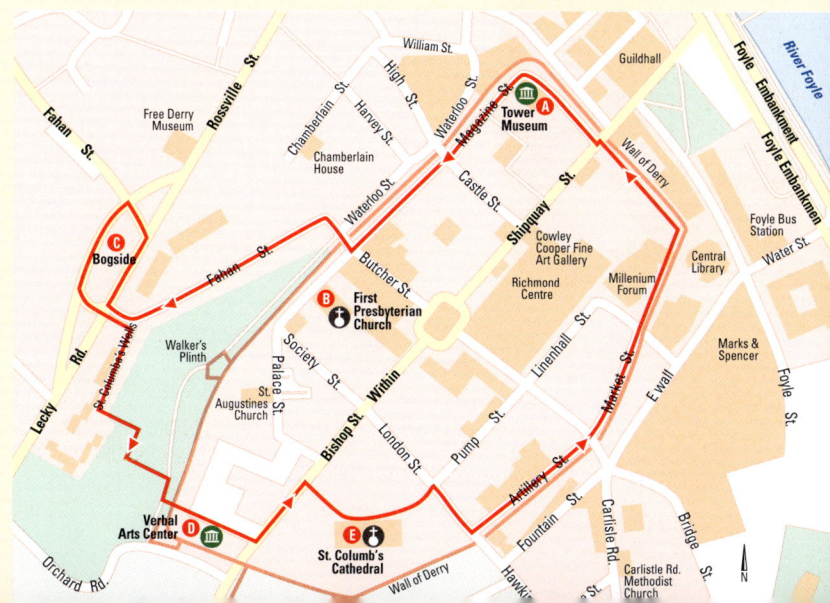

AUF DEN SPUREN DER BOGSIDE-KÜNSTLER

Auf den ersten Blick wirken sie wie Graffitis, die bunten Bilder an den Häuserwänden im Bogside-Viertel. Die katholischen Arbeitersiedlungen waren 1972 der Ort des »Bloody Sunday«. Und schon beim zweiten Blick wird klar: Die zwölf eindringlichen, sehr authentischen Malereien erzählen von diesem 30 Jahre währenden, blutigen Konflikt. Gefertigt wurden die Illustrationen von Gewalt und der Sehnsucht nach Freiheit von den einheimischen Künstlern Tom und William Kelly sowie Kevin Hasson. Die drei bieten Touren durch ihr Viertel an und erläutern die Geschichten hinter ihren Werken. Da läuft es einem bisweilen kalt den Rücken herunter.

Bogside Artists Tour. Start des Rundgangs an der People's Gallery. Tgl. 12, 14 und 16 Uhr, 6 Pfund, Ecke Rossville/Williams Street, Derry, Reservierung über Handy 0751/405 24 81 oder E-Mail thebogsideartists@gmail.com, www.bogsideartists.com

Einfach gut!

nannt. Von den neun Meter dicken Mauern schweift der Blick auf Seiten des Butcher Gates hinunter ins Bogside-Viertel. Hier liegen die Wurzeln der blutigen Auseinandersetzungen zwischen republikanischen Katholiken und protestantischen Unionisten.

Gezielt waren die Katholiken wirtschaftlich und politisch benachteiligt worden. Bis sich 1968 friedlicher Protest regte, der ein Jahr später in Gewalt umschlug. Seit 1969 schritt Großbritannien immer wieder bewaffnet ein, am vehementesten am 30. Januar 1972 in Derry, kurz nachdem Nordirland der britischen Regierung offiziell unterstellt worden war. Am von Irlands Rocklegenden U2 besungenen *Sunday Bloody Sunday* traf eine Einheit der königlichen Armee im Bogside-Viertel auf 15 000 katholische Demonstranten, bis aus dieser Gruppe heraus einige Jugendliche Steine schmissen: Daraufhin eröffneten die Soldaten das Feuer, töteten 14 Menschen und verletzten zahlreiche weitere durch Schüsse. Das war der Auslöser des Bürgerkriegs zwischen protestantischen Radikalen und der sie »schützenden« Ulster-Polizei RUC, sowie der katholisch-terroristischen Irisch-Republikanischen Armee (IRA), der über 3000 Menschen das Leben kostete.

Nur noch selten flackert heute der alte Hass auf. Meist dann, zuletzt 2010, wenn der radikal-protestantische Oranier-Orden wieder zu seinem traditionellen Marsch ansetzt. Das geschieht immer am 12. Juli in Gedenken an William von Oranien, der an diesem Tag des Jahres 1690 das katholische Heer von James II. geschlagen hatte. Und in Derry marschieren zusätzlich am 12. August auf den Stadtmauern die selbsternannten Nachfahren der »Apprentice Boys«, jener 13 Lehrlinge, die 1689 während der Belagerung durch katholische Soldaten ihre rund 30 000 protestantischen Mitbürger schützten, indem sie die Tore schlossen.

THE CASTLE BA...

A SOUND SYSTEM IS THE ONLY SYSTEM

Infos und Adressen

SEHENSWÜRDIGKEITEN

First Presbyterian Church. April–Sept. Di–Fr
10–16 Uhr, Upper Magazine Street, Derry,
Tel. 028/71 26 15 50

Museum of Free Derry. Zigtausende von Zeitzeu-
gen gestiftete Text- und Bilddokumente sowie ein
beklemmender Film erzählen die von blutigen
Konflikten geprägte Stadtgeschichte seit 1920.
Mo–Fr 9.30–16.30, April–Sept. auch Sa 13–16,
Juli–Sept. auch So 13–16 Uhr, 4 Pfund, Glenfada
Park 55, Derry, Tel. 028/71 36 08 80,
www.museumoffreederry.org

Saint Columb's Cathedral. April–Sept. Mo–Sa
9–17, Okt.–März 9–13, 14–16 Uhr, 1,50 Pfund,
London Street, Derry, Tel. 028/71 26 73 13,
www.stcolumbscathedral.org

Tower Museum. Tgl. 10–17.30 Uhr, Erwachsene
4, Kinder 2 Pfund, Guildhall Square, Derry,
Tel. 028/71 37 24 11

Hinter Gittern: auch St. Columb's Cathedral

ESSEN UND TRINKEN

The 1876. Weinbar, Champagnerbar, Brasserie –
in jedem Fall aber sehr elegant mit runden
Nischen eingerichtet und dazu ein toller Blick
auf den River Foyle. Sehr interessant: der Lachs
mit Kokosmilch und Chili. Queens Quay, Derry,
Tel. 028/71 37 33 66,
www.customhouserestaurant.com

An der nördlichsten Ecke der Stadtmauer: das
Tower Museum

ÜBERNACHTEN

Abbey. Heimeliges B&B-Haus mit individuell
gestalteten Zimmern. Gemütliche Teestube mit
zahlreichen Fotos und Schallplatten an den Wänden. Übernachtung mit Frühstück ab 35 Pfund, Abbey Street 4, Derry, Tel. 028/71 27 90 00,
www.abbeyaccomodation.com

Maldron Hotel. Das stylische, sehr jugendliche
Vier-Sterne-Hotel liegt in der von den historischen
Mauern umgebenen Altstadt. Doppelzimmer ab 85
Euro, Butcher Street, Derry, Tel. 028/713 71 00 0,
www.maldronhotelderry.com

INFORMATION

Tourist Information. Zwischen River Foyle und
Stadtmauer gelegener Neubau. Nov–März Mo–Fr
9.30–17, Sa/So 10–16, April–Okt Mo–Fr 9–17.30,
Sa/So 10–17, Mai–Sept. Mo–Sa 9–18, So 10–17,
Juli–Aug Mo–Fr 9–19, Sa 9–18, So 10–17 Uhr,
Foyle Street 44, Derry, Tel. 028/71 26 72 84,
www.visitderry.com

45 Giant's Causeway
Von der Fantasie geformt

Der Riese Finn Mac Cumhaill war verliebt. Dumm nur: Seine Angebetete lebte draußen auf einer Insel vor Schottlands Küste. Also baute er sich einen steinernen Weg hinüber. Das ist natürlich Unsinn. Die Wahrheit ist: Der Riese Finn wurde vom schottischen Artgenossen Benandonner derart provoziert, dass er diesen Damm aus Steinsäulen ins Meer getrieben hat, um ihn zur Rechenschaft zu ziehen. Doch schien ihm der etwas zu groß, weshalb er zurück nach Hause flüchtete. Dort wollte ihn nun der Schotte aufsuchen. Und so griff Finn zur List, baute eine Wiege und legte sich hinein. Das erschreckte Benandonner: Wenn das Baby schon so riesig ist, wie groß ist erst der Papa? Der Schotte nahm Reißaus, zerstörte den Weg und fortan war Ruhe.

So, damit wäre die Entstehung dieser knapp 40 000 akkurat in Reih und Glied an der nordirischen Küste stehenden Basaltsäulen geklärt. Zumindest, wenn man den alten Sagen glaubt. Weitaus realistischer klingt freilich die wissenschaftliche Theorie, dass die bei einem vulkanischen Ausbruch durch die Erdkruste drängende Lava im Meerwasser zu geometrischen, überwiegend sechseckigen und bis zu 24 Meter hohen Säulen erstarrte – vor 60 Millionen Jahren. Das Ganze ist so spektakulär, dass der Landstrich seit 1987 UNESCO-Welterbe ist. Den Kindern ist's egal, sie turnen nach Herzenslust auf diesen überdimensionalen Bauklötzen herum. Doch Obacht: In vorderster Reihe schwappt der Atlantik bei Flut bedrohlich in die etwas tiefer liegenden Nischen.

Oben: Als hätte sie ein Steinmetz gehauen, führen 40 000 Basaltsäulen akkurat ins Meer.
Unten: Gemütliche Stube: Hier gibt's nach der Bushmills-Führung leckeren Whiskey.

Giant's Causeway

Vom hypermodernen Besucherzentrum fährt ein Busshuttle die Bequemen zu dem Naturschauspiel. Die neben dem 20-minütigen Küstenspaziergang einiges verpassen. Zum Beispiel den grasbewachsenen Felsen zwischen den Buchten Portnaboe und Port Ganny; ein klein bisschen Mut gehört dazu, hinaufzusteigen, aber von oben ist der Blick entlang der Klippen toll. Auch die kleineren Felsen im Meer haben einen Seitenblick verdient: »Kamelrücken«, »Harfe« und »Amphitheater« – die Namen tragen sie ob ihrer Ähnlichkeit mit eben diesen. Und die ganz Fleißigen kehren am Giant's Causeway auch noch nicht um. Denn zehn Minuten weiter führen die 148 »Sheperd's Steps« auf den Aird Snout – bei klarer Sicht reicht der Blick bis auf Inishowen.

Älteste Destillerie der Welt?

Die Iren, Schotten und Waliser balgen sich ja schon immer darum, wer ihn denn nun erfunden hat, den Whiskey. Sicher ist nur: Die Schweizer waren's nicht. In Bushmills grenzen die Macher das ein bisschen ein, behaupten weitgehend unwidersprochen, ihre Destillerie sei die älteste lizenzierte der Welt. Nun, gebrannt wurde hier schon im 15. Jahrhundert, eine erste Konzession gab es 1606 und amtlich ist der Erhalt der Lizenz: Seit 1784 wird in Bushmills legal produziert. Auch der feine Single Malt, der nicht mit dem Gebräu anderer Brennereien verschnitten sein und ausschließlich aus gemälzter Gerste produziert werden darf.

Eine romantische Angelegenheit ist das inzwischen nicht mehr, in den alten Backsteinhallen mit den zwei Pagodentürmen versteckt sich längst modernste Technik. Trotzdem ist die Führung interessant, schließlich gibt's am Ende auch ein Gläschen zum Probieren.

Infos und Adressen

SEHENSWÜRDIGKEITEN

Bushmills Distillery. Möglicherweise älteste lizenzierte Whiskey-Destillerie der Welt. März–Okt. Mo–Sa 9.15–16.45, So 12–16.45 Uhr (letzte Führung jeweils 16 Uhr), Dez.–Feb. Mo–Sa 10–16.45, So 12–16.45 Uhr (letzte Führung jeweils 15.30 Uhr), Distillery Road 2, Bushmills, Tel. 028/20 73 32 18, www.bushmills.com

ESSEN UND TRINKEN

The Nook. Ums Eck gleich der Giant's Causeway und bei gutem Wetter die Option, auf den Holzbänken im Freien zu essen: Das sind die Trümpfe des kleinen Restaurants – und natürlich der hervorragende Sea Chowder. Tägl. 10–23 Uhr (warme Küche bis 20 Uhr), Causeway Road 48, Bushmills, Tel. 028/20 73 29 93

ÜBERNACHTEN

Bayview Hotel. Die hellen, modernen Zimmer haben vor allem eines: einen traumhaften Blick auf den Atlantik. Und nach dem Essen gibt's hausgemachte Kaffeespezialitäten am offenen Kamin. Übernachtung mit Frühstück ab 40 Pfund, Bayhead Road, Portballintrae, Tel. 028/20 73 41 00, www.bayviewhotelni.com

INFORMATION

Giant's Causeway Visitor Experience. Nov.–Jan. tgl. 9–17, Feb./März/Okt. 9–18, April–Juni, Sept. 9–19, Juli–Aug. 9–21 Uhr, Erwachsene 10,50 Pfund (inkl. Parkplatz), Kinder 5,25 Pfund, Causeway Road 44, Bushmills, Tel. 028/20 73 18 55, www.nationaltrust.org.uk

46 Causeway Coastal Route
Enge Kurven und steile Klippen

Was der Republik Irland der »Wild Atlantic Way«, ist den Nordiren die »Causeway Coastal Route«: Und mal ehrlich, die ist auf ihren nur 193 Kilometern um Längen spektakulärer. Warum? Ganz einfach: Diese Straße führt – von Derry nach Belfast - auch wirklich jeden Meter am Meer entlang. Besonders zwischen Portstewart und Carnlough reihen sich die Sehenswürdigkeiten einer Perlenkette gleich aneinander, verbunden durch atemberaubende Ausblicke bis hinüber nach Schottland.

Nordirlands Küste ist eben nicht nur der Giant's Causeway, auch wenn es unverzichtbar ist, in die Fußstapfen des Riesen Finn zu treten. Mit kleineren Schritten, dafür zu Tausenden rennen die Badeurlauber, vorwiegend Schotten und Engländer, ein paar Kilometer weiter westlich in den Atlantik. Portstewart und Portrush sind zwar nach englischem Vorbild mit viel Kirmes und Kitsch zugebaut – aber die unendlich weiten Sandstrände und die tagsüber weitgehend neonreklamefreie, schneeweiße Bäderarchitektur vermitteln noch immer den mondänen Glanz früherer Tage. Und ein Abstecher westwärts zum ehemaligen, abgebrannten Landsitz Downhill ist ohnehin Pflicht: Völlig aberwitzig steht hoch droben am Rand der Steilküste der Mussenden-Tempel, ein kreisrundes Gebäude mit Kuppel, das 1785 im Auftrag des Bischofs von Derry nach dem Vorbild des römischen Vesta-Tempels erbaut wurde. Inzwischen wurde die näher rückende Abbruchkante mit etlichen Tonnen Stahl stabilisiert, damit das Kleinod nicht ins Meer stürzt.

Für Wagemutige: der Balanceakt über die Carrick-a-Rede Rope Bridge

Causeway Coastal Route

Dieses Schicksal hat ein nicht unwichtiger Teil des Dunluce Castle hinter sich: Die Küche der schwindelerregend auf die Klippe bei Portballintrae gezimmerten Burg brach in einer stürmischen Nacht einfach ab. Lady MacDonnell hatte, ohnehin vom Tosen der Brandung genervt, endgültig genug vom Leben an der See und brachte ihren Gatten um 1680 dazu, das Domizil zu wechseln. Die MacDonnells waren Mitte des 16. Jahrhunderts von der schottischen Insel Islay gekommen, um an der Seite der walisischen MacQuillans gegen die aufsässigen Iren zu kämpfen. Zu Beginn des 17. Jahrhunderts baute die nächste MacDonnells-Generation, längst gut Freund mit den irischen Rebellen, die vorhandene Burg aus und eine richtige kleine Stadt drumherum auf, die freilich während des irischen Aufstandes 1641 von schottischen Eindringlingen niedergebrannt wurde. So ging es auch mit dem leer stehenden Dunluce Castle dahin – das heute mit seinen zerklüfteten Türmen und wuchtigen Mauerresten eine abenteuerliche Kulisse bietet.

Eine Brücke für Schwindelfreie

Weniger wuchtig, denn vielmehr filigran schwingt sich bei Ballintoy eine schmale Brücke über das Meer. Carrick-a-Rede Rope Bridge nennt sich der beängstigend schwingende, nur von zwei Handseilen und einem dünnen Auffangnetz flankierte Holzsteg rüber auf ein der Küste vorgelagertes Inselchen. Das ist was für Schwindelfreie. Diese Eigenschaft war vor 350 Jahren essenziell für die Fischer der Region. Denn rund um diesen Felsklotz tummelten sich die Lachse auf ihrem Weg in die Laichgründe. Da der Weg per Boot dorthin von der allzu rauen See zu oft behindert wurde, hatten die Fischer die Idee, an Ort und Stelle zu fangen – und die Brücke, seinerzeit nur aus einem noch schmaleren Tritt und einem einzigen Hand-

Nicht verpassen

CUSHENDUN – IDYLLISCHER GEHT'S KAUM

Gäbe es in dem putzigen Pub »Mary McBrides« am klitzekleinen Hafen Espresso und spräche der nette Wirt – die gute alte Mary ist längst verschieden – italienisch, man möchte glauben, in Portofino zu sein. Na ja, ganz so bunt sind die Häuschen nicht in Cushendun und Designerboutiquen hat's auch nicht. Aber das Nest nördlich von Cushendull ist so pittoresk wie kaum ein zweites in Irland. Und irgendwie hat man das Gefühl, die 150 Menschen hier freuen sich, wenn ein Besucher vorbeischaut. Dabei hatte der Lord of Cushendun, Ronald McNeill, 1912 die Siedlung als Ferienanlage entwerfen lassen. Übrig sind drei Übernachtungsmöglichkeiten: Die skurrilste ist das »Mullarts«, dort wird in einer ehemaligen Kirche geschlafen.

Mullarts Apartments. Luxuriös ausgestattete Doppelzimmer für das ganze Wochenende 170 Pfund, unter der Woche für drei Tage 220 Pfund, Tel. 028/21 76 12 21, www.mullartsapartments.com

Die Küche im Meer, der Rest auf der Klippe: Dunluce Castle

seil bestehend, zum Transport ans Festland zu bauen. Seit der Jahrtausendwende spätestens hat der Fischfang hier drastisch abgenommen, heute fängt die Brücke Touristen.

Ab dem beschaulichen Badeort Ballycastle beginnt, so südwärts reisend, der Reiz der Landstraße. Hier empfiehlt es sich, die A2 zu verlassen und den Schlenker über abenteuerliche Sträßchen vorbei am Fair Head zu nehmen. Dort ist die Murlough Bay ausgeschildert, ein verwunschenes Fleckchen Küste. Vom Parkplatz aus eröffnen sich kleine Wanderungen und ein sensationeller Blick rüber zum schottischen Mull of Kintyre. Die weiteren 90 Kilometer bis Carrickfergus sind dann der Traum jedes Cabriofahrers – doch auch mit Dach macht das Cruisen entlang des Wassers einfach nur Spaß. Den haben im Carrickfergus Castle vor allem die Kinder, denn an allen Ecken stehen Pappritter herum. Und Kanonen. Die Normannenburg aus dem 12. Jahrhundert ist eine der am besten erhaltenen Irlands. Um 1180 von John de Courcy erbaut, begann 1315 hier mit der Belagerung der Bastion der Feldzug des Schotten und späteren irischen Hochkönigs Edward Bruce gegen die englischen Besatzer Irlands. Nun, in den beiden Weltkriegen verkam die Festung zum Bunker und Waffenlager, inzwischen ist ein interessant aufbereitetes Freilichtmuseum draus geworden. Und die Kinder können im großen Saal mit Ritterfiguren »Mensch ärgere dich nicht« spielen.

Oben: Die normannische Burg dominiert immer noch den Hafen von Carrickfergus.
Unten: 193 Kilometer immer am Meer entlang führt die atemberaubende Coastal Route.

Infos und Adressen

SEHENSWÜRDIGKEITEN

Carrick-a-Rede Rope Bridge. Spektakuläre Hängebrücke nach Carrick Island. März–Okt. tgl. 9.30–18, Nov.–Febr. tägl. 9.30–15.30 Uhr (Einlass bis jeweils 45 Minuten vor Schließung), Erwachsene 7 Pfund, Kinder 3,50 Pfund, White Park Road 119a, Ballintoy, Tel. 028/20 76 98 39

Carrickfergus Castle. Normannenburg aus dem 12. Jahrhundert. April–Sept. 10–17, Okt.–März 10–16 Uhr, Erwachsene 5 Pfund, Kinder 3 Pfund, Marine Highway, Carrickfergus, Tel. 028/93 35 12 73, www.carrickfergus.org

Dunluce Castle. Burgruine aus dem 16. Jahrhundert direkt am Rand der Klippen. Tgl. Mai–Nov. 10–17 Uhr, Dez./Jan. 10–16 Uhr, Feb./März 10–17 Uhr, Apr. geschlossen, Erwachsene 5 Pfund, Kinder 3 Pfund, Dunluce Road 87, Bushmills, Tel. 028/20 73 19 38

ÜBERNACHTEN

The Marine Hotel. Sehr familiäres, gemütliches Hotel, fast alle Zimmer mit Meerblick. Liebevoll dekorierte Bar: Hier gibt es endlich auch mal nordirisches Bier (»Copperhead«) – es schmeckt, nun ja, eigenwillig. Übernachtung mit Frühstück ab 50 Pfund, North Street 1–3, Ballycastle, Tel. 028/20 76 22 22, www.marinehotelballycastle.com

ESSEN UND TRINKEN

The Swift. Stylische Hafenbar direkt neben der Burg. Edel gemachtes Bar-Food und leckere Cocktails bei grandioser Aussicht auf die Belfaster Bucht. Rodgers Quay 4, Carrickfergus, Tel. 028/93 36 85 75

INFORMATION

Tourist Information Ballycastle. Juni–Sept. Mo–Fr 9.30–17, Sa 10–16, So 12–16, Juli–Aug. Mo–Fr 9.30–19, Sa 10–17, So 13–17, Okt.–Mai Mo–Fr 9.30–17, Sa 10–16 Uhr, Bayview Road 14, Ballycastle, Tel. 028/20 76 20 24, www.moyle-council.org und www.heartofthecausewaycoastandglens.com

Tourist Information Carrickfergus. April–Sept. Mo–Fr 10–18, Sa 10–16, Okt.–März Mo–Fr 10–17, Sa 10–16 Uhr, Antrim Street 11, Carrickfergus, Tel. 028/933 58 24 21, www.carrickfergus.org

Hier geht's lang: Abseits der Straße ist auch Platz für Radler und Wanderer.

RELIGION WAR NICHT
Irland und England

Mahnmal für Opfer des IRA-Terrors in Belfast.

Für den modernen Touristen ist der Nordirlandkonflikt, »The Troubles« genannt, heutzutage weit weg. Im quirligen Dublin ebenso wie im mit Millionen der britischen Regierung aufgehübschten Belfast. Das Karfreitagsabkommen von 1998 war ein Meilenstein auf dem Weg zum Frieden. Wenn man genau hinschaut, sieht man die Spuren des Bürgerkrieges aber auch heute noch.

Am augenfälligsten natürlich in den katholischen und protestantischen Vierteln von Belfast oder Derry mit ihren Murals – Wandmalereien mit Szenen aus dem Bürgerkrieg. Aber auch in Dublin. An der O'Connell-Statue in der Innenstadt sieht man Einschusslöcher aus dem Unabhängigkeitskrieg der Iren 1916, als England

DAS PROBLEM

den Osteraufstand niederschlug und Dublin bombardierte. 1921 erst wurde die Republik Irland unabhängig, der nordwestliche Landesteil Ulster mit Belfast als Zentrum blieb als Nordirland im Vereinigten Königreich.

Der Konflikt zwischen England und Irland, er war nie ein religiöser, auch wenn man ihn als Kampf um die Vorherrschaft zwischen Katholiken und Protestanten empfand. Es war ein Machtkampf, der eine 850 Jahre währende Vorgeschichte hatte. Die englische Krone wollte seit 1169 die Nachbarinsel nicht nur einnehmen, sondern den Iren ihren eigenen Lebensstil aufzwingen. Die Wurzel des Konflikts liegt im Jahr 1641, als die englische Königin Elizabeth I. die »Plantation« anordnete. Damals besiedelten schottische Siedler Nordirland, bekamen Land und Privilegien, die katholische Bevölkerung wurde enteignet. In den folgenden Jahrhunderten versuchten die Iren zwar immer wieder, sich gegen die englische Krone aufzulehnen, diese zerschlug aber alle Aufstände mit eiserner Härte.

Radikalisierung des Konflikts

Der Ruf nach »Home Rule«, der Selbstbestimmung, wurde Ende des 19. Jahrhunderts lauter. Diese gab es zwar 1921, doch die »Troubles« waren vorgezeichnet, da Katholiken in Nordirland jahrzehntelang diskriminiert wurden bei der Arbeitsplatz- und Wohnungswahl und beim Wahlrecht, das an Landbesitz gebunden war. Die weltweite Bürgerrechtsbewegung in den 1960er-Jahren brachte auf der irischen Insel eine hässliche Radikalisierung: 3526 Tote und 45 000 Verletzte zwischen 1968 und 2001, Bombenattentate und gezielte Ermordungen. Die militante Irisch-Republikanische Armee auf der einen und die Ulster Volunteer Force sowie die Ulster Freedom Fighters auf der anderen Seite bekämpften sich unversöhnlich. Nach drei Jahrzehnten voller Hass und Terror war die Bevölkerung der Gewalt überdrüssig, Friedensgespräche kamen in Gang. Das Karfreitagsabkommen 1998 beendete den Bürgerkrieg. Die nordirischen Politiker David Trimble und John Hume bekamen dafür den Friedensnobelpreis. 2005 schließlich erklärte die IRA ihren bewaffneten Kampf für beendet.

Unverkrampft sind die Beziehungen zwischen Irland und England auch heute noch nicht. Doch dass sich der britische Premier David Cameron 2010 nach dem Saville Report offiziell für den »Bloody Sunday« 1972 in Derry entschuldigte und Queen Elizabeth II. dies bei ihrem Besuch 2011 ebenfalls tat, bewegte viele Iren.

47 Belfast Titanic Quarter
Wahrlich titanisch

Schneller, größer, schöner, moderner – alle Attribute, die das bekannteste Schiff der Welt, die Titanic, charakterisieren, treffen auch auf das neue Titanic Quarter in Belfasts altem Werftviertel im Hafen zu. Das Museum *Titanic* Belfast ist weltweit einzigartig, dazu kommt ein ambitioniertes Projekt für Appartements, Büros und Hotels, das das Gesicht der Stadt verändern und ins 21. Jahrhundert führen wird.

Als die *Titanic* bei ihrer Jungfernfahrt am 14. April 1912 einen Eisberg rammte und in den eiskalten Fluten des atlantischen Ozeans versank, war die Trauer über die 1517 Toten auf der ganzen Welt groß. In Belfast aber dürfte sie riesig gewesen sein. Hier wurde das damals größte, modernste und beste Schiff in der Werft von Harland & Wolff von rund 3000 Arbeitern gebaut, wie die Schwesterschiffe *Britannic* und *Oceanic*. Zum Stapellauf am 31. Mai 1911 kamen 100 000 Besucher, man war stolz auf die Ingenieurskunst der

Spektakulär: das 2012 eröffnete Museum Titanic Belfast

GUT ZU WISSEN

LIEBER IN DIE INNENSTADT

Wer auf knallige Events jeglicher Art, von Konzerten bis zu Sportveranstaltungen wie den Heimspielen des Eishockeyteams Belfast Giants steht, ist in der Odyssey Arena genau richtig. Doch das Umfeld der 14 000-Besucher-Arena ist doch ziemlich kommerziell, vollgestopft mit teuren Restaurants und Kneipen, mit billigen Bowlingarenen und Spielhöllen. Die Innenstadt von Belfast hat ganz sicher mehr zu bieten als das.

Belfast Titanic Quarter

Schiffsbauer, die den guten Ruf Belfasts über die Weltmeere hinaus trugen. Dieser Stolz versank mit der *Titanic* auf dem Meeresgrund.

Jahrzehnte wurde in Nordirland aus Scham nach der Katastrophe das Thema *Titanic* totgeschwiegen. Bis zum 1. September 1985. Da entdeckte Dr. Robert Ballard das Wrack und bald gab es eine Gewissheit: Die Arbeiter aus Belfast hatten keine Schuld an dem Untergang, es war kein Konstruktionsfehler, es war keine schlampige Arbeit. Schuld an dem Unglück hatten andere wie Kapitän Edward John Smith und Bruce Ismay, der Direktor der Reederei White Star Line. Das alte Sprichwort hatte sich bewahrheitet: »She was alright when she left here«, »Sie war in Ordnung, als sie abfuhr«, das hörte man immer von den Alteingesessenen über die *Titanic*.

Es dauerte weitere Jahrzehnte und brauchte noch den Anstoß des wohl berühmtesten *Titanic*-Films von James Cameron aus dem Jahr 1997 mit Kate Winslet und Leonardo DiCaprio, um in Belfast einen Entschluss reifen zu lassen: ein eigenes *Titanic*-Museum, in dem die Geschichte dieses Schiffes und dieser Stadt so erzählt wird, wie sie war. Doch mit Titanic Belfast, dem neuen Museum, das am 31. März 2012 fast auf den Tag genau 100 Jahre nach dem Untergang eingeweiht wurde, ist es bei weitem nicht getan. Die nordirische Regierung beschloss, diesen brach liegenden Teil der Stadt in einem Maß zu entwickeln, das weit über den Bau eines zugegeben genialen Museums hinausgeht.

Neues Leben für Queen's Island

In den 1990er-Jahren war das Ende der fast zwei Jahrhunderte dauernden Schiffsbautradition in

Nicht verpassen

BOOTSTOUR AUF DEM LAGAN

Der Hafen von Belfast ist der wichtigste in Nordirland, von hier aus werden 60 Prozent aller nordirischen Übersee-Exporte abgewickelt. Der beste Weg, das gut 800 Hektar große Areal zu erforschen, ist eine Rundfahrt mit der Crew der Lagan Boat Company. Das sind echte Seebären, die Amüsantes zu erzählen haben. Auf der gut einstündigen Fahrt ab Donegal Quay neben der Wehranlage bekommt man einen Einblick, wie der Hafen betrieben wird. 1847 wurde der mehr als einen Kilometer lange Kanal Richtung Meer von mehreren Tausend Arbeitern ausgehoben, danach wuchs die Stadt rasant. Und während man im Hintergrund die weltgrößten Portalkräne namens »Samson« und »Goliath« der Werft Harland & Wolff sieht, räkeln sich auf den Felsen an der Küste des Industriehafens 1000 Seehunde in der Sonne.

Lagan Boat Company. April–Okt. tgl. 12.30, 14, 15.30, Nov.–März Sa, So 12.30, 14 Uhr, Tel. 028/90 24 01 24, www.laganboatcompany.com

Der Industriehafen beeindruckt die Seehunde wenig.

WO GESCHICHTE GESCHRIEBEN WURDE

Einfach gut!

Etwa eineinhalb Kilometer nördlich von Titanic Belfast ist das Trockendock, in dem die *Titanic* nach ihrem Stapellauf innerhalb eines Jahres zusammengebaut wurde. Man übersieht dieses Kleinod schnell, das wäre aber ein Fehler. Das Pumpenhaus in einem roten Backsteinbau ist so erhalten, wie es vor 100 Jahren war. Auch wenn die Farbe an den Wänden abblättert, der marode Charme nimmt einen sofort ein. Die Pumpen schafften es, 150 000 Liter Wasser pro Minute aus dem Dock zurück in den Hafen zu bringen. In 100 Minuten war das Dock, in welches die *Titanic* genau hineinpasste, leer. Fast 14 Meter ist es tief. Wenn man die steinernen und vermoosten Treppen hinunterläuft und im Dock nach oben schaut, läuft einem ein Schauer über den Rücken – hier wurde Geschichte geschrieben.

Titanic's Dock & Pump House.
April–Sept. tgl. 10–17, Okt.–März tgl. 10.30–16 Uhr, Erwachsene 5, Kinder 3,50, Familienticket 12 Pfund, Tel. 028/90 73 78 13, www.titanicsdock.com

Belfast absehbar. Bei Harland & Wolff arbeiteten einst bis zu 35 000 Menschen, es wurden mehrere Tausend Schiffe hier gebaut. Doch der Wettbewerb im industriellen Schiffbau wurde immer härter, asiatische Werften waren billiger. Nachdem 2003 das letzte Schiff bei Harland & Wolff übergeben worden war, wurde die Werft geschlossen. Der Konzern änderte seine Ausrichtung, ist heute einer der größten Hersteller von Off-Shore-Windanlagen auf der Welt – allerdings mit nicht einmal mehr 1000 Mitarbeitern.

Blick nach vorn

Nordirland begriff den tiefgreifenden Strukturwandel als Chance. Vor 150 Jahren wurde die Mündung des Lagan in den Atlantik begradigt. Eine Entscheidung der Hafenbehörde mit historischer Dimension, so entstand das Hafengebiet rund um Queen's Island, die Triebfeder des Wachstums. 2005 gab es den nächsten historischen Einschnitt. Für Queen's Island wurde erneut ein Masterplan entwickelt, der einen staunen lässt: In sieben dorfähnlichen Nachbarschaften auf dem gesamten Inselgebiet gibt es rund um das *Titanic*-Museum und die alten Trockendock-Anlagen ein Mischgebiet mit Hotels, Büroräumen und Appartements. Am Ende des 150-Millionen-Projekts werden 50 000 Menschen hier leben, im Jahr 2014 war etwa ein Viertel der neuen Häuser fertig, weitere Gebäude bereits in Planung und genehmigt. Eingebettet sind die neuen Häuser in strahlenförmig angelegte Boulevards und Alleen, neue Grünflächen und Parks. Im Jahr 2014 existierten bereits 100 neue Firmen mit über 4000 Mitarbeitern auf Queen's Island, die nicht nur in neuen Gebäuden firmierten, sondern auch bestehende Werftanlagen nutzten wie die großen Hallen hinter dem Museum, in denen heute die Fernsehserie *Game of Thrones* gedreht wird.

Titanisch von Natur aus

»Titanic by nature«, »titanisch von Natur aus«, das ist das Motto, das Anfang des 20. Jahrhunderts durch Belfast schallte und irgendwie auch das Motto, das dem Herzstück des neuen Titanic Quarter, dem Museum Titanic Belfast, zu Grunde liegt. Das 117-Millionen-Euro-Projekt überzeugt mit einer Detailtreue, die ihresgleichen sucht. Sehen die Außenseiten nun aus wie Eisberge? Wie Schiffsrümpfe? Wie zerklüftete Ufos? Wahrscheinlich wie eine Mischung aus allen dreien. Die Verweise auf das historische Erbe sind überbordend – das Museum steht genau da, wo einst das Schiff gebaut wurde. Die 2,4 Zentimeter dicke Stahlplatte für das drei Meter hohe und zwölf Meter lange Eingangsschild ist eine der Platten, die beim Schiffsbau selbst verwendet wurden. Die langen Rolltreppen im Inneren erinnern an das Labyrinth der Gänge im Schiff, die Galerien sind mit Stahlplatten verkleidet. In der sechsten Etage blickt man aus dem Panoramafenster in gleicher Höhe und gleichem Winkel wie 1911 auf die Slipways, die Rampen, auf denen die Rümpfe der *Titanic* und ihres Schwesterschiffes *Oceanic* mit Hilfe von über 30 Metern hohen Gerüsten gleichzeitig gebaut wurden. Von der Rampe, auf die man schaut, wurde die *Titanic* zu Wasser gelassen und durch den gut eine Minute dauernden Film mit Originalaufnahmen von damals fühlt man sich in das Jahr 1911 versetzt. Einer von vielen Gänsehaut-Mo-

Oben: Im Film wird die *Titanic* zu Wasser gelassen, in der Realität blickt man auf die Slipways.
Unten: Mit diesen Blechen wurde auch die *Titanic* gebaut: der Eingangsbereich des Museums.

menten im Museum, das mit moderner Technik glänzt. Es ist ein Glanz, dem zum Glück jegliches Disneyhafte abgeht. Titanic Belfast ist kein laut tösendes Jahrmarktsspektakel, es setzt sich seriös und wohltuend ruhig mit der Geschichte der Stadt, der überaus großen gesellschaftlichen Bedeutung des Schiffsbaus und der Leinenindustrie und den Bedingungen für die Menschen beim Bau der *Titanic* auseinander, die einem heute vollkommen unvorstellbar erscheinen. Es gibt sogar eine Art Achterbahn, die sich nicht effekthaschend dem Untergang widmet, sondern einen lautstark erleben lässt, wie am Schiffsrumpf geschweißt wurde, wie es stank und wie die Arbeiter schuften mussten – selbst als Kinder. Und wie stolz sie auf das Geschaffene waren, das aufgrund seiner schieren Größe und Maßlosigkeit auch symbolisch für das Denken Anfang des 20. Jahrhunderts stand, das nur wenige Jahre später in der Katastrophe des Ersten Weltkrieges mündete. Natürlich gibt es jede Menge Artefakte, wurden Kabinen nachgebaut, wird man mit Zahlen bombardiert – doch immer dann, wenn es angebracht ist, sich lieber pietätvoll zurück zu halten, gelingt das den Museumsmachern. Insbesondere in den Räumen, in denen der Untergang geschildert wird. Der Blick durch den Glasboden auf die hochauflösende Aufnahme des Wracks ist beeindruckend.

Bis zu 400 000 Besucher pro Jahr werden in Titanic Belfast erwartet, denen neben dem Museum viele andere Attraktionen im Umfeld geboten werden. Ein Tag ist schnell vergangen, wenn man auch noch das Tenderboot *SS Nomadic* anschaut, die Trockendocks und die Slipanlagen besucht und bei einer der geführten Touren auch einen Blick in das ehemalige Konstruktionsbüro von Harland & Wolff wirft. Wer sich in Belfast Zeit für das Beste nehmen will, kommt an einem Besuch des Titanic Quarters nicht herum.

Oben: Meerjungfrauenstatue vor dem *Titanic*-Museum
Mitte: Einblicke in das frühe 20. Jahrhundert gibt es auf der *SS Nomadic*.
Unten: Auch die Entwicklung Belfasts wird in Titanic Belfast beleuchtet.

Infos und Adressen

SEHENSWÜRDIGKEITEN

Titanic Belfast. April–Mai tgl. 9–18, Juni–Aug 9–19, Sept. 9–18, Okt–März 10–17 Uhr, Erwachsene 17,50, Kinder 7,25, Familien 43 Pfund, 6 Queen's Road, Belfast, Tel. 028/907 66 386, www.titanicbelfast.com

Titanic Walking Tour. Den Geburtsort der Legende mit den Enkeln ihrer Erbauer hautnah erleben. Tgl. 11 und 14 Uhr, 2,5 Stunden, Erwachsene 12, Kinder 8, Familien 30 Pfund, Tel. 079/043 50 339, www.titanicwalk.com

SS Nomadic. Das Tenderboot der *Titanic*, seit der Restaurierung 2012 wieder in Belfast. Erwachsene 7, Kinder 5,50, Familien 20 Pfund, Okt.–März tgl. 11–17, April–Mai 10–18, Juni–Aug. 10–19, Sept. 10–18 Uhr, Tel. 028/766 386, www.nomadicbelfast.com

ESSEN UND TRINKEN

The Dock. Alternatives Café am Jachthafen, man bezahlt, was man möchte. 2A Queen's Road, Titanic Quarter, Belfast, www.thedockchurch.org

Thyme Restaurant at Premier Inn. Hotel-Restaurant für die Öffentlichkeit, nettes Personal, gute Karte. Premier Inn, 2A Queen's Road, Belfast, Tel. 087/152 78 068, www.premierinn.com

Die Führungen im *Titanic*-Tenderboot *SS Nomadic* sind interessant.

ÜBERNACHTEN

Premier Inn. Günstige Drei-Sterne-Kette im Titanic Quarter. 2A Queen's Road, Belfast, Tel. 087/152 78 068, www.premierinn.com

INFORMATION

Belfast Welcome Center. Juni–Sept. Mo–Sa 9–19, So 11–16, Okt.–Mai Mo–Sa 9–17.30, So 11–16 Uhr, 9 Donegall Square, Belfast, Tel. 028/90 24 66 09, www.gotobelfast.com

Das Odyssey Center bietet vom Konzertsaal bis zur Bowlingbahn alles.

48 Belfast Innenstadt
Eine Stadt im Wandel

Die vier gefährlichen Bs – Belfast, Bagdad, Beirut, Bosnien – das waren bis in die 1990er-Jahre die Orte, an denen kein Tourist sein wollte. In Belfast nicht, weil sich die IRA und die englische Armee im Nordirland-Konflikt bekriegten. Die Wunden sind in der Falls Road und der Shankill Road noch allgegenwärtig. Doch seit dem Karfreitagsabkommen 1998 herrscht nicht nur Frieden, dank eines gigantischen Investitionsprogramms der britischen Regierung über rund 400 Millionen Pfund entwickelt sich Belfast von der grauen Hafenstadt zur Perle am Meer, die sicher einen längeren Aufenthalt wert ist.

Ist es möglich, Belfast ohne Vorurteile zu begegnen? Womöglich nicht, zu sehr steht die 290 000-Einwohner-Stadt an der Mündung des Lagan in den North Channel für den Nordirlandkonflikt

Diese Näherin am Queen Victoria Memorial zeugt von Belfast als Leinenmetropole.

GUT ZU WISSEN

VON WEGEN FEST

Der Marsch des Oranier-Ordens von der Shankill Road aus durch die Belfaster Innenstadt am 12. Juli ist keine gewöhnliche Parade. Hier gedenken meist radikale Protestanten William III. von Oranien, der 1690 den katholischen König James II. in der Schlacht am Boyne schlug und die englische Vorherrschaft über Irland festigte. Man bemüht sich, die Parade deutlich weniger politisch aufzuladen als früher, mittlerweile gibt es in der Innenstadt auch das sogenannte Orangefest. Trotzdem sollte man als Tourist am 12. Juli Vorsicht walten lassen, der Nordirland-Konflikt ist gerade an diesem Tag allgegenwärtig.

Rundgang durch Belfast

Die Innenstadt Belfasts kann man leicht zu Fuß erkunden, alles liegt nahe beieinander. Hilfreich sind die informativen Tafeln vor wichtigen Gebäuden.

Ⓐ Grand Opera House – Der beste Startpunkt ist das Grand Opera House in der Great Victoria Street. Das 1895 eröffnete Gebäude ist ein Kleinod für Fans viktorianischer Architektur. Anfang der 1990er-Jahre wurde es zweimal bei Bombenanschlägen der IRA beschädigt, wie das benachbarte »Europa«-Hotel, das Hotel in der EU, das die meisten Anschläge überstand – 23 insgesamt.

Ⓑ Donegall Square – Vom Opernhaus geradeaus nach Osten die Howard Street entlang. Nach 250 Metern liegt links der Donegall Square mit der Belfast City Hall. Dort lohnt sich die 45-minütige kostenlose Führung durch das Rathaus. Im Park um das Rathaus finden sich eine Statue von Queen Victoria sowie ein *Titanic*-Mahnmal mit den Namen aller Toten des Untergangs im April 1912.

Ⓒ St. George's Market – Zurück auf den Donegall Square South, der in die May Street übergeht. Nach rund 500 Metern liegt rechts der St. George's Market, der am Wochenende buntes Marktgewusel bietet.

Ⓓ Belfast Waterfront Hall – Das markante Gebäude der Belfast Waterfront Hall ist nicht zu übersehen. Dort kann man am Lagan kurz verweilen oder sich auf der Belfast Barge das Museum zur Industriegeschichte der Stadt anschauen.

Ⓔ Ring of Thanksgiving – Nach einem kurzen Fußweg Richtung Norden sieht man Queen's Bridge, davor steht das Kunstwerk *Ring of Thanksgiving*. Hier links in die Ann Street bis zum Victoria Square.

Ⓕ Victoria Square – Belfasts größtes Einkaufszentrum ist für Shopaholics ein Muss, aber mit seinem geschwungenen Glasdach auch architektonisch interessant.

Ⓖ Fountain Center – Wieder zurück auf die Ann Street, von dort westwärts zum Cornmarket. Dort rechts Richtung Castle Street. Links abbiegen. Nach etwa 300 Metern liegt links eine kleine Straße namens Fountain Street. Nach 50 Metern links ist im ersten Stock das so genannte Fountain Center mit der liebevoll gestalteten Uhr mit Figuren aus *Alice im Wunderland* zu sehen, die sich begleitet von Glockenspiel stündlich zeigen. Die Fountain Street mündet im Wellington Place, dort rechts bis zur Great Victoria Street, dem Ausgangspunkt.

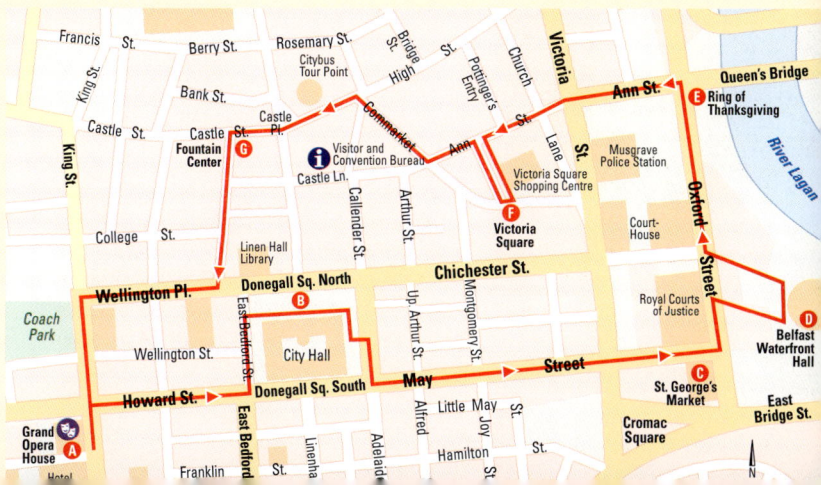

ST. GEORGE'S MARKET

Südlich des imposanten Gerichtsgebäudes und in Sichtweite der Waterfront Hall steht ein rotes Backsteingebäude, der St. George's Market. 1896 wurde er eröffnet, damals einer von zwölf Märkten, auf denen die Bauern aus der Umgebung Eier, Butter, Geflügel, Früchte und Gemüse verkauften. J.C. Bretland baute den Markt zwischen 1890 und 1896, seine wunderbaren grünen Eisensäulen im viktorianischen Stil und das Glasdach wurden bei der 3,5-Millionen Pfund teuren Renovierung Ende der 1990er-Jahre zum Glück erhalten. Die bunte Mischung macht den Markt, der nur freitags bis sonntags offen ist, zum Geheimtipp: Flohmarktschätze zwischen Fischspezialitäten, Konzerte vor dem dampfenden Wok, Kunsthandwerk neben frischen Eiern.

St. George's Market. Fr 6–15, Sa 9–15, So 10–16 Uhr, Tel. 028/90 43 57 04

Einfach gut!

und die Fehler der englischen Krone im Umgang mit den Iren. Doch 16 Jahre nach dem Ende des Konflikts sind signifikante Fortschritte in der Weiterentwicklung der Stadt zu sehen, baulich wie touristisch. Deswegen sollte man sich frei machen von Vorurteilen und auf Belfast einlassen, das mit seiner Mischung aus typisch britischem Stolz und irischer Umtriebigkeit eine lange zurückreichende Geschichte hat. Die erste Normannenburg gab es 1177, den ersten richtigen Aufschwung aber erst mit der sogenannten »Plantation«, der Besiedelung der Provinz Ulster durch englische und schottische Siedler zu Beginn des 17. Jahrhunderts. Es folgten im späten 17. Jahrhundert französische Hugenotten, ein beispielloser Aufschwung durch die Leinen- und die Schiffsbauindustrie begann. Ende des 19. Jahrhunderts hatte Belfast sogar Dublin den Rang abgelaufen, war die einzige Stadt auf der ansonsten ärmlichen Insel, die durch die industrielle Revolution rasant wuchs. Zwischen 1800 und 1914 von 20 000 auf 400 000 Bürger.

Ein Beispiel aus dieser Zeit des Aufschwungs ist die City Hall, das Rathaus, das heute das Zentrum der Stadt mit ihrer großzügigen Fußgängerzone darstellt. Das 1906 eingeweihte, extravagante Gebäude spiegelt die wirtschaftliche Macht zur Zeit seiner Erbauung wider: weißer Portlandstein außen, im klassischen Renaissancestil mit jeder Menge Marmor innen und eine beeindruckende Rotunde obendrauf. Warum die Bronzestatue von Queen Victoria vor dem Haupteingang so mürrisch dreinblickt, ist unklar, denn Belfast machte der englischen Krone zumindest damals immer Freude. Und tut es heute wieder. Die Innenstadt ist weitgehend saniert, obwohl die geplatzte Immobilienblase nach 2008 auch die wirtschaftliche Entwicklung in Belfast stark bremste. Mittlerweile

aber hat man, auch mit Mitteln der Europäischen Union, viele neue Projekte angestoßen, um vor allem Arbeitsplätze zu schaffen. Mehr als 9000 neue Jobs entstehen, in die Förderung des Tourismus steckt die nordirische Regierung ebenso eine Menge Geld. 34 Millionen Pfund stehen über einen Zeitraum von fünf Jahren zur Verfügung, um die Vorteile der Hafenstadt bekannter zu machen und neue Veranstaltungen an Land zu ziehen, wie Konzerte weltweit bekannter Bands oder Sportveranstaltungen wie den Start des Radrennens Giro d'Italia 2014. Immerhin besuchen Belfast jährlich knapp 10 Millionen Gäste.

Die Lebensader der Stadt

Eines der ersten großen Projekte zur Revitalisierung der Stadt war das Waterfront-Projekt am Lagan. Entstanden ist nach fünf Jahren Bau und Planung das 1997 eingeweihte Konferenz- und Konzertzentrum, in dessen Auditorium 2235 Menschen Platz finden – für internationale Konferenzen ebenso wie für Konzerte. Die Waterfront Hall steht auf historischem Grund, der Lanyon Place vor ihren Toren war einst der wichtigste Schaf- und Viehmarkt der Stadt. Dahinter fließt der Lagan, ohne dessen kommerzielle Nutzung sich Belfast nie zu einem der bedeutendsten Häfen der irischen Insel hätte entwickeln können. Zum Glück wurde 1994 das Lagan Weir, die Wehranlage hinter der Queen's Bridge und der Queen Elizabeth Bridge,

Oben: Blutige Geschichte: Das »Europa«-Hotel erlebte über 20 IRA-Bombenattentate.
Unten: Ein Blickfang ist die Jaffee Fountain vor der Victoria Square Shopping Mall.

Das Greenhouse im Botanischen Garten

BOTANIC GARDEN UND ULSTER MUSEUM

Es ist zwar ein halbstündiger Fußmarsch von der Innenstadt zum Botanic Garden neben der Queen's University. Es lohnt sich aber. Der kleine Park bietet im Sommer Familien und Studenten einen Rückzugsort, geprägt vom Palmenhaus aus Gusseisen und gekrümmtem Glas, das Charles Lanyon zwischen 1839 und 1852 baute. Für Botaniker ist das Gewächshaus mit tropischen Pflanzen ein Paradies. Ebenso schön und kostenlos ist das Ulster Museum am Parkende, das eine beeindruckende Bandbreite von irischer Malerei über keltische bis ägyptische Kunst bietet. Dort wird Prinzessin Takabutis Mumie ausgestellt, die erste Mumie aus dem Land der Pharaonen, die außerhalb Ägyptens gezeigt wurde.

Botanic Garden. Sommer 7.30–21, Winter 7.30–17 Uhr, Eintritt frei

Ulster Museum. Di–So 10–17 Uhr, Eintritt frei, www.nmni.com

Nicht verpassen

gebaut. Vor allem bei Ebbe herrschte fürchterlicher Gestank am Fluss, bedingt durch den Schlamm und die Abfälle im Wasser. Heute hat sich der Lagan so weit regeneriert, dass sogar wieder Lachse und Seeforellen dort vorkommen. Und auch das Waterfront-Projekt wächst und gedeiht, bis Ende 2015 soll eine 150-Millionen-Pfund teure Erweiterung fertig sein, die vor allem bezahlbaren Wohnraum bietet. An der Queen's Bridge steht der Ring of Thanksgiving, eine knapp 20 Meter hohe Statue, der die Bürger den Spitznamen »Loola with the Hoola« gegeben haben, da sie aussieht, als hielte sie einen Hoola-Hoop-Reifen.

Buntes Studentenleben

Einer der jüngsten Stadtteile ist das Queen's Quarter, denn bis 1801 bildete die Straße am Rathaus das südliche Ende der Stadt, dahinter war Farmland. Die zentrale Lisburn Road wurde 1821 fertig, das Viertel wuchs nach der Gründung der Queen's University (1849), des Presbyterian Assembly's College (1853) und des Methodist College (1868) rasant. Die viktorianischen Häuser und das quirlige studentische Leben mit hippen Bars machen heute seinen Reiz aus.

Infos und Adressen

Straßenszene in der Belfaster Innenstadt

SEHENSWÜRDIGKEITEN

City Hall. Belfasts prunkvolles Rathaus mit schönem Park und *Titanic*-Memorial. Führungen Mo–Fr 11, 14, 15, Sa/So 12, 14, 15 Uhr, Donegall Square, Belfast, www.belfastcity.gov.uk

ESSEN UND TRINKEN

Crown Liquor Saloon. Nordirlands ältester Pub, liebevoll restauriert mit farbenprächtigen Kacheln an der Fassade und edlem Mahagoni im Inneren, große Bierauswahl und gute Burger. Mo–Sa 11.30–23, So 12.30–22 Uhr, 46 Great Victoria Street, Belfast, www.nationaltrust.org

Maggie May's. Roter Backsteinbau gegenüber dem Eingang zum Botanic Garden, typische Studentenkneipe mit nettem Service. Mo–Sa 8–23, So 9–23 Uhr, 50 Botanic Avenue, Belfast, www.maggiemaysbelfastcafe.co.uk

Molly's Yard. Schickes Restaurant im Univiertel mit zwölf verschiedenen Biersorten und gutem Essen. Mo–Sa 12–21.30 Uhr, So geschl., 1 College Green Mews, Botanic Avenue, Belfast, www.mollysyard.co.uk

ÜBERNACHTEN

The Fitzwilliam Hotel. Vier-Sterne-plus-Haus direkt neben dem Grand Opera House in bester Lage. 2009 neu gebaut und stylisch eingerichtet, noble Bar und ausgezeichnetes Essen. Great Victoria Street, Belfast, Tel. 028/904 42 080, www.fitzwilliamhotelbelfast.com

EINKAUFEN

Victoria Square Shopping Center. Größtes Einkaufszentrum im Herzen der Fußgängerzone mit über 70 Läden, Restaurants und Kino. Mo 9–18, Di 9.30–18, Mi–Do 9.30–21, Fr 9.30–18, Sa 9–18, So 13–18 Uhr, Victoria Street 1, Belfast, www.victoriasquare.com

INFORMATION

Belfast Welcome Center. Juni–Sept. Mo–Sa 9–19, So 11–16, Okt.–Mai Mo–Sa 9–17.30, So 11–16 Uhr, 9 Donegall Square, Belfast, Tel. 028/902 46 60 9, www.gotobelfast.com

Barkeeper im »Crown Liquor Saloon«

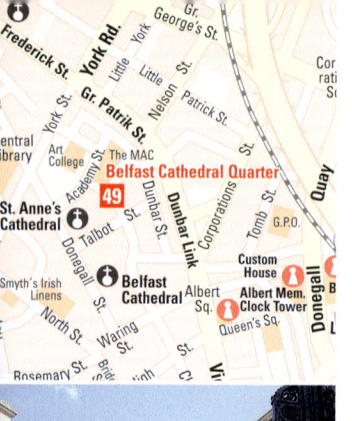

49 Belfast Cathedral Quarter
Zukunft und Vergangenheit vereint

Das jüngste und das älteste Viertel, das hippste und das traditionsreichste zugleich, das ist das Cathedral Quarter in Belfast, direkt nördlich an die Innenstadt angrenzend. Die Wurzeln der 1611 gegründeten Stadt liegen hier und ihre Zukunft. Rund um die St. Anne's Cathedral hat sich in den vergangenen Jahren ein Kunst- und Kulturzentrum etabliert.

»Béal Feirste« wird Belfast auf Irisch genannt, »Mündung des Farset«, ein heute unter der Bridge und der Warning Street verborgener Fluss, der am Donegall Quay in den Lagan mündet. Rund um diese sandige Furt etablierte sich die Stadt, deren lange und auch leidvolle Geschichte man bei einem Spaziergang durch das Cathedral Quarter wunderbar erkunden kann. Am besten beginnt man am östlichen Ende am Lagan. Dort steht Irlands höchstes Gebäude, das »Obel«, ein 85-Meter-Hochhaus, das bei amerikanischen Touristen meist Lachanfälle auslöst, wenn man ihnen erklärt, es sei wahrlich das höchste Haus in ganz Irland. Am Kai sollte man sich Zeit nehmen für einen Fisch, der seinesgleichen sucht. *The Big Fish*, so heißt der wirklich große steinerne Lachs, geschmückt mit Kacheln in allen möglichen Blautönen, auf denen die Künstler John Kindness und Paul Mangan 1998 die Stadtgeschichte aufzeigen – von den Webern über die Werften bis zu den blutigen Kämpfen zwischen Unionisten und IRA. Man sollte aber einen Führer dabei haben, der die Motive erklärt – sonst verpasst man so

Oben: Da kann man schon mal klagen: Hinter der Statue ist das Finanzamt.
Unten: Pure Lebensfreude kann man in Belfasts Pubs erleben.

Belfast Cathedral Quarter

schöne Geschichten wie die des stadtbekannten Mafioso aus den 1920er-Jahren, der seinen Löwen an der Leine durch Belfast führte und später für Al Capone in Chicago arbeitete.

Der schiefe Turm von Belfast

Vom großen Fisch aus geht es westwärts auf den Albert Square. Als erstes sticht der wie der schiefe Turm von Pisa leicht geneigte Prince-Albert-Uhrenturm ins Auge, ein auf Sumpfland gebautes, 1870 eingeweihtes Denkmal für den 1861 verstorbenen Gemahl von Königin Victoria. Gegenüber ist die Speaker's Corner am Custom House Square, einer der vielen Plätze im Cathedral Quarter, wo im Sommer Konzerte und andere Freiluftveranstaltungen Tausende anziehen. Einen gewissen Witz hat die Bronzestatute des klagenden Mannes vor dem heutigen Finanzamt, denn wer zahlt schon gerne Steuern? Da geht man lieber feiern und das kann man im quirligen Cathedral Quarter mit seinen vielen Pubs, Bars, Clubs und Restaurants sehr gut.

Viele befinden sich rund um den St. Anne's Square, an den das Metropolitan Arts Center (MAC) anschließt. Dieses aus roten Backsteinen und viel Sichtbeton errichtete mehrstöckige Gebäude zieht die kulturelle Szene Belfasts an. Kostenlose Ausstellungen gibt es hier ebenso wie Theaterproduktionen und jede Menge Proberäume. Gleich daneben steht die dem Viertel ihren Namen gebende St. Anne's Cathedral, die, obwohl ein anglikanisches Gotteshaus, irgendwie avantgardistisch ist. Das liegt vor allem an dem für eine Kirche ungewöhnlich wirkenden *Spire of Hope*, einer gut 40 Meter hohen, stählernen Nadel, die aus der Kirche heraus gen Himmel ragt. 2007 wurde sie über dem Altar der 1904 geweihten Kathedrale platziert, an der im vergangenen Jahrhundert ständig gebaut wurde.

Infos und Adressen

SEHENSWÜRDIGKEITEN

St. Anne's Cathedral. Belfasts Kathedrale, eine anglikanische Kirche im romanischen Stil. Donegall Street, Belfast, Tel. 028/90 32 83 32, www.belfastcathedral.org

ESSEN UND TRINKEN

Duke of York. Im Herzen des Cathedral Quarter, einer der ältesten Pubs der Stadt, der heute die jungen, hippen Kunstinteressierten anzieht. 7 Commercial Court, nahe Donegall Street, Tel. 028/90 24 10 62, www.dukeofyorkbelfast.com

The Spaniard. Leckere Tapas, gute Musik, stylisches Ambiente mit jeder Menge 80er-Jahre-Plattencovers an den Wänden. 3 Skipper Street, Belfast, Tel. 028/90 23 24 48, www.thespaniardbar.com

ÜBERNACHTEN

The Merchant Hotel. Außen eine viktorianische Fassade, innen Art déco, ein atemberaubendes Fünf-Sterne-Haus, 16 Skipper Street, Belfast, Tel. 028/90 23 48 88, www.themerchanthotel.com

AKTIVITÄTEN

The MAC. Das Metropolitan Arts Center bietet kostenlose Ausstellungen sowie Theater. Tgl. 10–19 Uhr, 10 Exchange Street West, Belfast, Tel. 028/90 23 50 53, www.themaclive.com

INFORMATION

Belfast Welcome Center. Juni–Sept. Mo–Sa 9–19, So 11–16, Okt.–Mai Mo–Sa 9–17.30, So 11–16 Uhr, 9 Donegall Square, Belfast, Tel. 028/902 46 60 9, www.gotobelfast.com

50 Strangford Lough
Seebäder und Natur pur

Das genaue Gegenteil der pulsierenden Großstadt Belfast ist die Gegend um den Strangford Lough, den See, der sich südöstlich der nordirischen Hauptstadt erstreckt. Hier gibt die Natur den Rhythmus vor, die Tier- und Pflanzenwelt in Nordirlands erstem maritimem Naturreservat ist einzigartig. Dazu kommen schöne Städte wie das Seebad Bangor.

Einen Tagesausflug beginnt man am besten von Belfast aus mit einer Fahrt Richtung Bangor, gut 20 Kilometer östlich der nordirischen Hauptstadt am Meer. Bevor man in der 60 000-Einwohner-Stadt den Yachthafen und den tollen Blick auf den Atlantik genießt, lohnt ein Abstecher nach Holywood. Das dortige Ulster Folk & Transport Museum ist zum einen ein gut gemachtes Freilandmuseum mit reetgedeckten Häusern, einem Bauernhof und einer Schule. Zum anderen ist es eines der wenigen Museen, in dem Originalfundstücke aus der im April 1912 untergegangenen *Titanic* zu sehen sind.

500 Artefakte kann man anschauen und die teilweise beklemmende Geschichte dazu lesen. Seltsam berührend die Wärmflasche, die der Besitzer wohl nicht mehr wirklich gebraucht hat, oder diverse sehr gut erhaltene Kleidungsstücke wie die Schürze einer Stewardess. Seit 2014 neu ist die Verbindung zwischen Ausstellung und Schauspielern, die in der Kleidung der Menschen von 1912 mit Detailwissen erzählen, wie man damals lebte und arbeitete. Wer am Holywood Golf Club vorbei kommt, könnte Rory McIlroy treffen: Der nordirische Golfer war 2014 der beste der Welt.

Oben: Bangor ist ein altehrwürdiges Seebad an der Atlantikküste.
Unten: Ein Blickfang ist die Kompass-Rosette im Hafen von Ballywalter.

Im Seebad flanieren

In Richtung ihres Seebads Bangor, wenige Auto-Minuten von Holywood entfernt, bauten die reichen Belfaster vor 100 Jahren eigens eine Eisenbahnlinie, um am Wochenende entlang der im Belle-Époque-Stil gebauten Terrassenhäuser am Hafen zu flanieren. Heute ist die Promenade nicht mehr ganz so mondän, doch der Jachthafen zieht die Segelfreunde immer noch an. Außerdem gibt es in der schon im Jahr 558 mit der Bangor Abbey vom Heiligen Comgall gegründeten Siedlung ein interessantes Stadtmuseum in dem 1852 gebauten Bangor Castle. Dahinter lohnt der Besuch des weitläufigen Parks mit Arboretum, insbesondere der Bangor Castle Walled Garden ist sehnswert. Der gut einen Hektar große ehemalige Klostergarten hinter roten Backsteinwänden wurde 2007 für eine Million Pfund originalgetreu wieder aufgebaut und bietet einige botanische Schätze.

Der Strangford Lough ist der mit 18 647 Hektar größte See Großbritanniens und Irlands und bei Portaferry durch eine Meerenge mit dem Atlantik verbunden. Von Bangor aus ist bis Portaferry die Küstenstraße am Meer am schönsten, von dort aus geht es 26 Kilometer am See entlang nach Norden. Vor allem Wassersport und Wandern stehen hier im Mittelpunkt.

Bei Ebbe am Strand zu reiten ist für alle ein Erlebnis.

Infos und Adressen

SEHENSWÜRDIGKEITEN
Ulster Folk & Transport Museum. März–Sept. Di–So 10–17, Okt.–Feb. Di–Fr 10–16, Sa, So 11–16 Uhr, Tel. 028/90 42 84 28, www.nmni.com

ESSEN UND TRINKEN
Enigma. Wer auf Surf'n'Turf, Fisch und Steak, steht, ist hier richtig. 2 Sullivan Place, Holywood, Tel. 028/90 42 61 11, www.enigma-holywood.co.uk

The Boat House. Sterne-Restaurant in altem Steinhaus am Hafen von Bangor, berühmt für seine Fischgerichte. 1a Seacliff Road, Bangor, Tel. 028/91 46 92 53, www.boathousebangor.com

ÜBERNACHTEN
The Salty Dog. Nettes Boutique-Hotel, 2010 renoviert, toller Blick am Hafen von Bangor aufs Meer, 10–12 Seacliff Road, Bangor, Tel. 028/91 27 06 96, www.saltydogbangor.com

INFORMATION
Bangor Visitor Information Center. Jan.–April/Sept.–Dez. Mo, Di 9.15–17, Mi 10–17, Do, Fr 9.15–17, Sa 10–16, Mai–Aug. Mo, Di 9.15–17, Mi 10–17, Do, Fr 9.15–17, Sa 10–17, So 13–17 Uhr, 34 Quay Street, Bangor, Tel. 028/91 27 00 69, www.visitardsandnorthdown.com

REISEINFOS

IRLAND
von A bis Z

Anreise

Die meisten Irland- und Nordirlandbesucher kommen mit dem Flugzeug – es ist der bequemste Weg auf die Grüne Insel. Zuallererst ist da natürlich die irische Billigfluglinie Ryanair zu nennen, die von Berlin, Frankfurt/Hahn und Memmingen aus Dublin anfliegt, von Frankfurt/Hahn aus auch Knock im Westen Irlands und den Flughafen Kerry, der in der Nähe von Killarney liegt und von Touristen, die in den Südwesten reisen wollen, genutzt wird. Ebenfalls angeflogen wird Shannon Airport nahe Galway an der Westküste. Die irische Fluggesellschaft Aer Lingus fliegt mehrmals wöchentlich von verschiedenen deutschen,

österreichischen und Schweizer Großstädten nach Dublin. Verbindungen nach Cork gibt es auch von München und Genf aus. Auch Lufthansa und ihre Tochterfirma Germanwings bringen Passagiere regelmäßig von Düsseldorf, Frankfurt, München sowie Köln/Bonn nach Dublin und Knock/Westirland.

Nicht ganz so einfach zu erreichen ist Nordirland, die drei größeren Flughäfen in Belfast (International und George Best) sowie Derry erreicht man meist nur per Zwischenstopp in London, Amsterdam oder Genf. Flüge nach Belfast bieten British Airways, die Lufthansa, Aer Lingus oder easyJet an. Um nach

Taxi in Dublin

Belfast zu gelangen, ist es im allgemeinen günstiger und schneller, einen Ryanair-Flug von Frankfurt/Hahn aus nach Dublin zu buchen und dann entweder per Mietwagen, Bus- oder Zugshuttle die nur rund zwei Stunden auf der gut ausgebauten Autobahn nach Belfast zu fahren.

Per Auto oder Zug nach Irland zu reisen, ist ein eher mühsames Unterfangen. Autofahrer können entweder mit einer Direktfähre von Frankreich aus nach Rosslare im Südosten Irlands fahren, oder per Fähre bzw. Autozug durch den Eurotunnel via England auf die Insel kommen. Die Fährüberfahrten bieten einen wahren Dschungel an Tarifen und sind relativ teuer, genauso wie Zugtickets, zumal das Eisenbahnnetz in Irland nur die großen Zentren ausreichend verbindet. Besser ist es, per Flugzeug anzureisen und sich einen Mietwagen zu nehmen.

Ausrüstung und Kleidung

Ein Phänomen in Irland ist das Wetter: Böse Zungen behaupten, man könne an einem Tag alle vier Jahreszeiten erleben. Man sollte ausreichend warme und regenschützende Kleidung im Gepäck haben. Auch festes Schuhwerk ist wichtig, wenn man sich auf längere Wanderungen im Südwesten und Westen begibt. In einem typisch irischen Pub wird auf die Kleiderordnung kein Wert gelegt. Für den

Ein Plausch im Botanic Garden in Belfast

Besuch in schicken Restaurants, Schlosshotels oder in den Großstädten Dublin, Belfast und Cork sollte man aber immer auch etwas bessere Kleidung im Gepäck haben. Ob man im Meer baden möchte, hängt davon ab, ob man gut abgehärtet ist. Die Iren springen selbst in den nur 15 Grad warmen Atlantik, als wäre es ein sprudelnder Whirlpool.

Autofahren

In Irland und Nordirland herrscht Linksverkehr, allerdings gilt auch die deutsche Verkehrsregel rechts vor links. Innerhalb geschlossener Ortschaften gilt ein Tempolimit von 50, außerhalb auf den Landstraßen von 100, auf den Autobahnen von 120 km/h. In Irland erfolgt die Entfernungsangabe in Kilometern, in Nordirland

Die Dubliner Straßenbahn LUAS verbindet
den Norden mit dem Süden.

in Meilen. Hier ist auch das Tempolimit in
Meilen pro Stunde angegeben. Innerorts
sind das 30 Meilen (etwa 48 km/h), auf
Landstraßen 60 mph (ca. 97 km/h), auf
den Autobahnen 70 mph (113 km/h).
In der Republik Irland gilt eine Promille-
grenze von 0,5, in Nordirland von 0,8. Innerhalb des Landes kann man sich relativ
schnell von A nach B über das Autobahn-
netz bzw. die überregionalen N-Straßen
bewegen, die deutschen Bundesstraßen
entsprechen.

Allergiker

Aufgrund des Meeresklimas sind Irland
und Nordirland ideale Reiseorte für Pol-
lenallergiker und Asthmatiker. Außerdem
dürfen sich all diejenigen, die an Lebens-
mittelunverträglichkeiten leiden, im Paradies wähnen. Auf der gesamten Insel

bekommt man in Supermärkten entsprechend gekennzeichnete gluten- oder lak-
tosefreie Lebensmittel in großer Anzahl,
darüber hinaus sind Koch- und Service-
personal vom Spitzenrestaurant bis zur
Frittenbude sehr gut geschult. Sehr oft
findet man auf Speisekarten auch speziell
gekennzeichnete gluten- und laktose-
freie Gerichte.

Busse und Züge

Zugverbindungen sind nur zwischen
großen Städten gut, die Verbindung
von Dublin nach Belfast ist interessant,
da schnell und günstig. Infos gibt es bei
Irish Rail (www.irishrail.ie). Das Busnetz
ist dichter ausgebaut und preisgünstiger.
In Dublin gibt es eine schnelle Busver-
bindung vom Flughafen in die Innenstadt, in der man sich mit dem gut ausgebauten Straßenbahnsystem LUAS
schnell bewegen kann. Für Busfahrten
durch Irland und Nordirland bieten sich
das Rambler-, das Irish Rover- oder das
Emerald-Ticket an.

Diplomatische Vertretung

Bei Problemen, vor allem Verlust oder
Diebstahl von Reiseunterlagen und Päs-
sen, hilft die Deutsche Botschaft in der
Nähe von Dublin (31 Trimleston Avenue,
Booterstown Blackrock, Co. Dublin,
Tel. 012/69 30 11, www.dublin.diplo.de).
Wer in Nordirland Hilfe benötigt, muss
sich an die Deutsche Botschaft in London
wenden (Tel. 020/78 24 13 00,
www.london.diplo.de).

Österreichische Staatsbürger bekommen hier Hilfe: Österreichische Botschaft, 15, Ailesbury Court Apartments, 93 Ailesbury Road, Dublin 4, Tel. 012/69 45 77, www.bmeia.gv.at/botschaft/dublin.html. Schweizer Botschaft: 6 Ailesbury Road, Ballsbridge, Dublin 4, Tel. 012/18 63 83, www.eda.admin.ch/dublin.

Ein- und Ausreisebedingungen

Sowohl die Republik Irland als auch Nordirland als Teil Großbritanniens sind EU-Mitglieder, aber nicht Teil des Schengener Abkommens. Bei Ein- und Ausreise gibt es also Passkontrollen und auch an allen deutschen Flughäfen. Deutsche Staatsbürger haben die Wahl, mit Reisepass oder nur dem Personalausweis einzureisen. Beide müssen noch mindestens sechs Monate gültig sein. Auch für Kinder müssen gültige Reisedokumente mitge-

Schilderwald made in Ireland

führt werden. Innerhalb der EU ist der Warenverkehr für den privaten Zweck meist zollfrei, allerdings muss man Obergrenzen beachten. Die genauen Bestimmungen finden sich unter www.zoll.de.

Elektrizität

Adapter nicht vergessen: In Irland und Nordirland wird das dreipolige Steckersystem verwendet. In guten Hotels gibt es Adapter.

Feiertage

Geschlossen ist in der Republik Irland am 1. Januar, am St. Patrick's Day (17. März), am 1. Mai, am 1. Montag im Juni (Bank Holiday), am 1. Montag im August (Bank Holiday), am letzten Montag im Oktober (Bank Holiday) sowie am 25. und 26. Dezember. In Nordirland ist am 1. Januar, am 17. März, am Karfreitag und Ostermontag, am 1. Mai und am letzten Montag im Mai (Bank Holiday) geschlossen. Darüber hinaus am 12. Juli (Union Day), am letzten Montag im August (Bank Holiday) sowie am 25. und 26. Dezember. An Karfreitag, Ostern und Weihnachten gibt es im Pub nur ein alkoholisches Getränk zum Essen – danach ist Schluss.

Fremdenverkehrsämter

Die Büros von Failte Ireland, dem Fremdenverkehrsamt für die Republik Irland, sind im Land dezentral organisiert und in jeder größeren Stadt vertreten. Man erkennt sie an einem weißen i auf grünem Grund. In Nordirland ist das Nort-

Netter Pub: »The Strand Inn« in Dunmore East an der Ostküste

hern Ireland Tourist Board ähnlich aufgebaut wie in Irland. Man erkennt es an einem weißen i auf blauem Grund. Wichtige Informationsquellen sind im Internet: www.discoverireland.ie, www.discovernorthernireland.com, www.tourismireland.com.

Geld

In der Republik Irland gilt der Euro, in Nordirland das britische Pfund. Das Pfund ist in 100 Pence unterteilt, ein Pence wird Penny genannt. Ein Pfund entspricht rund 1,23 Euro. Es gibt Banknoten zu 5, 10, 20 und 50 Pfund sowie Münzen von 1, 2, 5, 10, 20 und 50 Pence sowie eine 1-Pfund-Münze. Sowohl in Irland als auch in Nordirland kann man problemlos mit deutschen EC-Karten und vor allem mit allen Kreditkarten bezahlen. Außerdem bekommt man mit EC-Karten Geld aus den zahlreichen Geldautomaten, man sollte aber vorher mit seiner Bank das Auslandslimit anpassen. An Feiertagen brechen die irischen Geldautomaten durch übermäßigen Andrang regelmäßig zusammen.

Gesundheit

Irische und nordirische Apotheken haben meist von 9 bis 18 Uhr montags bis freitags geöffnet, Samstag bis 13 Uhr. Einen 24-Stunden-Notdienst gibt es nur in manchen Städten Nordirlands, in Irland gar nicht. Wer im Notfall kostenlos behandelt werden möchte, benötigt von seiner Krankenkasse vor der Abreise die Europäische Krankenversicherungskarte. Interessant ist die Liste der deutschsprachigen Ärzte in Irland, die man auf der Webseite der deutschen Botschaft abrufen kann (www.dublin.diplo.de).

Internet

In den Großstädten dank WLAN kein Problem, in Hotels mittlerweile Standard. Auch Internet-Cafés gibt es zu günstigen Preisen in ausreichender Menge. Auf dem Land, gerade im Südwesten, ist es allerdings manchmal ein wenig schwierig mit einer stabilen Internetverbindung. Das Handynetz ist in der Regel gut ausgebaut, deutsche Handys funktionieren mit entsprechenden Roamingtarifen problemlos.

Klima und Reisezeit

Wenn vom Irish Summer die Rede ist, sollte man sich nicht auf 35 Grad und monatelangen blauen Himmel einrichten. Irlands Wetter ist als wechselhaft bekannt, wobei die beste Reisezeit zwischen März und Oktober liegt. Dank des Golfstroms wird es im Winter nicht so kalt wie in Deutschland, Juli und August gelten in Irland als »High Season«.

Mietwagen

An allen Flughäfen gibt es eine große Auswahl von Mietwagenfirmen, die bekannten europäischen Marken sind alle vertreten. Ein interessantes Angebot bietet das deutsche Portal www.autoeurope.de, das einen täglichen Preisvergleich unter allen Anbietern vornimmt und die günstigsten Angebote auflistet. Fahrer/-Fahrerinnen müssen mindestens 21 Jahre alt sein, bei manchen Firmen 25. Das Höchstalter beträgt 75. Den Führerschein muss man mindestens ein Jahr besitzen, der deutsche Führerschein wird akzeptiert. Aufgrund der meist engen Straßen und des starken Verkehrs in den Städten ist eine Vollkasko-Versicherung sinnvoll.

Notruf

Die Notrufnummern lauten in Irland 112 sowie 999, in Nordirland nur 999. Damit erreicht man Polizei, Feuerwehr, Rettungsdienst.

Sprache

Irlands Nationalsprache ist Irisch, im Deutschen Gälisch genannt, das sprechen aber nur gut zehn Prozent der Bevölkerung, vor allem im Westen und Südwesten. Die Amtssprache ist Englisch. Im ganzen Land findet man zweisprachige Ortsschilder in Irisch und Englisch.

Trinkgeld

Für gewöhnlich ist das Trinkgeld in Restaurants als Service Charge auf der Rechnung inklusive. Der Bedienung hinterlässt man beim Gehen aber rund zehn Prozent der Rechnung auf dem Tisch. Ausgerechnet da, wo man viel trinkt, ist Trinkgeld geben unüblich, sowohl in der Republik Irland als auch in Nordirland: in den Pubs. Bei Taxifahrten wird aufgerundet, Zimmermädchen freuen sich über eine kleine Anerkennung am Ende.

Unterkünfte

In Irland und Nordirland gibt es alles: Fünf-Sterne-Häuser, schicke Stadthotels, Hostels sowie Bed & Breakfasts, dazu Ferienhäuser und rund 90 Campingplätze. Die Preise variieren stark, im Sommer können sie in den überlaufenen Gebieten relativ hoch sein. Zu beachten ist, dass viele Hotels in den touristischen Hochburgen im Winter schließen.

Zeit

In Irland und Nordirland gilt die Greenwich Mean Time, es ist gegenüber Deutschland eine Stunde früher. Da in Irland die Sommerzeit gilt, bleibt es das ganze Jahr über bei der Zeitdifferenz.

Gerade am St. Patrick's Day ist es in Dublin wie hier an der Temple Bar rappelvoll.

IRLAND
für Kinder und Familien

St. Patrick's Day, der wichtigste Feiertag in Irland, ist auch für Kinder ein Spektakel.

Irland mit Kindern

Ein Familienurlaub mit Kindern wird erst dann unvergesslich, wenn auch die lieben Kleinen zufrieden sind. Irland ist die perfekte Insel für Familienurlaub, nicht nur direkt am Meer mit seinen vielseitigen Sportmöglichkeiten. Gerade die großen Städte wie Dublin und Belfast bieten Parks und Museen in Hülle und Fülle. Und falls der Himmel mal weint, was ja durchaus vorkommt: Es gibt genug Angebote, damit keine Langeweile aufkommt.

Kinder bis 6 Jahre

Irland ist gutes Terrain auch für die ganz Kleinen. Auf sie warten Spielplätze, Tierparks und Aquarien, aber auch jede Menge tolle Sandstrände vor allem im Südwesten und Osten, die zum Burgenbauen einladen.

Kinder ab 6 Jahren

Freizeit- und Wasserparks gibt es in Irland und Nordirland eine erkleckliche Anzahl, die Kids dieser Altersgruppe mit spannenden Attraktionen anlocken. Auch die Strände laden zu Spiel und Spaß ein.

Kinder ab 10 Jahren

Wassersport wird in Irland großgeschrieben – Segeln, Surfen, Kajak fahren, es gibt (fast) alles, was das Herz begehrt. Dazu kommt eine erstaunlich große Zahl an sehr gut gemachten Museen mit Programmen, bei denen Kinder nach Herzenslust ausprobieren dürfen.

Tipps für Kinder und Familie

○ St. Stephen's Green, Dublin
Einst von den Guinness-Erben der Öffentlichkeit wieder zugänglich gemacht, heute eine grüne Oase mitten im geschäftigen Dublin (www.ststephensgreenpark.ie) Hier können Kinder nach Herzenslust toben oder die vielen Enten und Möwen an den Seen füttern.

○ Parknasilla Walks
Das 5-Sterne-Hotel direkt am Meer am Ring of Kerry nahe Sneem ist für Familien ein Geheimtipp (www.parknasillaresort.com). Inselspaziergänge führen durch mystische Rhododendronwälder oder – für die ganz Kleinen – zu Feen und anderen Fabelwesen. Parknasillla Resort & Spa, Sneem, Co. Kerry, Tel. 064/667 56 00, www.parknasillaresort.com

○ Botanic Garden, Belfast
Ein wenig außerhalb der Innenstadt der nordirischen Hauptstadt, aber immer einen Besuch wert. Auf den weitläufigen, von alten Bäumen umsäumten Wiesen kann man sich nach Herzenslust austoben (www.belfastcity.gov.uk).

In Irland ist das Tragen einer Schuluniform Vorschrift.

Irland für Kinder und Familien

Auch das Ulster Museum im Park ist einen Besuch wert, das ein großes Kinderprogramm zum Mitmachen bietet (www.nmni.com).

○ Delfinbeobachtung

An der Mündung des Shannon in den Atlantik leben Delfine, die auf einer unterhaltsamen, etwa zweistündigen Bootstour besucht werden können. Auch auf der Dingle-Halbinsel werden Bootstouren zu Delfin Fungi angeboten. Erwachsene 35, Kinder 20 Euro, Kilcredaun, Carrigaholt, Co. Clare, Tel. 065/905 81 56 www.dolphinwatch.ie

○ Lahinch Seaworld & Leisure Centre

Wer sich mal richtig auspowern will, ist hier genau richtig. Es ist für alle etwas dabei: eine Spiel- und Kletterzone, Schwimmbad, Jacuzzi, Kinderpool, Sauna und sogar ein Aquarium. Sept.–Juni Mo–Fr 7–21.30, Sa/So 10–18, Juli–Aug Mo 10–21.30, Di 7–21.30, Mi 10–21.30, Do/Fr 7–21.30, Sa/So 10–18 Uhr, Erwachsene 7, Kinder 5 Euro, The Promenade, Lahinch, Co. Clare, www.lahinchseaworld.com

○ Aqua Dome

Eine der größten Wasserwelten Irlands gleich am Ortsrand von Tralee. Sept.–Juni Mo–Fr 10–22, Sa/So 10–19,

Juli–Aug. Mo–Fr 10–22, Sa/So 10–21 Uhr, Erwachsene 15, Kinder 12 Euro, Tralee, Co. Kerry, Dingle Road Junction, www.aquadome.ie

○ Dublin Zoo

Im idyllischen Phoenix Park gelegen ist der Zoo mit über einer Million Besuchern pro Jahr eine der Top-Attraktionen Irlands. Tgl. Jan. 9.30–16.30, Feb. 9.30–17, März–Sept. 9.30–18, Okt. 9.30–17.30, Nov.–Dez. 9.30–16 Uhr, Erwachsene 17,50, Kinder ab 3 Jahre 13 Euro, Phoenix Park, Dublin 8, Tel. 014/74 89 00, www.dublinzoo.ie

○ Fota Wildlife Park

Exotischer Tierpark in der Nähe von Cork mit 90 Tiergarten mit Freigehege. Mo–So 10–16.30, letzter Einlass 15 Uhr, Erwachsene 16, Kinder 10,50 Euro, Fota Island, Carrigtwohill (nahe Cork), www.fotawildlife.ie

○ West Cork Model Railway Village

Der Weg durch das Modelldorf ist ein Weg in die Vergangenheit um 1940. Die Züge tuckern durch liebenswerte Modelllandschaften und Bahnhöfe. Alles in Handarbeit. Sept.–Juni tgl. 11–17, Juli–Aug. 10–18 Uhr, Erwachsene 8, Kinder ab sechs Jahre 4,50 Euro, Inchydoney Road, Clonakilty, Cork, Tel. 02/883 32 24, www.modelvillage.ie

○ Dingle Oceanworld

Pinguine, Haie, Schlangen und Otter, dazu jede Menge exotischer Fische auf der Dingle-Halbinsel (www.dingle-oceanworld.ie).

Spiel, Spaß und Toben im Botanic Garden in Belfast

Zoo-Besuche wie in Dublin sind für Familien mit Kindern eine gute Alternative.

○ Dublinia

Irland ist voll von gut gemachten Museen, doch Dublinia übertrifft sie alle und ist ein Muss für jede Familie bei einem Dublin-Besuch (www.dublinia.ie/). Anschaulicher kann man die mittelalterliche Geschichte nicht erzählen!

○ King John's Castle

Einmal mit der Kanone auf die Burgmauer schießen? Oder sich als elisabethanische Hofdame verkleiden? Im King John's Castle in Limerick, 2012 neu eröffnet, kommen Kinder und Jugendliche auf ihre Kosten. Okt.-Feb tgl. 9.30-17, März-April 9.30-17.30, Mai 9.30-18, Juni-Aug. 9.30-18.30, Sept. 9.30-18 Uhr, Erwachsene 10,50, Kinder 6,30 Euro, Nicholas Street, Limerick, Tel. 061/36 07 88, www.shannonheritage.com/KingJohns Castle

○ W5 Discovery Center

Wer, wo, was, warum und wann? Alle Antworten auf die Fragen gibt es in Belfasts Discovery Center im Odyssey Complex. Erwachsene 9,80, Kinder 7,50 Pfund, Mo-Fr 10-17, Sa 10-18, So 12-18 Uhr, Odyssey Complex, Titanic Quarter, www.w5online.co.uk

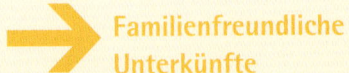

→ Familienfreundliche Unterkünfte

Bed & Breakfast

Campingplätze sind in Irland eher rar, Ferienwohnungen werden dagegen in allen Preiskategorien angeboten. Bed & Breakfast ist auch bei Einheimischen eine beliebte Möglichkeit, das Land zu bereisen und günstig zu übernachten. Die Wohnungen haben für Familien mit Kleinkindern den Vorteil, dass Eltern die Kleinen am Abend ins Bett legen und in aller Ruhe ein Guinness trinken können. Aufgrund der Vielzahl an Angeboten bekommt man auch in der Hauptreisezeit ein Quartier, das im Juli und August deutlich teurer ist. Wenn möglich sollte man als Familie im Mai, Juni oder September die Insel bereisen. www.bandbireland.com

Direkt am Meer finden sich selten Ferienwohnungen, viele liegen im Hinterland in der typisch irischen, unverfälschten Natur und bieten Freizeitmöglichkeiten wie Reiten, Radfahren oder Wandern.

Hotels

Auf der Insel gibt es viele sehr gut ausgestattete Hotels, nicht nur in den Städten, sondern auch auf dem Land. Die meisten sind auf Familien mit Kindern aller Altersgruppen eingestellt. Lediglich Wellnesshotels machen Einschränkungen, wenn es um Kinder geht. Der Spa-Bereich ist für sie häufig tabu.

Kleiner Sprachführer

ALLGEMEINES

Guten Morgen. Good morning.
Guten Abend. Good evening.
Guten Tag. Good afternoon.
Hallo. Hi/Hello.
Auf Wiedersehen. Goodbye.
Tschüss. Bye, see you later.
Wie geht es Ihnen/dir? How are you?
Ich heiße ... My name is .../I am ...
Wie heißen Sie? What's your name?
Danke/Vielen Dank! Thank you!
Gern geschehen! You are welcome!
Nett, Sie/dich kennengelernt zu haben! It was nice meeting you/Nice to meet you.
Entschuldigung! (als Entschuldigung) I'm sorry!
Entschuldigung! (vor einer Frage) Excuse me!
Wie bitte? Pardon me?
Ja/Nein/vielleicht yes/no/maybe
Ich verstehe Sie/dich nicht. I don't understand.
Könnten Sie ein wenig langsamer sprechen? Could you speak a little bit slower, please?
Ich spreche nur wenig Englisch. I only speak a little English.
Können Sie mir bitte helfen? Can you help me, please?
Ich möchte gerne ... I would like to ...
Ich hatte gestern viel Spaß. I had lots of crack last night. (umgangssprachlich)

UNTERWEGS

Entschuldigung, wo ist ...? Excuse me, where is ...?
Wie komme ich nach ...? How do I get to ...?
Wie komme ich am schnellsten zum Bahnhof/Flughafen? What's the quickest way to get to the trainstation/airport?
Wie lange dauert es, um nach ... zu kommen? How long does it take to get to ...?
Ich möchte ein Auto mieten. I'd like to rent a car.
Wie weit ist es bis ...? How far away is ...?
Ich möchte eine Fahrkarte nach ... kaufen. I'd like to buy a ticket to ...
Hin- und Rückfahrtticket return ticket
Ich habe eine Autopanne. My car is broken down.
Wo ist die nächste Tankstelle? Where's the nearest petrol (gas) station?
Superbenzin unleaded
Diesel diesel

ESSEN UND TRINKEN

Wo gibt es hier ein gutes Restaurant? Is there a good restaurant around here?
Gibt es hier eine gemütliche Kneipe? Is there a nice pub around here?
Ich möchte einen Tisch für zwei reservieren. I'd like to make a reservation for two.
Kann ich bitte die Karte haben? May I have the menu, please?
Ich möchte gerne bestellen. I would like to order.
Ein Bier, bitte. Can I have a beer, please?
Zum Wohl/Prost! Cheers/Sláinte (Irisch)
Zahlen, bitte! The check, please!
Frühstück breakfast
Mittagessen lunch

Abendessen dinner

Trinkgeld tip

Kaffee (mit Sahne/Milch) coffee (with cream/milk)

Heiße Schokolade hot chocolate

Tee (mit Milch/Zitrone) tea (with milk/lemon)

Ein irisches Frühstück, bitte. A full irish breakfast, please.

Rühreier scrambled eggs

Hartes/weiches Ei hard-boiled/soft-boiled egg

Spiegelei fried eggs

Hauswein house wine

Helles Bier lager

Dunkles Bier (Guinness, etc.) stout

Leichtes Dunkelbier ale

Apfelwein cider

Schweinefleisch pork

Kalbfleisch veal

Lamm lamb

Rindfleisch beef

Wild game

Geflügel poultry

Huhn chicken

Ente duck

Salat (gemischt, grün, etc.) salad (mixed, green, etc.)

Lachs salmon

Seebarsch bass

Forelle trout

Kabeljau haddock

Thunfisch tuna

Fischsuppe chowder

Jakobsmuscheln scallops

Hummer lobster

Irischer Eintopf Irish stew

Gut durchgebraten well done

Kaum durchgebraten rare

Gegrillt grilled

ÜBERNACHTEN

Doppelzimmer (mit einem Bett) double room

Doppelzimmer (mit zwei Betten) twin room

Einzelzimmer single room

Ich brauche ein Zimmer für ...

Nächte vom ... bis ... I'm looking for a room for ... nights from ... to ...

Wieviel kostet das Zimmer? How much ist the room?

Können Sie bitte für mich reservieren? Could you please make a reservation for me?

Rufen Sie mir bitte ein Taxi. Please call me a cab (taxi).

EINKAUFEN

Was kostet/kosten ...? How much is .../are ...?

Wo sind die Umkleidekabinen? Where are the fitting rooms?

Haben Sie das in anderen Größen? Do you have this in other sizes?

Kann ich mit dieser Kreditkarte bezahlen? Can I pay with this credit card?

ZAHLEN

0–13 zero, one, two, three, four, five, six, seven, eight, nine, ten, eleven, twelve, thirteen

20, 30, 40, 50, 60, 70, 80, 90 twenty, thirty, forty, fifty, sixty, seventy, eighty, ninety

100 hundred

1000 thousand

ein Halb one half

ein Drittel one third

ein Viertel one quarter

Register

Impressum

Verantwortlich: Ulrich Jahn, Alina Gillen
Lektorat: Dr. Barbara Münch-Kienast
Korrektorat: Michael Dörflinger
Layout: Roman Bold & Black
Umschlaggestaltung: Frank Duffek, Nina Andritzky
Repro: LUDWIG:media
Kartografie: Kartographie Huber, Heike Block
Herstellung: Stefanie König
Printed in Slovenia by Florjancic

Alle Angaben dieses Werkes wurden von den Autoren sorgfältig recherchiert und auf den neuesten Stand gebracht sowie vom Verlag geprüft. Für die Richtigkeit der Angaben kann jedoch keine Haftung übernommen werden.

Die Deutsche Nationalbibliothek verzeichnet diese Publikation in der Deutschen Nationalbibliografie; detaillierte bibliografische Daten sind im Internet über http://dnb.d-nb.de abrufbar.

4. aktualisierte Auflage
© 2018, 2017, 2016, 2015 Bruckmann Verlag GmbH, München
ISBN 978-3-7343-0953-3